초등수학의 이해와 탐구

초등수학의 이해와 탐구

초판 인쇄 2018년 2월 13일
초판 발행 2018년 2월 20일

지은이 이대현
펴낸이 최국주
펴낸곳 동명사
출판등록 1950년 11월 1일(제1-76호)
주소 (우 10881) 경기도 파주시 회동길 50(문발동)
전화 031-955-7200(대표)~2, 7203(편집부), 7204(물류)
팩스 031-955-7205
전자우편 webmaster@dmsbook.com
홈페이지 www.dmsbook.com

ISBN 978-89-411-8183-5 93370
값 18,000원

머리말

2016년에 열린 세계 경제 포럼(World Economic Forum) 연차 회의인 다보스 포럼(Davos Forum)에서는 4차 산업혁명 시대를 선포하였다. 4차 산업혁명은 종전 3번에 걸친 산업혁명과는 달리 속도와 범위, 깊이, 시스템 충격(system impact)에서 큰 변화를 예고하였다. 4차 산업혁명은 단순히 물리학, 디지털, 생물학에서의 변화만이 아니라 사회 전반에 영향을 끼칠 수밖에 없으며, 교육 그리고 수학교육도 예외일 수는 없을 것이다.

수학교육은 변화하는 시대와 사회에 대처하고 적응할 수 있는 역량을 갖춘 시민을 양성해야 하며, 4차 산업혁명 시대를 준비하는 과정에서 미래형 교육 방법에 대한 논의와 준비가 절실히 요구되고 있다. 우리나라에서는 수학교육의 체질을 개선하고 교육의 내실화를 꾀 하기 위해 2012년 1월 11일에 수학교육 선진화 방안과 2015년 3월 16일에 제2차 수학교육 종합 계획을 발표한바 있다.

수학교육 선진화 방안에서는 '생각하는 힘을 키우는 수학', '쉽게 이해하고 재미있게 배우는 수학', '더불어 함께 하는 수학'을 추진 방향으로 하여 스토리텔링을 가미한 수학교과서, 수학과 타 교과 통합 교수학습 자료 개발, 수학클리닉 및 학부모 수학교실 개설 등 다양한 수학교육 정책을 추진하였다. 그럼에도 불구하고 지필 환경에 바탕으로 둔 지식 위주의 전달식 교육과 입시 위주의 학업 부담으로 학생들의 수학에 대한 흥미도와 자신감이 저조하다는 문제점이 지속적으로 제기되어 왔다. 이에 따라 제2차 수학교육 종합 계획에서는 체험과 탐구 중심으로 수학 수업이 이루어질 수 있도록 하고, 수학의 유용성과 실용성을 체감할 수 있도록 실생활과 관련된 내용을 강조하며, 과정 중심의 평가를 강조하였다. 이러한 수학교육 종합 계획이 성공적으로 정착하기 위한 출발점은 초등교육부터일 것이다.

초등학교 수학은 학문적인 수학을 초등학생들의 심리적·사회적·발달적 특성에 부합하도록 교수학적으로 변환하여 초등화한 것이다. 따라서 초등학교 수학을 이해하고 가르치기 위해서는 학문적인 수학이 어떻게 초등학교 수학으로 변환되어 가르쳐지고 있는가를 기본 지식으로 하여, 다양한 현상과 맥락에서 수학을 발견하고 탐구하여 수학이 어떻게 발전하고 적용되고 활용되는가를 경험하는 것이 중요하다. 겉으로 들어나지 않는 수학의 세계를 수학적 사고와 탐구 과정을 통해 발견하고 경험하는 기회를 가짐으로써 참으로 놀라운 수학의 세계를 경험하고 탐구자로서의 길을 가보자는 것이다.

이 책은 초등학교에서 다루어지는 주요 내용을 기본 틀로 하여 학교에서 다루어지는 주요 내용과 영역 관련 탐구학습 자료를 중심으로 구성되었다. 구성 체계로는 자연수 영역, 분수와 소수 영역, 연산 영역, 도형 영역, 측정 영역, 자료와 가능성(확률) 영역, 규칙성과 퍼즐 영역으로 하였다. 이 책에 제시된 탐구활동 자료들은 특정 관점에 의해 일관되게 구성되기보다, 다양한 유형의 자료들을 탐구하는데 초점을 두고 구성되었다. 따라서 각 내용 간에 연계가 적을 수도 있다. 그렇지만 한 가지 내용 영역과 관련된 수학적 아이디어를 탐구하고, 겉으로 보이는 것 외에 현상에 내재된 수학을 발견하는 기회를 가지게 될 것이다. 또한 각 탐구 자료에는 스스로 문제를 해결해 볼 수 있는 탐구문제를 제시하였다. 스스로 문제를 해결해 보는 과정을 통해 심도 있는 수학적 경험을 할 것으로 생각한다.

이 책은 단순히 읽는 책이 아니라, 탐구 내용에 대해 생각하고 판단하고 느끼는 책이 되어야 한다. 이 책을 읽기 위해 특정한 수학 내용을 미리 공부할 필요는 없다. 단지 수학을 경험할 수 있고 수학을 하는 즐거움을 느낄 준비만 되어 있으면 된다. 이 책에서 다루어지는 다양한 탐구 활동을 통해 현상 이면에 있는 수학적 원리를 발견함으로써 여러분의 주변 환경을 이해하고 예측하는 능력을 기르는 기회를 가지길 바란다. 끝으로 이 책이 출판되도록 도움을 주신 출판사 관계자분들에게 감사의 마음을 전합니다.

2017년 12월 풍향골에서

목차

제1장

자연수의 이해와 탐구

신은 자연수를 만들었고, 나머지는 인간의 창조물이다.

– 크로넥커(Kronecker)

수는 만물의 척도이다.

– 피타고라스(Pythagoras)

□ 초등학교에서 자연수 지도 내용과 방법

※수: 수는 우리 주변의 사물을 세고, 기호를 사용하여 나타내어야 하는 생활의 필요 때문에 발생되었다. 우리가 사용하고 있는 인도-아라비아 숫자는 인도에서 유래된 것이며, 12세기경 아라비아 상인들에 의해 유럽에 전해져 오늘에 이르고 있다.

※수의 의미: 우리가 사용하는 수는 다양한 의미를 가지고 있는데, 집합수(cardinal number), 순서수(ordinal number), 명칭수(nominal number) 등의 의미가 그것이다. 이 중 집합수와 순서수는 구체물을 세어보는 활동을 통하여 지도할 수 있다. 집합수의 지도에서는 여러 개의 사물을 하나, 둘, 셋, …과 같이 세어 마지막으로 사물에 대응된 수사가 사물의 전체 개수를 나타낸다는 것을 이해하게 한다. 또 순서수의 지도에서는 사물의 위치나 차례를 나타내는 수로, 첫째, 둘째, 셋째, …와 같이 세는 활동을 통해서 자연스럽게 익히도록 한다. 이 경우에 마지막에 세어지는 대상이 그 수가 가리키는 대상이 되는 것을 알게 한다. 첫째, 둘째, 셋째, …도 숫자로는 1, 2, 3, …으로 나타낸다는 것을 이해하게 하여 집합수와 순서수를 통합된 개념으로 자연수를 이해할 수 있도록 한다. 명칭수는 운동선수의 등 번호, 아파트 호수, 출석번호 등과 같이 실생활에서 사용되는 예를 통하여 이름을 대신하는 수임을 알게 한다.

교과서 속의 수학: 집합수와 순서수

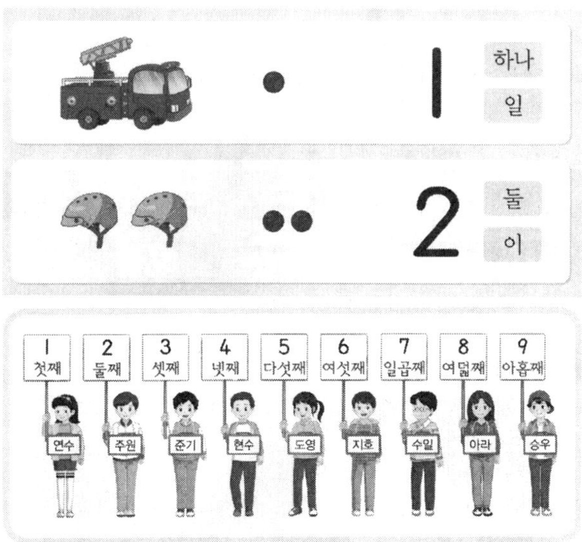

※수의 지도: 수를 배울 때는 수를 나타내는 물건의 집합, 그 수를 나타내는 언어인 수사, 그 수를 나타내는 기호인 숫자의 세 가지가 바르게 결합되어 해석할 수 있도록 지도해야 한다. 초등학교에서 수는 1에서 9까지의 수를 먼저 지도하고 0을 지도한다(교육부, 2017). 0은 '아무것도 없음(there is nothing at all)'과 '자리지기(place holder)'로서의 의미가 있다.

교과서 속의 수학: 0의 지도

① 아무것도 없는 것을 어떻게 나타낼까요?

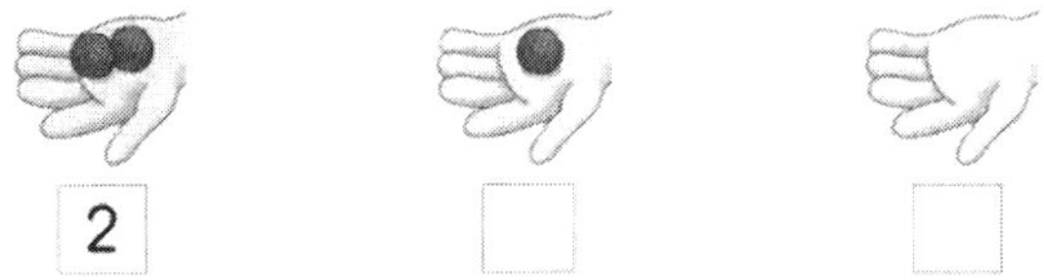

10은 9보다 1 큰 수로 도입하여 100, 1000, 10000까지 확장하고, 마지막으로 10000이상의 수를 다룬다. 10000이상의 큰 수는 구체물로 나타내기가 어렵기 때문에 네 자리 수의 개념을 바탕으로 십진기수법에 의한 자리잡기의 원리를 이용하여 확장하도록 한다.

자연수를 지도할 때는 수를 형식화하고 확장할 수 있게 한다. 100은 90보다 10 큰 수로 도입한 것을 바탕으로, 집합수인 10개씩 10묶음인 수로 제시한다. 이외에도 1이 100인 수, 99보다 1 큰 수, 90보다 10 큰 수 등 여러 가지 방법으로 표현하게 하여 수 감각을 개발하도록 한다. 마찬가지로 세 자리 수, 네 자리 수에 대해서도 같은 방법으로 도입하고 지도하도록 한다.

교과서 속의 수학: 1000의 도입

999보다 1 큰 수를 알아봅시다.

• 999보다 1 큰 수는 얼마일까요?

991 – 992 – 993 – 994 – 995 –

– 996 – 997 – 998 – 999 – ☐

• 999보다 1 큰 수는 ☐ 입니다.

999보다 1 큰 수는 1000입니다.
1000은 천이라고 읽습니다.

※수의 계열과 크기 비교: 구체물이나 수 배열표, 수직선 등을 이용하여 차례로 세어보기, 10씩 뛰어 세기, 100씩 뛰어 세기, 1000씩 뛰어 세기를 통하여 수의 계열을 이해하고 수의 크기를 비교하게 한다. 이런 활동에 익숙해지면 자릿값에 대한 이해를 바탕으로 천의 자리, 백의 자리, 십의 자리, 일의 자리 순으로 각 자리 숫자를 비교하여 수의 크기를 판단하고, 이를 부등호로 나타내게 한다. 수의 크기를 비교한 결과는 '~와 같다', '~보다 크다', '~보다 작다'로 표현하고, 등호(=)나 부등호(<, >)로 나타내게 한다.

※수 감각: 수의 지도에서는 수 감각을 길러주도록 해야 하는데, 수 감각은 '수에 대한 직관적 느낌'을 의미하며, 수를 다양하게 사용하고 해석할 수 있는 능력을 나타낸다. 또한 수 감각은 정확하고 효율적으로 계산하고, 실수를 감지하며, 합리적으로 결과를 인지하는 능력을 포함한다. NCTM의 Curriculum and Evaluation Standards for School Mathematics(1989, p. 38)에서는 훌륭한 수 감각을 가진 학생은 다음과 같은 특징을 나타낸다고 하였다.

- 수의 의미를 분명히 이해한다.
- 수들 사이의 여러 가지 관계가 발달한다.
- 수의 상대적 크기를 인식한다.
- 수에 작용하는 연산의 상대적 효과를 안다.
- 주변의 일상적 사물과 상황의 측정을 위해서 기준을 개발한다.

※수 읽기: 수를 읽는 방법을 명수법이라고 하는데, 우리나라에서는 하나, 둘, 셋, …과 같이 고유어 수사를 사용하는 명수법과 일, 이, 삼, …과 같이 한자어 수사를 사용하는 명수법을 동시에 사용하고 있다. 따라서 수를 세거나 읽는 방법을 지도할 때는 이 두 가지 방법을 모두 다루어야 한다. 예를 들어 67에서 60은 '예순' 또는 '육십'으로 읽고, 낱개 7은 '일곱' 또는 '칠'로 읽어 '예순일곱' 또는 '육십칠'로 읽으며, '육십일곱'으로 읽지 않도록 한다. 또한 실생활에서 27개, 35명 등과 같이 사물의 개수를 나타내는 경우에는 '스물일곱 개', '서른다섯 명'과 같이 읽고, 1102호, 67cm와 같이 이름 대신에 사용하는 수나 연속량을 나타내는 수의 경우에는 '천백이 호', '육십칠 센티미터'와 같이 읽는다.

※교과서에서 수 지도: 교과서에서 제시하고 있는 자연수 지도 단원의 학습 계열은 다음과 같은 절차를 따르고 있다.

- 백의 도입: 99보다 1 큰 수, 90보다 10 큰 수, 10이 10(열)인 수
- 몇 백의 이해: 100개씩 묶어 세기, 몇 백을 읽고 쓰기
- 세 자리 수의 세기: 구체물의 개수를 세어 세 자리 수를 알기
- 세 자리 수의 이해: 십진기수법의 원리 이해, 세 자리 수를 읽고 쓰기, 세 자리 수의 자릿값 알기
- 세 자리 수의 계열(1, 10, 100씩 뛰어 세기): 999 다음의 수로 1000알기
- 세 자리 수의 크기 비교

교과서 속의 수학: 세 자리 수와 자릿값

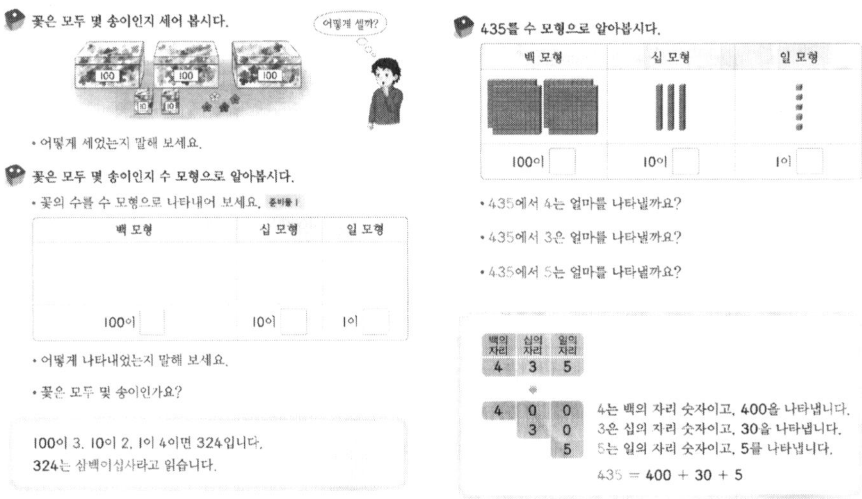
꽃은 모두 몇 송이인지 세어 봅시다.

• 어떻게 세었는지 말해 보세요.

꽃은 모두 몇 송이인지 수 모형으로 알아봅시다.

• 꽃의 수를 수 모형으로 나타내어 보세요. 준비물 1

백 모형	십 모형	일 모형
100이 □	10이 □	1이 □

• 어떻게 나타내었는지 말해 보세요.

• 꽃은 모두 몇 송이인가요?

100이 3, 10이 2, 1이 4이면 324입니다.
324는 삼백이십사라고 읽습니다.

435를 수 모형으로 알아봅시다.

백 모형	십 모형	일 모형
100이 □	10이 □	1이 □

• 435에서 4는 얼마를 나타낼까요?

• 435에서 3은 얼마를 나타낼까요?

• 435에서 5는 얼마를 나타낼까요?

백의 자리	십의 자리	일의 자리
4	3	5

4는 백의 자리 숫자이고, 400을 나타냅니다.
3은 십의 자리 숫자이고, 30을 나타냅니다.
5는 일의 자리 숫자이고, 5를 나타냅니다.

435 = 400 + 30 + 5

탐구문제 1

다음 규칙으로 수를 나타내려고 한다. 물음에 답하시오(2004학년도 임용 문제).

〈규칙 1〉 –은 1, |은 10을 나타낸다.
〈규칙 2〉 3이면 묶어 나타낸다.
〈규칙 3〉 기호의 위치가 위로 올라 갈수록 자리값이 커진다.

1. 위 규칙에 따라 수를 나타낸 예는 다음과 같다. 같은 방법으로 298515를 나타내시오.

예 24 → ||– – – –　　　　33 → _ ⁼ _

298515 →

2. 위의 규칙으로 수를 나타낼 때 발생하는 가장 중요한 결함을 보완하기 위해 다음 규칙을 추가하였다. ( )에 알맞은 수와 그 역할을 2가지 쓰시오.

〈규칙 4〉 ▽는 ( )을/를 나타낸다.

• 수: ____________ • 역할: ①____________ ②____________

1. 수로 표현하라.

3은 어떤 의미인가? 아래 그림과 같이 3이란 수는 물건의 종류, 모양, 크기, 색깔 등과 관계없이 개수만을 비교하여 그 개수가 같다는 것을 추상화하여 얻는 수 개념이다. 즉 수(number)란 '양을 나타내는 아이디어 또는 개념'을 의미한다.

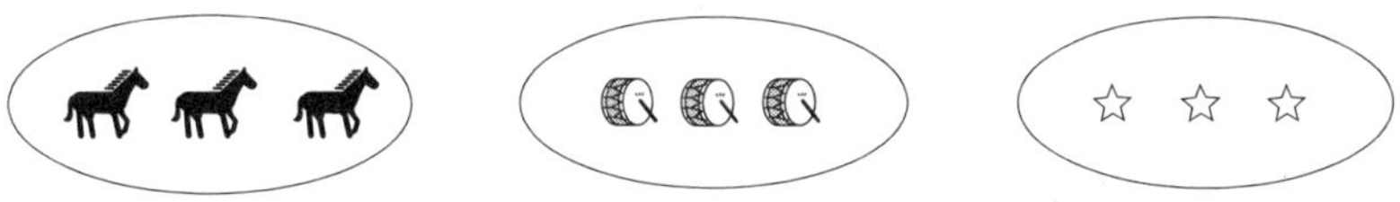

그런데 그 수를 나타내는 기호인 '숫자(numeral)'는 3, Ⅲ, 三 등과 같이 추상적인 양의 크기인 수를 나타내는 기호이다. 우리가 사용하는 십진법의 수에서는 열 개의 숫자 기호인 0, 1, 2, 3, ⋯, 8, 9를 이용하여 수를 나타낸다.

수 365는 300+60+5와 같은 형태로 표현할 수 있는데, 이를 십진법의 표기로 365로 쓰는 것이다. 여기에서 중요한 것은 3, 6, 5는 각각 놓인 자리에 따라 백의 자리, 십의 자리, 일의 자리를 의미한다는 것이다. 이러한 위치적 기수법 체계에서는 10개의 숫자 기호를 이용하여 아무리 큰 수라도 모두 표현할 수 있는 것이다. 이를 일반화 하여, 하나의 문자 a에 첨자를 사용하여 a_0, a_1, a_2, ⋯과 10의 거듭제곱 10^n(n은 임의의 정수)을 이용하여 하나의 정수 z를 다음과 같이 일반적으로 나타낼 수 있다.

$$z = a_n \cdot 10^n + a_{n-1} \cdot 10^{n-1} + \cdots + a_1 \cdot 10 + a_0$$

이 수는 $a_n a_{n-1} a_{n-2} \cdots a_1 a_0$를 나타낸다. 여기에서 a_0, a_1, a_2, ⋯, a_n은 z를 10으로 계속

해서 나눌 때의 나머지이다. 365를 예로 하여 제시하면 다음과 같다.

```
10 ) 365  ··········  나머지
10 )  36  ··········  5
10 )   3  ··········  6
       0  ··········  3
```

우리가 사용하는 십진법 체계에서는 10이라는 수가 진수가 된다. 그러나 꼭 10을 선택할 필요는 없으며, 2나 5를 진수로 잡을 수도 있다. 예들 들어, 오진법을 생각해 보자. 오진법에서 하나의 수는 다음과 같이 표현된다.

$$w = b_n \cdot 5^n + b_{n-1} \cdot 5^{n-1} + \cdots + b_1 \cdot 5 + b_0$$

여기에서 첨자인 b_n은 0에서 4까지의 숫자 기호 중 하나이며, $b_n b_{n-1} \cdots b_1 b_{0(5)}$라고 쓴다. 따라서 십진법의 수 365는 오진법의 수로 쓰면 $2430_{(5)}$이 되는데, 그 이유는

$$365 = 2 \cdot 5^3 + 4 \cdot 5^2 + 3 \cdot 5 + 0$$

이기 때문이다. 이를 이용하여 십진법의 수를 오진법의 수로 나타내기 위해서는 십진법의 수를 5로 계속하여 나누면 된다는 사실을 알 수 있다. 이를 십진법의 수 365에 적용하면 다음과 같다.

```
5 ) 365  ··········  나머지
5 )  73  ··········  0
5 )  14  ··········  3
5 )   2  ··········  4
      0  ··········  2
```

십진법과 마찬가지로 여러 가지 진법체계에서도 산술의 규칙은 적용이 된다. 그렇지만 진법에 따라 덧셈과 곱셈표를 달리 사용해야만 한다. 칠진법의 예를 들면 다음 표는 칠진법에서 덧셈과 곱셈표이다.

+	0	1	2	3	4	5	6
0	0	1	2	3	4	5	6
1	1	2	3	4	5	6	10
2	2	3	4	5	6	10	11
3	3	4	5	6	10	11	12
4	4	5	6	10	11	12	13
5	5	6	10	11	12	13	14
6	6	10	11	12	13	14	15

×	0	1	2	3	4	5	6
0	0	0	0	0	0	0	0
1	0	1	2	3	4	5	6
2	0	2	4	6	11	13	15
3	0	3	6	12	15	21	24
4	0	4	11	15	22	26	33
5	0	5	13	21	26	34	42
6	0	6	15	24	33	42	51

여러 가지의 진법이 가능하다는 것은 선택의 문제를 제기하게 된다. 그렇지만 어떤 진법을 사용하느냐 하는 문제는 새로운 숫자 기호의 필요성을 제기한다. 현재 우리가 사용하고 있는 위치적 기수법은 수가 아무리 크거나 작다할지라도 몇 개의 숫자 기호만을 사용하여 표현할 수 있다는 장점이 있다. 더욱이 위치적 기수법을 이용하면 계산이 편리하다는 장점도 있다. 우리가 계산을 할 때 규칙을 한 번만 기억을 하면 구하려는 수에 대한 계산을 쉽게 할 수 있는 것이다.

탐구문제 2

다음은 기원 전 1800년 무렵에 기록된 진흙판의 그림이다(Baroody & Coslick, 1998).

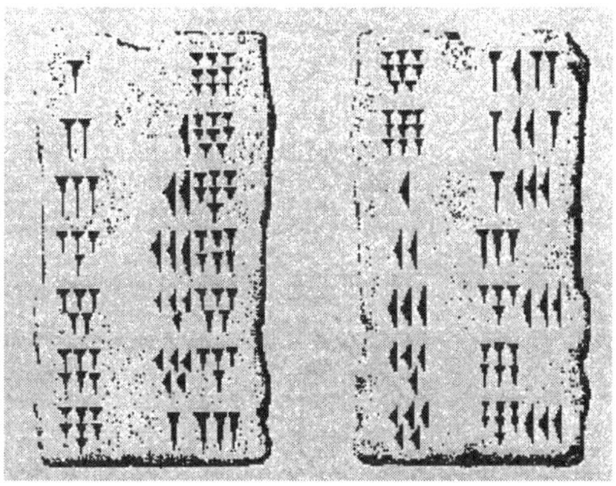

(진흙판 1) (진흙판 2)

1. (진흙판 1)에서 왼쪽 열의 기호는 수를 나타낸다. 기호를 해석하여라.

2. (진흙판 1)에서  은 무엇을 나타내는지 써라.

3. 진흙판 2의 기호를 해석하고, 진흙판 1의 왼쪽과 오른쪽 열 사이에는 어떤 관계가 있는지 찾아라.

4. 칠진법의 수 265와 24의 곱을 칠진법의 수로 나타내어라.

2. 여러 가지 방법으로 수를 표현하여라.

기수법이란 임의의 수를 일정한 숫자나 기호로 나타내는 방법을 말한다. 기수법에는 로마 숫자와 같이 수의 자리가 어디에 있든, 언제나 같은 수를 의미하는 절대적 기수법과 인도–아라비아 숫자와 같이 수가 어느 자리에 있는가에 따라 그 크기가 달라지는 위치적 기수법이 있다. 현재 우리가 사용하는 기수법과 옛날 사람들이 사용했던 기수법에는 다음과 같은 것들이 있다.

- 십진법: 10을 한 묶음으로 하여 다음 자리를 만드는 진법이다. 십진법을 가장 널리 사용되게 된 이유는 사람의 손가락이 10개이기 때문으로 판단된다.
- 이진법: 인류의 역사에서 먼저 사용한 진법으로 판단되고 있다. 예를 들면, 옛날 사람들은 '하나, 둘, 둘 하나, 다수'와 같이 셈을 하였다고 한다. 이진법은 오늘날 컴퓨터의 출현과 밀접한 관련이 있는데, 0과 1의 조합으로 컴퓨터의 모든 연산이 이루어지는 것이다.
- 오진법: 다섯 손가락을 사용하기 쉽기 때문에 오진법은 널리 이용되었다. 남미의 부족은 1, 2, 3, 4, 손바닥, 손과 1, 손과 2와 같이 한 손으로 셈을 하였다고 한다. 또, 로마 숫자 Ⅰ, Ⅱ, Ⅲ, Ⅳ, Ⅴ, Ⅵ, Ⅶ, Ⅷ, …에서 5를 한 묶음으로 하여 수를 표기하는 것과 같이 로마 숫자도 오진법의 표기 방법을 사용했음을 알 수 있다.
- 십이진법: 십이진법은 1년을 12달, 1피트(feet)를 12인치(inch), 연필 1타스를 12개로 정한 것과 같이, 일상생활에서 많이 사용되었다.
- 육십진법: 바빌로니아 수학에서 사용된 진법으로, 이 체계는 시간 체계에도 적용되고 있다. 즉 1시간은 60분, 1분은 60초라고 하는 것에 육십진법이 남아있음을 알 수 있다.

우리가 사용하는 위치적 기수법은 수가 어느 자리에 있는가에 따라 그 크기가 달라지는 수의 표현 방법인데, 기수법 체계는 다음과 같은 특징을 가진다(이대현, 2011).

① 자릿값: 숫자의 위치는 그 값을 나타낸다. 예컨대, 23에서 2는 십의 자리 숫자로, 자릿값은 10이며 실제로 '이십'을 나타낸다. 그리고 '이'를 뜻하는 32에서의 2와는 다른 수학적 의미를 갖는다.

② 십진법의 밑: '밑'이라는 용어는 모임을 의미하는데, 우리의 수 체계에서는 10이 새로운 모임을 결정한다. 우리의 수 체계는 0에서 9까지 10개의 숫자를 갖는다.

③ 0의 사용: 아무 것도 없음을 상징적으로 나타내는 영을 나타내는 기호가 존재한다. 예컨대, 309는 백과 일은 있지만 십이 없음을 나타낸다.

④ 가법성 : 수를 자릿값에 대해 더할 수 있다. 예컨대, 123은 100+20+3이라는 수의 이름이다.

탐구문제 3

1. 십진법의 수 13을 이진법의 수로 나타내어라.

2. 오진법의 수 $24_{(5)}$를 이진법의 수로 나타내어라.

3. 109를 칠진법의 수로 나타내어라.

4. 십이진법의 수 452를 오진법의 수로 나타내어라.

3. 음수 도입과 형식불역의 원리

수 개념은 자연수를 시작으로 생활이나 이론적 필요에 의해 확장되어졌다. 역사적으로 음수가 출현하여 정당한 수로 인정받는 데에는 1500년 이상의 긴 시간이 필요하였다(우정호, 1998). 지금 시대에 우리는 -2가 $x+2=0$의 해가 된다는 것을 잘 알기 때문에 음수를 말하는 것이 그리 어렵지 않지만, 19세기에 이르기까지 크기나 개수, 넓이와 같이 실제적인 양으로 수 개념을 생각하였기 때문에 사람들이 음수 개념을 하나의 수로 받아들이는 데에는 어려움이 있었다.

고대 그리스의 디오판투스(Diophantus; 200−284?)는 $4x+20=4$의 해 $x=-4$는 불가능한 것이라고 그의 저서 Arithematica에서 기술하고 있다(김남희, 나귀수, 박경미, 이경화, 정영옥, 홍진곤, 2006). 중세 인도의 부라마굽타(Brahmagupta; 598−665)도 양수와 음수에 관한 규칙을 서술하고 있지만, 이차방정식의 풀이에서 음수를 해로 받아들이지 않았다(우정호, 1998).

음수의 역사적 기원은 대수적 필요성에서 찾을 수 있다. 일반적인 방정식 $ax+b=0(a \neq 0)$의 해가 모든 경우에 존재한다고 하기 위하여 새로운 수가 필요했던 것이다. 알고리즘적인 풀이 절차에서 얻어진 실제적인 의미를 부여하기 어려운 '허구의 수'를 생각한 수학자 중 한 사람이 카르다노(Cardano)이다. 카르다노는 방정식의 풀이에서 음의 근을 '허구의 해'라고 불렀는데, 이것은 삼차방정식의 풀이 절차에서 허수에 이른 것과 유사하다. 그렇지만 당시의 수학자들은 여전히 음수를 수로 인정하기를 거부하였는데, 이것은 다음과 같은 여러 가지 이유에서이다(우정호, 1998).

① $-3 < 2$인데 $(-3)^2 > 2^2$ 이다

② 작은 수에서 큰 수를 빼는 것이 가능한가?

③ $(-3)\times2 = (-3)+(-3)$과 같이 동수누가로 이해되지만, $3\times(-2)$는 직관적으로 의미를 갖지 못한다.

17세기에 이르러서 해석기하학의 출현은 도형을 기술하는 방정식의 일반적인 타당성을 요구하기 때문에 음수를 피할 수 없었다. 즉 데카르트(Descartes)에 의한 해석기하학은 도형의 대수적 기술로 인해 음수 존재의 확립을 가능하게 한 것이다. 음수의 존재를 확립하기 위한 노력은 19세기에 이르러 독일의 한켈(Hankel; 1839-1873)에 의해서였다. 한켈은 음수가 어떤 구체적이고 실제적인 것을 나타낸다는 생각을 버리고, 형식적인 구조만을 갖는 대상으로 인식하고 더 이상의 구체적인 모델을 찾으려는 노력을 포기하였다. 이로 인해 음수는 구체적인 모델이나 양의 개념 등에서 벗어나 순수한 이론적인 개념으로 인정받기 시작했고, 자연수와 동등한 수로 취급되기 시작하였다. 음수는 양의 표현과 측정, 뺄셈 계산과 방정식에서 일반성 확보를 위해 필요하며, 음수의 연산은 자연수의 연산이 유지되도록 정의하게 된다.

이로 인해 양수 체계에서 작용하던 여러 가지 원리들이 그대로 유지되면서 음수 체계를 확장하였고, 이렇게 얻은 음수의 구조가 대수적으로 모순이 없다는 것을 보였다. 이것이 바로 '형식불역의 원리(principle of permanence of equivalent forms)'이다.

형식불역의 원리는 대수적, 기하학적 구조를 확장할 때에 기존의 체계에서 인정된 성질이 유지되도록 해야 한다는 것이다. 예를 들면, 자연수 지수에서 성립하는 지수법칙을 정수 지수나 유리수 지수에서 성립하도록 그 규칙과 의미를 동일하게 정하는 것이다. 이 과정을 다음과 같이 보일 수 있다.

지수법칙: $a^m a^n = a^{m+n}$ (m, n은 자연수)

이것을 지수가 정수인 경우에도 성립하도록 하기 위하여 a^0과 a^{-n}을 정해야 한다. 그러기 위하여 정수에서도 성립한다고 가정하면 다음의 과정에서 a^0과 a^{-n}을 정하면 된다.

$a^m a^0 = a^{m+0} = a^m$이므로 $a^0 = 1$이면 된다.

$a^n a^{-n} = a^{n-n} = a^0 = 1$이므로 $a^{-n} = \dfrac{1}{a^n}$과 같다.

이러한 관계를 유지하게 되면 지수법칙은 자연수 지수에서 성립하는 것과 마찬가지로 정수 지수에서도 똑같이 성립하게 되는 것이다.

탐구문제 4

1. 자연수 a에 대하여 방정식 $x+a=0$의 해로 음수 $-a$를 정의하고, 자연수에서 성립하는 계산 법칙을 음수에서 성립하도록 음수의 연산을 정의할 수 있다. 이러한 방식으로 $(-a)+(-b)=-(a+b)$, $(-a)(-b)=ab$임을 보여라.

2. $x^2=a$를 만족하는 한 해를 $x=\sqrt{a}$라고 할 때 이 식을 이용하여 $\sqrt{a}\sqrt{b}=\sqrt{ab}$임을 보여라.

4. 소수(素數) 탐구하기

자연수를 나눌 때 홀수와 짝수로 나누는 방법, 3으로 나누었을 때 나머지가 0, 1, 2인 수로 나누는 방법, 그리고 다음과 같이 소수와 합성수로 나누는 방법을 생각할 수 있다.

- 1: 단 하나의 유일한 약수를 갖는 수
- 소수: 정확히 두 개의 서로 다른 자연수를 약수로 갖는 수
- 합성수: 세 개 이상의 서로 다른 자연수를 약수로 갖는 수

소수 가운데 짝수는 2뿐인데, 다른 짝수는 1과 자신 말고도 2를 약수로 갖기 때문이다. 소수에는 어떤 수들이 있는지, 어떤 성질들이 있는지는 오랫동안 수학자들의 연구 대상이 되어 왔다. 그렇지만 소수에 대한 많은 성질 중에는 아직도 증명되지 않아 추측(conjecture)으로 받아들여지는 것들이 많이 있다. 다음 소수에 대한 성질이 참인지 생각해 보자.

- 골드바흐 추측: 2를 제외한 모든 짝수는 두 소수의 합으로 표현할 수 있다.
- 모든 짝수는 연속된 두 소수의 차로 나타낼 수 있다.
- 모든 홀수는 소수와 2의 거듭제곱의 합이다.

골드바흐 추측은 골드바흐(Goldbach)가 제기해 1742년 오일러에게 증명을 요구했다고 한다. 오일러는 이를 증명하지 못하였고, 오늘날까지 아무도 증명을 하지 못하여 추측으로 남아있는데, 이 추측의 예외는 아직도 발견되지 않고 있다.

자연수에서 소수를 찾는 방법으로 '에라토스테니스의 체'라는 방법이 있다. 예를 들어 2~200의 자연수를 써놓고, 2 이외의 2의 배수, 3 이외의 3의 배수, …, 남은 최초의 수 이외의 배수의 순서로 지워 가면, 체로 쳤을 때처럼 끝에 남는 것이 소수이다.

소수는 수들 사이의 관계에 따라 여러 가지 이름이 붙여지기도 하는데, $(p, p+2)$인 관계에 있는 두 소수를 쌍둥이 소수라고 한다. 예를 들면 (3, 5), (11, 13), (17, 19), (71, 73), (101, 103), … 등이 쌍둥이 소수이다. 쌍둥이 소수가 무한히 많은지, 어떤 규칙으로 나타나는가 등은 아직 미해결된 문제이다.

메르센느는 소수 p에 대하여 '메르센느 수' $M_p = 2^p-1$을 정의하고, M_p중 소수인 것을 메르센느 소수라고 하였다. 예를 들면 3은 $3 = 2^2 - 1$이므로 메르센느 소수이지만, 2는 메르센느 소수가 아니다. 메르센느 수 M_p는 큰 소수를 발견하는데 유용한데, 메르센느 소수는 30여 개 밖에 되지 않았으며, 1998년에 37번째 $2^{3,021,377} - 1$이 발견되었다.

◐ **소수를 이용한 게임:** 안이 보이지 않는 주머니에 다음과 같이 수가 할당되어 있는 여러 개의 블록을 넣고 상대편에게 몇 개의 블록을 꺼내어 꺼내어진 블록에 할당된 수들의 곱을 구하여 말하도록 한다. 물론 당사자는 그 블록을 볼 수 없다. 그러면 꺼내어진 블록의 종류와 그 개수를 어떻게 알 수 있는가? 이에 답하기 위하여 필요한 지식은 무엇인가?

빨강 = 2, 오렌지 = 3, 노랑 = 5, 파랑 = 7

예를 들어 상대가 28이라고 말했다면 꺼내어진 블록의 종류는 어떻게 되겠는가? 빨강 2개와 파랑 1개임을 알 수 있다. 수를 크게 하여 1260이라고 말했다면 꺼내어진 블록의 종류는 어떻게 되겠는가? 이 물음에 답하기 위해서는 1260을 소인수분해하여야 한다. 꺼내어진 블록의 종류와 수를 구하기 위하여 왜 소인수분해를 해야 하는지 생각해 보자.

탐구문제 5

1. 1에서 95까지의 수중에서 가장 큰 소수를 구하여라.

2. 한 자리 수중에서 메르센느 소수를 모두 구하여라.

5. 수와 도형의 관계

고대의 철학자들은 자연 속에 내재된 반복적인 규칙을 연구함으로써 우주가 일관되게 조화를 이루고 있음을 발견하였다. 또 그리스인들은 삼각수나 사각수의 배열과 같이 다양한 기하학적 모양으로 조약돌을 배열함으로써 산술을 연구하였고, 이를 통해 현상에 내재한 규칙과 원리를 발견하였다.

수와 모양은 수학의 기본으로, 고대로부터 사람들은 수들이 자기 자신만의 고유한 역할을 지니고 있다고 믿었으며, 수에 여러 가지 의미를 부여하였다. 예를 들면, 1은 수의 근원으로 이성의 수이며, 2는 여성 수를 나타낸다. 3은 1과 2를 통합한 수이므로 조화의 수이고 남자의 수이다. 시작, 중간 끝; 탄생, 삶, 죽음; 상순, 중순, 하순; 성부, 성자, 성신과 같이 모두 3에 의한 조화의 표현이 그것이다. 4는 정의의 수이고, 5는 2와 3의 합이므로 결혼을 의미한다.

또한 수와 모양사이의 관계에도 의미를 부여할 수 있다. 대칭적인 도형의 전형인 원은 1을 상징한다. 어떤 수에 1을 곱하거나 어떤 수를 1로 나누면 항상 자기 자신이 된다. 1에 아무리 많은 1을 곱하여도 결과는 1이 되는 것이다. 1은 자기 자신과 같은 수를 곱했을 때보다 자신과 같은 수를 더했을 때 더 큰 값이 나오는 유일한 수이다.

원이나 점 하나로 표현되는 1은 단일성과 일체성을 나타내며, 1이 모든 수의 근원이듯이 원은 모든 모양의 근원이다. 즉 모든 모양과 패턴은 원 안에 그려 넣을 수 있다. 세계나 우주를 'universe'라고 하는 것도 라틴어의 한 바퀴를 의미하는 용어이기 때문이다. 컴퍼스로 그린 원은 빛과 공간과 시간이 모든 방향으로 펼쳐나가는 원리를 표현하고, 회전 운동을 하며, 따라서 자연의 보편적인 주기와 순환, 괘도, 규칙성, 진동, 리듬을 나타낸다. 원은 인간이 창조할 수 있는 가장 실용적이고 효율적인 기하학적 공간을 나타낸다. 둥근 테이블은 사람들의 평등을 나타내며, 최소한의 길이로 최대의 넓이를 나타내므로 많은 물건을 올려놓을 수 있는 장점이 있다.

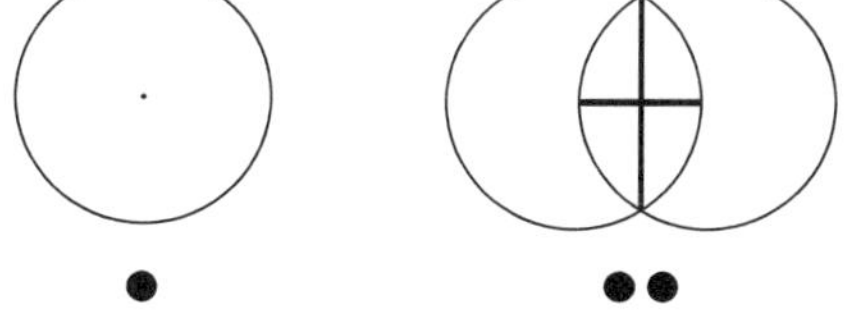

원을 하나 그리고, 컴퍼스를 옮겨 같은 반지름의 길이를 갖는 원을 원래 원의 원주에서 그려보자. 두 원이 서로 겹쳐진 아몬드 모양의 부분을 베시카 피시스(vesica piscis; 라틴어로

'물고기의 부레'란 뜻)라고 하며, 중심끼리, 두 원의 교점끼리 이으면 선을 이등분하게 된다.

2는 자신과 같은 수를 더한 값과 같은 수를 곱한 값이 똑같은 유일한 수이다. 2는 신성한 1로부터 떨어져 나가는 대담함과 원래의 통일성으로 돌아가려는 고뇌가 들어 있다. 따라서 2는 부정적인 의미가 들어 있고, 일구이언, 양면성과 같은 표현이 그 예이다. 2를 의미하는 two의 어원도 이중적인 성질을 뒷받침하는데, 'di, du'등이 접두사로 붙은 단어는 '분리'의 의미를 가지고 있다. discord(불협화), dissent(이의), dichotomy(이분법)가 그렇다. 반면에 'tw–'는 결합의 의미가 있다. twin(쌍둥이), between(사이)이 그렇다.

3은 자기보다 작은 수를 모두 더한 것과 같은 유일한 수이고, 자기와 자기보다 작은 수를 더한 합과 자기와 자기보다 작은 수를 곱한 값이 같은 유일한 수이다. 고대의 철학자들은 1과 2를 부모의 수로도 간주했기 때문에 그 사이에서 처음 태어난 3은 최초의 수이자, 가장 오래된 수로 인식하였다. 삼총사, 삼위일체, 세 가지 소원과 같이 3이 들어가는 곳에는 세 부분의 일체성을 나타낸다. 원은 중심, 반지름, 원주의 삼위일체로 통일성을 나타낸다. 삼각형은 베시카 피시스를 통해 이끌어내는 최초의 모양이다. 원시 부족들은 수를 셀 때 '하나, 둘, 많이'라고 센다. 삼각형은 둘레의 길이가 같은 도형 가운데 최소의 면적을 가지는 도형이기도 하다.

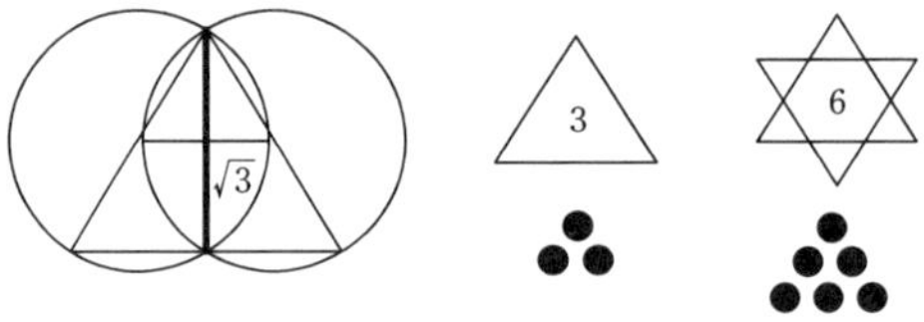

주변 환경을 설계할 때에도 스스로 지탱하는 구조를 만들기 위하여 삼각형이 필요하다. 아치를 비롯해 삼각형 구조는 건축과 구조물 디자인의 기본이다. 삼각형 구조는 세 변이 서로 반대되는 방향의 힘 때문에 외부의 도움 없이도 견고하고 안정된 전체를 이룬다. 즉 삼각형의 꼭짓점은 서로 반대되는 옆면들을 통해 하중을 분산시키는 쐐기돌이 된다. 우리 몸에서도 골반은 몸을 지지하고 있는 쐐기돌이다.

셋이서 하나가 되는 미스터리는 '보로메오 고리(Borromean Ring)'에서 알 수 있다. 보로메오 고리는 '상상계–상징계–실재계'라는 3항 관계의 질서가 상호의존하고 있다는 것을 보여주기 위해 라캉이 구상한 것으로 다음과 같은 과정으로 만들 수 있다.

① 점을 하나 찍고 원을 그린다.

② 컴퍼스를 약간 오므려 처음 그린 원과 동심원을 그린다.

③ 이런 과정으로 3개의 고리 모양을 만들어 색칠을 하고 고리의 안과 밖을 잘라 3개의 고리를 만든다. 그리고 나서 1개의 고리를 끼울 수 있도록 자른다.

④ 아래 그림과 같이 고리를 끼워 서로 연결시키고 잘려진 고리 부분을 테이프로 붙인다. 그러면 어떤 두 고리도 서로 연결되어 있지 않지만, 3개의 고리는 서로 분리되지 않는 매듭을 이룬다.

보로메오 고리에서는 적절히 선택한 세 번째 요소가 서로 반대되는 것들을 통합하여 새로운 단계로 올려놓는 관계를 이룬다. 여기서는 서로 대립하는 둘과 이들을 결합시켜 균형을 이루게 하는 중립적인 제 3요소의 가치를 말해준다. 예를 들어 '작용, 반작용, 합력', '정, 반, 합', '왼쪽 접시, 오른쪽 접시, 중앙 접시'들은 서로 대립되는 양자와 새로운 전체를 가져오는 외부의 제 3요소가 삼위일체를 이루고 있는 것이다. 아인슈타인의 유명한 방정식 $E = mc^2$도 에너지, 질량, 빛이 서로 통합되어 있는 보로메오 고리로 설명할 수 있다.

탐구문제 6

1. 베시카 피시스에서 정사각형을 그리고, 각 변의 길이를 구하여라.

6. 재미있는 수의 세계

수에 대한 연구는 고대인들이 수의 신비롭고 마술적인 의미에 대해 탐구했던 시기까지 거슬러 올라갈 수 있다. 피타고라스학파 사람들은 짝수를 여성다운 특성과 결부시켰다고 한다. 수에 대한 연구는 패턴 찾기, 관계에 대해 생각하기 등을 통해 흥미 있는 탐구와 수학의 아름

다음을 발견할 수 있는 기회를 제공한다.

수의 탐구의 예로 회문수(palindromic number)가 있는데, 이것은 25352처럼 앞과 뒤 어느 쪽으로 읽어도 같은 수가 되는 수를 말한다. 한 자리 수를 제외하고 가장 작은 회문수는 무엇이고, 제곱수 중 회문수는 무엇인가? 이러한 질문들은 회문수에 대한 흥미로운 탐구를 가능하게 한다.

탐구문제 7

1. 10보다 크고 1000보다 작은 제곱수중 회문수를 모두 구하여라.

2. 100과 200사이의 회문수인 소수를 5개 구하여라.

다른 예로 어떤 두 수에 대하여 진약수[1]의 합이 서로 상대의 수와 같은 경우를 친화수라고 한다. 예를 들어 220과 284는 첫 번째 친화수인데, 220의 진약수의 합은 1+2+4+5+10+11+20+22+44+55+110=284이고, 284의 진약수의 합은 1+2+4+71+142=220이다. 수학자 오일러는 이러한 수를 연구하여 1750년에 60개의 친화수를 발견했다고 한다. 그런데 오일러(Euler)는 두 번째로 작은 친화수인 1184와 1210을 빠트렸는데, 1860년에 16살인 파가니니(Paganini)가 이 수를 발견하였다고 한다. 다른 친화수로는 2620과 2924, 6232와 6368, 17296과 18416 등이 있다.

친화수와 비슷한 것으로 부부수라는 것이 있다. 부부수란 자기 자신을 의미하는 1을 제외한 진약수의 합이 서로 상대의 수와 같은 경우를 의미한다. 예를 들어 48과 75는 부부수이다. 다른 부부수의 예로는 (140, 195), (1575, 1648), (1050, 1925) 등이 있다. 그런데 친화수에서 짝수는 짝수끼리, 홀수는 홀수끼리만 짝을 이루고 있지만, 부부수는 짝수와 홀수만이 짝을 이루고 있다. 위의 사실을 통해 수비학에서는 남녀 간의 우정을 인정하지 않으며, 남자끼리나 여자끼리의 동성애도 인정하지 않는다는 의미가 담겨있음을 알 수 있다.

한편, 수는 진약수의 합이 원래 수보다 큰 수와 작은 수, 같은 수로 나눌 수도 있는데, 이를 과잉수, 부족수, 완전수라고 한다.

- 과잉수: 진약수의 합이 원래 수보다 큰 수

---

1 진약수란 자기 자신을 제외한 약수를 말한다.

- 부족수: 진약수의 합이 원래 수보다 작은 수
- 완전수: 진약수의 합이 원래 수와 같은 수

예를 들어, 8의 진약수는 1, 2, 4이고 그 합은 7이므로 부족수이다. 6의 진약수는 1, 2, 3으로 그 합은 6이므로 완전수이다. 완전수는 드물고 간격도 큰데, 6, 28, 496, 8128 등이 완전수이다. 완전수를 소인수분해하고 그 결과를 살펴보면, 짝수 완전수는 n이 자연수일 때 2^n-1이 소수이면 $2^{n-1}(2^n-1)$의 형태로 나타날 수 있음을 짐작할 수 있다.[2] 한편, 피타고라스는 완전수에 관심을 가지고 여러 가지 성질이 있음을 밝혀냈는데, 특히 완전수는 연속되는 자연수의 합으로 표현됨을 발견하였다.

- $6 = 1+2+3$
- $28 = 1+2+3+4+5+6+7$
- $496 = 1+2+3+4+\cdots+29+30+31$

탐구문제 8

1. 완전수 6은 $6 = 2\times3 = 2^1\times(2^2-1)$이고, 28은 $28 = 4\times7 = 2^2\times(2^3-1)$으로 $2^n\times(2^{n+1}-1)$꼴의 수이다. 그러면 $2^n\times(2^{n+1}-1)$꼴의 수는 모두 완전수인지 알아보아라.

2. 완전수 8128을 1부터 연속되는 자연수의 합으로 표현하여라.

3. 140과 195가 부부수임을 보여라.

7. 배수의 조건과 합동(congruent)

어떤 수가 다른 수의 배수가 되는가를 판단하는 방법을 배수판정법이라고 하는데, 이를 위해 합동 개념을 이용한다. 합동 개념을 도입하기 위하여 정수를 3으로 나누었을 때의 나머지를

2 어떤 자연수 n에 대하여 메르센느 소수가 되는 2^n-1을 알면 완전수를 발견할 수 있음을 알 수 있다.

생각해 보자.

$0=0\times3+0$, $1=0\times3+1$, $2=0\times3+2$,

$3=1\times3+0$, $4=1\times3+1$, $5=1\times3+2$,

$6=2\times3+0$, $7=2\times3+1$, $8=2\times3+2$,

$9=3\times3+0$, $10=3\times3+1$, $11=3\times3+2$, $\cdots$

위에서 임의의 정수를 3으로 나누었을 때 나머지는 세 정수 0, 1, 2 중의 하나이다. 이 때 10과 4에 대하여 $10-4=6$이 3의 배수이다. 이와 같이 정수 a, $b\in Z$와 $m\in Z$에 대하여 $a-b$가 m의 배수일 때 a와 b는 법(modules) m에 대하여 합동(a is congruent to b module m)이라 하고, 이를 $a\equiv b \pmod{m}$으로 표시한다.

법 3에 관한 합동은 모든 정수의 집합을 3의 배수, $3n+1$ 형태의 정수, $3n+2$ 형태의 정수로 나눈다. 그리고 같은 집합에 있는 수들은 법 3에 관한 합동임을 알 수 있다. 예를 들면 $3\equiv 45 \pmod{3}$, $5\equiv 35 \pmod{3}$이다.

합동은 시계의 시침이 12를 기준으로 하여 시각을 나타내는 것과 같이 일상생활에서도 많이 이용된다. 시계를 이용하면 합동의 개념을 기하학적으로 설명할 수 있는데, 하나의 원을 m개의 동일한 부분으로 나누면 되는 것이다. 합동의 성질에는 다음과 같은 것들이 있다.

1) $a\equiv a \pmod{m}$

2) $a\equiv b \pmod{m}$이면 $b\equiv a \pmod{m}$

3 $a\equiv b \pmod{m}$이고 $b\equiv c \pmod{m}$이면 $a\equiv c \pmod{m}$

4) $a\equiv a' \pmod{m}$이고 $b\equiv b' \pmod{m}$일 때

4-1) $a+b\equiv a'+b' \pmod{m}$

4-2) $a-b\equiv a'-b' \pmod{m}$

4-3) $ab\equiv a'b' \pmod{m}$

그러면 합동 개념을 이용하여 배수판정법을 알아보자. 어떤 정수 M은 다음과 같이 나타낼 수 있다.

$$M = a_n\times10^n+a_{n-1}\times10_{n-1}+a_{n-2}\times10^{n-2}+\cdots+a_1\times10^1+a_0$$

이 식과 합동 개념을 이용하여 2의 배수일 조건을 알아보면 $10 \equiv 0 \pmod{2}$이기 때문에

$$M = a_n \times 10^n + a_{n-1} \times 10^{n-1} + a_{n-2} \times 10^{n-2} + \cdots + a_1 \times 10^1 + a_0$$
$$\equiv a_n \times 0^n + a_{n-1} \times 0^{n-1} + a_{n-2} \times 0^{n-2} + \cdots + a_1 \times 0^1 + a_0 = a_0$$

그러므로 M이 2로 나누어떨어진다는 것은 그 마지막 자릿수가 2로 나누어떨어지는 것과 같다. 이번에는 어떤 수가 9의 배수일 조건을 알아보자. $10 = 1 \pmod{9}$이고, $10^k = 1^k \pmod{9}$이므로

$$M = a_n \times 10^n + a_{n-1} \times 10^{n-1} + a_{n-2} \times 10^{n-2} + \cdots + a_1 \times 10^1 + a_0$$
$$\equiv a_n \times 1^n + a_{n-1} \times 1^{n-1} + a_{n-2} \times 1^{n-2} + \cdots + a_1 \times 0^1 + a_0 = a_n + a_{n-1} + a_{n-2} + \cdots + a_1 + a_0$$

그러므로 M이 9로 나누어떨어진다는 것은 M의 각 자릿수의 합이 9로 나누어떨어지면 된다. 마찬가지로 $10 \equiv 1 \pmod{3}$이므로 M이 3으로 나누어떨어진다는 것은 M의 각 자릿수의 합이 3으로 나누어떨어지면 된다.

탐구문제 9

1. 수 225, 123454321이 9의 배수인지 판정하여라.

2. $10 \equiv 1 \pmod{3}$임을 보여라.

이번에는 어떤 수가 11의 배수일 조건을 알아보자. $10 = -1+11$이므로 $10 \equiv -1 \pmod{11}$이다. 따라서 합동식을 거듭 곱함으로써 다음을 얻을 수 있다.

$$10^2 \equiv (-1)(-1) = 1 \pmod{11}$$
$$10^3 \equiv -1 \pmod{11}$$
$$10^4 \equiv 1 \pmod{11}$$

이 사실과 다음 식을 이용하여 어떤 수가 11의 배수일 조건을 알 수 있다. 즉

$$M = a_0 + a_1 \times 10 + a_2 \times 10^2 + a_3 \times 10^3 + \cdots a_n \times 10^n$$
$$T = a_0 - a_1 + a_2 - a_3 + a_4 + \cdots$$

이라 하면 M을 11로 나누었을 때 나머지는 $T = a_0 - a_1 + a_2 - a_3 + a_4 + \cdots$과 같다. 왜냐하면

$$M-T = a_1\times 11+a_2\times(10^2-1)+a_3\times(10^3+1)+a_4\times(10^4-1)+\cdots$$

이고 11, 10^2-1, 10^3+1, …은 11을 법으로 하여 0과 합동이므로 $M-T$도 11을 법으로 하여 0과 합동이다. 따라서 M은 11로 나누었을 때 T와 같은 나머지를 갖는다.

탐구문제 10

1. 수 3162819가 11의 배수인지 판정하여라.

마찬가지로 어떤 수가 7의 배수일 조건을 알아보자. $10\equiv 3 \pmod 7$, $10^2\equiv 2 \pmod 7$, $10^3\equiv -1 \pmod 7$, $10^4\equiv -3 \pmod 7$, $10^5\equiv -2 \pmod 7$, $10^6\equiv 1 \pmod 7$이고, 이후의 나머지는 위의 과정이 반복된다. 따라서 M이 7로 나누어떨어질 조건은

$$\begin{aligned} M &= a_0+a_1\times 10+a_2\times 10^2+a_3\times 10^3+\cdots+a_n\times 10^n \\ &\equiv a_0+3a_1+2a_2-a_3-3a_4-2a_5+a_6+3a_7+2a_8+\cdots \end{aligned}$$

이 7로 나누어떨어지는 것이다.

Tip 7로 나누어떨어질 조건을 다음과 같이도 생각할 수 있다.

$M = a_n\times 10^n+a_{n-1}\times 10^{n-1}+a_{n-2}\times 10^{n-2}+\cdots+a_1\times 10^1+a_0$

$= (a_n\, a_{n-1}\, a_{n-2} \cdots a_2\, a_1\, a_0)_{10}$ 일 때

$(a_n\, a_{n-1}\, a_{n-2} \cdots a_2\, a_1\, a_0)_{10}$가 7로 나누어떨어진다.

$\Leftrightarrow (a_n\, a_{n-1}\, a_{n-2} \cdots a_2\, a_1)_{10}+5a_0$가 7로 나누어떨어진다.

이것은 다음 사실로 확인할 수 있다.

[명제] $10x+y$가 7로 나누어떨어진다. $\Leftrightarrow$ $x+5y$가 7로 나누어떨어진다.

[증명] $10x+y$가 7로 나누어떨어진다. $\Leftrightarrow$ $5(10x+y)$가 7로 나누어떨어진다.

$\Leftrightarrow$ $7(7x)+(x+5y)$가 7로 나누어떨어진다.

$7(7x)$는 7의 배수이므로 $7(7x)+(x+5y)$가 7로 나누어떨어진다.

$\Leftrightarrow$ $x+5y$가 7로 나누어떨어진다.

마찬가지 방법으로 13으로 나누어떨어질 조건은 다음과 같다.

$(a_n, a_{n-1}, a_{n-2}, \cdots, a_2, a_1, a_0)_{10}$가 13으로 나누어떨어진다.

$\Leftrightarrow (a_n, a_{n-1}, a_{n-2}, \cdots, a_2, a_1)_{10} \times 4a_0$가 13으로 나누어떨어진다.

[증명] $10x+y$가 13으로 나누어떨어진다. $\Leftrightarrow 4(10x+y)$가 13으로 나누어떨어진다.

$\Leftrightarrow 13(3x)+(x+4y)$가 13으로 나누어떨어진다.

$13(3x)$는 13의 배수이므로 $13(3x)+(x+4y)$가 13으로 나누어떨어진다.

$\Leftrightarrow x+4y$가 13으로 나누어떨어진다.

탐구문제 11

1. 수 12345가 7의 배수인지 판정하여라.

2. 수 1234가 13의 배수인지 판정하여라.

8. 얼마나 큰 수일까?

일상에서 쓰는 말 중에 '골백번 죽어도'라는 말이 있다. 여기서 '골'은 어떤 수를 나타내는 말일까? 골은 10^{16}인 경(京)을 나타내는 순 우리말이다. 마찬가지로 '온 몸이 아프다.'에서 '온'은 10^2을 나타내는 순 우리말이다. 19세기부터는 수를 나타내는 말에는 다음과 같은 것이 있다.

만 10^4	억 10^8	조 10^{12}	경 10^{16}	해 10^{20}	지 10^{24}
양 10^{28}	구 10^{32}	간 10^{36}	정 10^{40}	재 10^{44}	극 10^{48}
항하사 10^{52}	아승기 10^{56}	나유타 10^{60}	불가사의 10^{64}	무량대수 10^{68}	

여기서 '불가사의'는 10^{64}을 나타내고, 불가사의보다 작은 수인 항하사는 10^{52}을 나타낸다. 항하사는 겐지즈강의 모래만큼 많다는 뜻을 가지고 있다. 한편, 하노이 탑에는 유명한 전설이 전해 내려오고 있다. 이 탑에는 3개의 다이아몬드 기둥이 있는데, 신이 세상을 창조할 때 기둥 하나에 순금으로 된 구멍을 뚫어 크기 순으로 원판 64개를 꿰어 놓았다. 그리고 이 원판을 다른 기둥으로 옮기는데 다음의 규칙을 따르도록 하였다.

① 원판을 한 번에 한 개씩만 옮긴다.

② 작은 원판 위에 큰 원판이 오지 않도록 한다.

이 규칙을 지키면서 다른 기둥에 64개의 원판을 모두 옮기면 세상의 종말이 온다는 것이다. 이 전설에서 한 기둥에 있는 원판을 다른 기둥에 옮기는데 몇 번이나 옮겨야 하고, 얼마의 시간이 걸릴까? 원판을 옮기는 횟수는 $2^{64}-1$이고, 원판을 한 번 옮기는데 걸리는 시간을 1초라고 할 때 원판을 모두 옮기는데 걸리는 시간은 약 5천8백50억년이 걸린다고 한다.

한편, 아주 짧은 순간을 나타내는 '찰라'는 소수점 아래에 0이 17개나 붙는 수인데, 이 수는 불교의 영향을 받은 것으로 화엄경에서 사용한 용어를 따온 것이다. 이 수 외에도 작은 수를 나타내는 말에는 다음과 같은 것이 있다.

분 10^{-1} 리 10^{-2} 허공 10^{-20}

탐구문제 12

1. 아래 그림과 같이 하노이 탑의 A 기둥에 놓여진 7개의 원판을 다음 규칙에 따라 C 기둥에 옮기려고 한다.
   (a) 한 번에 한 개의 원판을 움직일 수 있다.
   (b) 큰 원판은 작은 원판 위에 위치할 수 없다.

기둥 C에 원판을 옮기는데 필요한 최소한의 움직임 수를 구하여라.

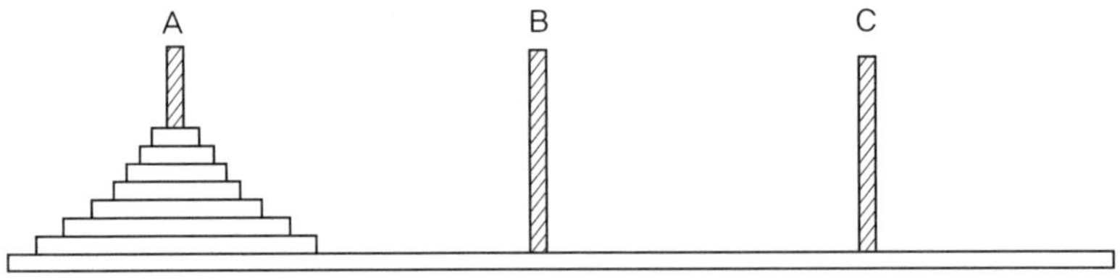

2. 바둑돌은 위, 아래, 혹은 대각선의 비어 있는 인접한 공간으로 움직일 수 있다고 한다. 아래 그림에 있는 20개의 검은색 바둑돌과 20개의 흰색 바둑돌을 서로 바꾸는데 필요한 최소한의 수를 구하여라.

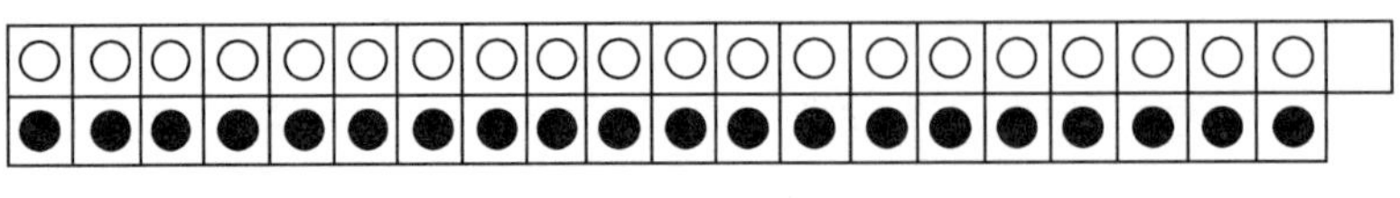

9. 수 카드로 나이 알아내기

여러 가지 수들이 쓰인 6장의 카드만을 이용하여 사람의 나이를 알아내는 방법이 있다. 아래에 제시된 수 카드를 보고 자기의 나이가 적혀 있는 카드를 골라 보아라. 그러면 여러분의 나이를 정확히 알아낼 수 있을 것이다.

1카드

3	5	7	9	10	13
15	17	19	21	23	25
27	29	31	33	35	37
39	41	43	45	47	49
51	53	55	57	59	*1*

2카드

3	6	7	10	11	14
15	18	19	22	23	26
27	30	31	34	35	38
39	42	43	46	47	50
51	54	55	58	59	*2*

4카드

5	6	7	12	13	14
15	20	21	22	23	28
29	30	31	36	37	38
39	44	45	46	47	52
53	54	55	60	13	*4*

8카드

9	10	11	12	13	14
15	24	25	26	27	28
29	30	31	40	41	42
43	44	45	46	47	56
57	58	59	60	13	*8*

16카드

17	18	19	20	21	22
23	24	25	26	27	28
29	30	31	48	49	50
51	52	53	54	55	56
57	58	59	60	31	*16*

32카드

33	34	35	36	37	38
39	40	41	42	43	44
45	46	47	48	49	50
51	52	53	54	55	56
57	58	59	60	46	*32*

예를 들어, 내 나이가 46이라고 하면 46이 들어 있는 카드를 찾으면 된다. 6장의 카드에서 46이 들어 있는 카드는 2카드, 4카드, 8카드, 32카드이다. 이 4장의 카드를 가지고 나이가 46임을 알 수 있다. 어떻게 알아낼 수 있는가? 컴퓨터에 쓰이는 이진법이 비밀을 캐는 단서가 된다. 즉, 1부터 60까지를 31=1+2+4+8+16과 같이 1, 2, 4, 8, 16, 32만을 이용하여 합으로 표현해 보는 것이다.

1=1	11=1+2+8	21=1+4+16	31=1+2+4+8+16	41=1+8+32	51=1+2+16+32
2=2	12=4+8	22=2+4+16	32=32	42=2+8+32	52=4+16+32
3=1+2	13=1+4+8	23=1+2+4+16	33=1+32	43=1+2+8+32	53=1+4+16+32
4=4	14=2+4+8	24=8+16	34=2+32	44=4+8+32	54=2+4+16+32
5=1+4	15=1+2+4+8	25=1+8+16	35=1+2+32	45=1+4+8+32	55=1+2+4+16+32
6=2+4	16=16	26=2+8+16	36=4+32	46=2+4+8+32	56=8+16+32
7=1+2+4	17=1+16	27=1+2+8+16	37=1+4+32	47=1+2+4+8+32	57=1+8+16+32
8=8	18=2+16	28=4+8+16	38=2+4+32	48=16+32	58=2+8+16+32
9=1+8	19=1+2+16	29=1+4+8+16	39=1+2+4+32	49=1+16+32	59=1+2+8+16+32
10=2+8	20=4+16	30=2+4+8+16	40=8+32	50=2+16+32	60=4+8+16+32

이제 6장의 숫자 카드를 만들어 보자. 우선 1카드, 2카드, 4카드, 8카드, 16카드, 32카드를 정하고, 각각의 카드에 카드 수를 적는다. 카드 수는 31=1+2+4+8+16일 때 31을 1카드, 2카드, 4카드, 8카드, 16카드에 31을 적는다. 이 원리에 따르면 1카드에는 다음과 같은 30개의 수가 적히게 된다(이 카드에는 2진법의 수로 나타낼 때 2^0의 자리에 1이 있는 수들이다).

1, 3, 5, 7, 9, 11, 13, 15, 17, 19, 21, 23, 25, 27, 29, 31, 33, 35, 37, 39,

41, 43, 45, 47, 49, 51, 53, 55, 57, 59

이러한 원리에 의해 각 카드에는 아래와 같은 수들이 적히게 되는데, 1카드와 2카드는 적힌 수가 30개이지만, 3, 4, 5, 6번 카드는 수가 29개가 되므로 중복되게 그 카드 안의 아무런 수를 선택하여 한 번 더 적으면 된다. 예를 들어 4카드에는 다음과 같이 29개의 수가 적히게 된다(이 카드에는 2진법의 수로 나타낼 때 2^2의 자리에 1이 있는 수들이다).

4, 5, 6, 7, 12, 13, 14, 15, 20, 21, 22, 23, 28, 29, 30, 31, 36, 37, 38, 39,

44, 45, 46, 47, 52, 53, 54, 55, 60

이것은 30개의 수가 안 되므로 부족한 하나는 29개 수 중에서 아무런 수를 선택하여 한 번 더 적는다. 이 카드에서는 13을 더 적어 13은 두 번 나타나 있다.

각 카드에는 카드를 대표하는 수들을 한 곳에 위치할 필요가 있다. 위에서는 오른쪽 아래에 그 수를 적어 놓았다. 이 6장의 카드를 이용하면 46은 46=2+4+8+32이므로 카드 2, 4, 8, 32카드에 있게 된 것이다.

탐구문제 13

1. 46, 60을 1, 2, 4, 8, 16, 32만의 합으로 나타내어라.
2. 내 나이가 20이라고 할 때, 나는 어떤 카드에서 내 나이에 해당되는 수를 찾을 수 있을지 구하여라.
3. 카드에 적히는 수를 크게 하기 위하여 카드를 한 장 더 만들려고 한다. 다음 카드에 쓰이는 가장 작은 수는 얼마인가?

10. 피타고라스 수의 탐구

수학은 추측으로 시작하여 추측을 확인하고 개선하는 과정을 통하여 발전되어 왔다. 이러한 과정을 피타고라스 정리를 이용하여 경험해 보도록 하자(Polya, 1990).

■**문제:** 주어진 정수 n을 빗변으로 하는 세 변의 길이가 정수인 직각삼각형이 존재하는가?

이 질문은 정수 n이 빗변이고, 나머지 두 변 x, y가 정수인 직각삼각형을 찾으면 된다. 예를 들어, $n=12$인 경우를 살펴보면 $144=x^2+y^2$인 정수 x, y를 구하면 된다. 우리는 제곱수로 다음을 알고 있다.

$$1,\ 4,\ 9,\ 16,\ 25,\ 36,\ 49,\ 64,\ 81,\ 100,\ 121,\ 144,\ \cdots$$

이 수를 조합해 보면 $n=12$인 경우에 주어진 정수 12를 빗변으로 하는 세 변의 길이가 정수인 직각삼각형은 존재하지 않는다는 것을 알 수 있다. 이와 같은 방법으로 20이하의 수를 빗변으로 가지는 직각삼각형의 존재를 알아보면 5, 10, 13, 15, 17이 가능함을 알 수 있다. 이 수들에서 10과 15는 5를 빗변으로 가지는 경우와 닮았기 때문에 나머지 5, 13, 17에 주목하는 것이 유용하다.

그런데 5, 13, 17은 홀수인 소수이다. 그러나 이들이 20이하의 모든 홀수인 소수는 아니다. 즉, 3, 7, 11, 19도 홀수인 소수이지만, 이 수를 빗변으로 하는 세 변의 길이가 정수인 직각삼각형은 존재하지 않는다. 따라서 이 사실을 반영하여 다음 문제를 제기해 보자.

■**문제:** 나머지 두 변이 정수이고, 홀수인 소수가 직각삼각형의 빗변이 될 수 있는 경우는 어느 경우인가?

그러면 홀수인 소수가 직각삼각형의 빗변이 될 수 있는 경우와 될 수 없는 경우에 해당되는 수들을 나열하여 그 특징을 살펴보자.

- 가능한 경우: 5, 13, 17, 29, ⋯
- 불가능한 경우: 3, 7, 11, 19, 23, 31, ⋯

각 수들의 규칙을 찾아보자. 두 수들의 차를 구해보면 대부분 4이거나 4의 배수임을 알 수 있다. 따라서 각각을 4로 나눈 나머지를 구하여 나타내어 보면 다음과 같은 결론을 얻을 수 있다.

■**결론:** $4n+1$(n은 정수)의 형태를 가지는 소수는 모든 변의 길이가 정수인 직각삼각형의 빗변이 된다. $4n+3$(n은 정수)의 형태를 가지는 소수는 모든 변의 길이가 정수인 직각삼각형의 빗변이 될 수 없다.

탐구문제 14

1. 12를 빗변으로 하는 세 변의 길이가 정수인 직각삼각형은 존재하지 않는다는 것을 보여라.

11. 네 개의 홀수인 제곱의 합

수학에서 새로운 진리는 귀납법에 의해 발견되는 경우가 종종 있다. 피타고라스 정리에서 정수로 이루어진 직각삼각형의 문제는 어떤 수가 제곱수이거나 두 개의 제곱수의 합으로 표현되거나, 세 개의 제곱수의 합으로 표현되거나, 아마도 그 이상의 제곱수들의 합으로 표현될 수 있을 것으로 추측할 수 있다. 오래전 수학자들은 이 문제를 탐구하였고, 귀납적으로 추측하고 확인하는 과정을 거쳐 왔다. 추측과 확인의 과정에서 새로운 정리가 나타나기도 하는데, 그 중의 하나가 다음과 같다. 제곱수들의 합과 관련된 다음 문제를 살펴보자 (Polya, 1990).

■**문제:** u와 x, y, z, w가 홀수인 양의 정수일 때 $4u = x^2 + y^2 + z^2 + w^2$의 해를 표현하는 방법의 개수를 구하여라.

먼저, 한 가지 예를 가지고 시작해 보자. $u = 25$일 때 위와 같은 방법으로 표현하는 방법은 81+9+9+1, 49+49+1+1, 49+25+25+1, 25+25+25+25가 있다. 그리고 각각의 경우에 배열 가능한 표현의 수를 구해보면 다음과 같다.

81+9+9+1 → 12   49+49+1+1 → 6

49+25+25+1 → 12   25+25+25+25 → 1 (31가지)

이러한 방법으로 $u = 1, 3, 5, 7, 9, \cdots$인 경우로 확장하여 각각의 경우에 배열 가능한 표현의 수를 구해 보도록 하자. 그 결과를 표에 나타내면 다음과 같다.

1	3	5	7	9	11	13	15	17	19	21	23	25
1	4	6	8	13	12	14	24	18	20	32	24	31

첫 번째 줄의 수는 홀수들로 이루어져 있다. 두 번째 줄에 있는 수들의 규칙은 무엇인가? 먼저, 첫 번째 줄이 소수인 경우에는 두 번째 줄은 그 수보다 1이 크다는 것을 알 수 있다. 따라서 홀수 u가 소수라면 그에 대응하는 수는 $u+1$이라고 결론을 내릴 수 있다. 만약 홀수 u가 소수가 아니라면 대응하는 수는 $u+1$이 아니다. 나머지 수들은 어떤 규칙이 있을까? 첫 번째 줄에 있는 합성수와 그에 대응하는 두 번째 줄에 있는 수를 살펴보자.

3×3	3×5	3×7	5×5
13	24	32	31

첫 번째 줄의 제곱수는 두 번째 줄의 소수에 대응한다. 여기에서는 큰 의미를 발견할 수 없다. 그러면 제곱수가 아닌 합성수에 대해 살펴보자.

3×5	3×7
$24=4\times6$	$32=4\times8$

두 번째 줄의 각 인수는 첫 번째 줄의 인수보다 단지 1이 크다. 이것은 앞에서 소수일 때 발견한 사실과 유사성을 가진다. 즉 u가 소수인 경우에 대응하는 수는 $u+1$이다. 이제 p와 q가 소수인 경우에 pq에 대응하는 수는 $(p+1)(q+1)$이다.

여기서 $(p+1)(q+1) = pq+p+q+1$은 무엇인가? 첫 줄의 약수의 합이 바로 두 번째 줄에 대응하는 수이다. 따라서 우리는 다음과 같은 결론을 얻을 수 있다.

■**결론:** u가 홀수인 양의 정수이고, x, y, z, w가 홀수인 양의 정수일 때 $4u = x^2+y^2+z^2+w^2$의 해를 표현하는 방법의 개수는 u의 약수의 합과 같다.

탐구문제 15

1. 500원 우표 2장과 200원 우표 2장을 아래 그림과 같이 배열하고자 한다. 가능한 모든 방법의 수를 구하여라.

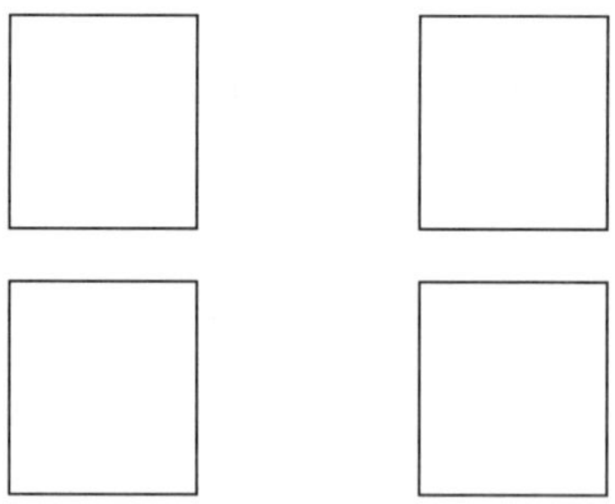

2. 500원 우표 1장과 300원 우표 1장, 그리고 100원 우표 2장을 1번 그림과 같이 배열하고자 한다. 가능한 모든 방법의 수를 구하여라.

3. 500원 우표 2장과 200원 우표 2장으로 봉투에 일렬로 배열하고자 할 때 가능한 모든 방법의 수를 구하여라.

12. 올림, 버림, 반올림의 방법

어떤 상황에 적절한 대략적인 값(근삿값)을 구하는 어림이 있는데, 어림을 하는 전형적인 방법으로 올림, 버림, 반올림을 활용한다. 예를 들어 47을 일의 자리에서 올림을 하면 50, 일의 자리에서 버림을 하면 40, 일의 자리에서 반올림을 하면 50이 된다. 그런데 반올림하는 방법으로 '사사오입(四死五入)'이라는 표현이 있다. 즉 '4이하는 버리고, 5이상은 올린다'는 의미이다. 반올림의 배경은 무엇인가?

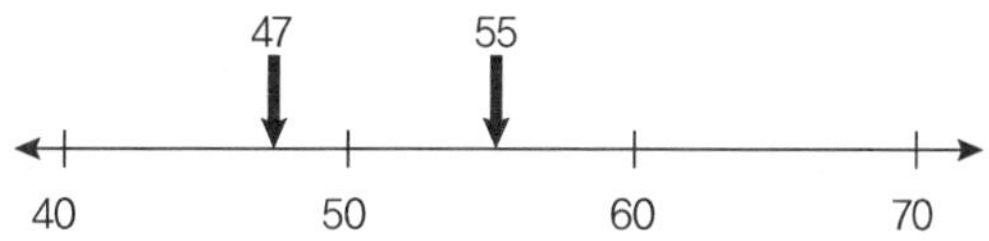

반올림은 계산을 쉽게 하기 위하여 그 수와 가까운 수를 대신 사용하는 것이다. 따라서 수직선을 이용하여 각 수들에 가까운 수를 찾도록 도와주는 활동은 반올림을 이해하도록 하는 데 도움을 줄 수 있다. 이것은 수를 '뛰어 세기'로 읽는 것과 유사하다. 그런데 55와 같이 50이나 60에도 똑같이 가까운 수는 왜 60으로 반올림하는 걸까? 반올림한 결과는 어림한 근삿값이기 때문에 상황에 정확히 옳은 판단이 되지 못할 수 있다. 따라서 오류가 발생할 경우에 부족한 오류보다는 남는 오류를 선택하는 것이 실수를 최소화할 수 있다는 판단에 의해 5가 포함된 반올림은 더 큰 값으로 반올림하는 것이다.

또 다른 이유로 반올림에서는 논의하는 자리의 숫자가 0, 1, 2, 3, 4이면 0으로 생각하고, 5, 6, 7, 8, 9이면 10으로 생각하여 나타내게 된다. 그렇지만 5는 아래 그림에서 보듯이, 0과 10사이의 가운데에 있기 때문에 5대신에 0이나 10을 생각할 수 있다. 그런데 5를 10으로 생각한 이유는 무엇일까? 그것은 수직선에서 일의 자리 수를 생각해 보면 0부터 시작하여 10보다 작은 수를 의미하게 되는데, 이 경우에 5는 엄격하게 구별하면 가운데 수가 아니라, 오른쪽으로 치우친 수임을 알 수 있다(배종수, 2011).

올림은 구하려는 자리의 아래 수들을 올려서 나타내는 방법이다. 예를 들어 384를 일의 자리에서 올림하면 390, 십의 자리에서 올림하면 400이 된다. 올림은 올림이 사용되는 상황과 관련하여 이해하는 것이 필요하다. 예를 들어 운동회에 참여한 384명의 학생들에게 공책을 한 권씩 나누어 주려고 한다. 그런데 문구점에서 10권씩 묶음으로만 판매한다고 하면(1의 자리에서 올림) 390권을 사야 할 것이다. 수직선을 이용하면 올림은 수직선에 표기된 위치에서 항상 위쪽의 수를 찾으면 된다. 따라서 십의 자리에서 올림을 할 때 534는 600, 213은 300, 1553은

1600, 1002는 1100이 된다.

버림은 구하려는 자리의 아래의 수들을 버려서 나타내는 방법이다. 예를 들어 23450을 백의 자리에서 버림하면 23000, 십의 자리에서 버림 하면 23400, 일의 자리에서 버림 하면 23450이 된다. 버림도 버림이 사용되는 상황과 관련하여 이해하는 것이 필요하다. 예를 들어 과수원에서 384개의 사과를 수확하여 판매하려고 하는데 10개씩 상자에 넣을 수 있다면(1의 자리에서 버림) 380개만을 상자에 포장할 수 있을 것이다. 버림도 수직선을 이용하면 수직선에 표기된 위치에서 항상 아래쪽의 수를 찾으면 된다. 따라서 십의 자리에서 버림을 할 때 3451은 3400, 349는 300, 1553은 1500, 1002는 1000이 된다.

근삿값을 구하는 올림, 버림, 반올림은 상황에 따라 적절한 방법을 선택하도록 해야 한다. 예를 들어 한정된 돈으로 여러 가지 물건을 구입한 후에 즉각적으로 새로운 물건을 사는 것이 가능한가를 판단하기 위해서는 올림을 해야만 실수를 안 할 수 있다. 또 약물의 오남용을 막기 위해서는 버림 전략을 쓰는 것이 적절하다.

탐구문제 16

1. 화훼단지에서 장미꽃을 5832송이 수확하였다. 한 다발에 100송이씩 포장하여 판매할 때 팔 수 있는 장미꽃은 모두 몇 송이인지 구하여라.

2. 학생 58명이 롤러코스터를 타려고 한다. 롤러코스터 한 기에 최대 10명이 탈 수 있다면 롤러코스터는 적어도 몇 번 운행되어야 하는지 구하여라.

3. 어떤 수를 일의 자리에서 반올림했더니 350이 되었다. 어떤 수가 될 수 있는 수의 범위를 구하여라.

13. 별 다각형을 만들자.

별 다각형은 아름다운 패턴을 장식이나 예술작품에 만들기 위해 자주 이용된다. 먼저, 원 모양으로 박힌 점들에 주어진 칸 수만큼 움직이면서 아름다운 별 다각형을 만들어 보자(종이 위에 원 모양으로 박힌 점을 표시하고, 주어진 칸 수만큼 움직이면서 선으로 그릴 수도 있다.). 예를 들어 7개의 점이 원 모양으로 주어져 있고, 2칸씩 시계방향으로 움직여서 선으로 연결하면 아래 그림과 같은 별 다각형을 그릴 수 있다.

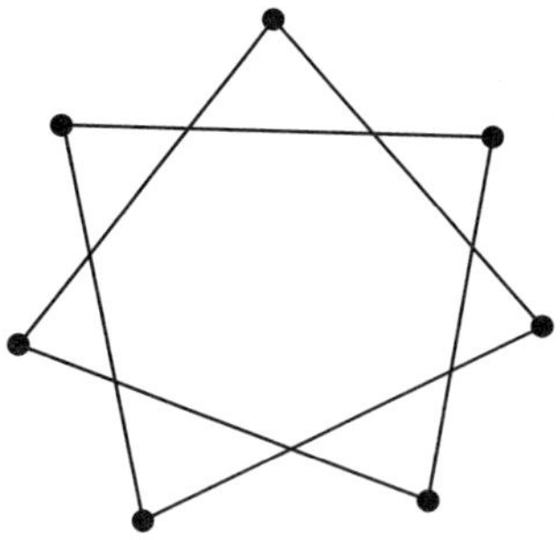

일반적으로 $n \geq 3$이고 $n > s$인 자연수 n, s에 대하여 $(n,\ s)$는 n개의 점에 대하여 s칸씩 움직여서 만들 수 있는 별 다각형을 의미한다. 따라서 위의 예에서는 (7, 2)인 별 다각형을 나타낸 것이다.

탐구문제 17

1. 다음에 주어진 그림의 한 점에서 출발하여 시계 방향으로 $(n,\ s)$의 별 다각형을 그려라. 그리고 같은 규칙으로 시계 반대방향으로 움직였을 때 같은 모양의 별 다각형을 얻을 수 있는지 확인하여라.

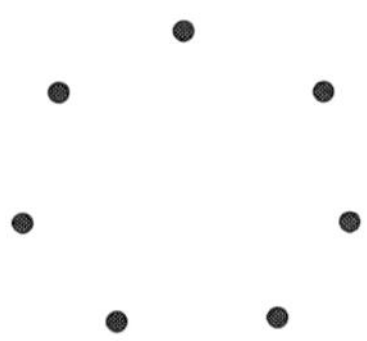

(7, 3)

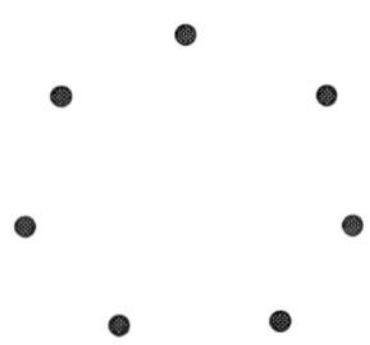

(7, 4)

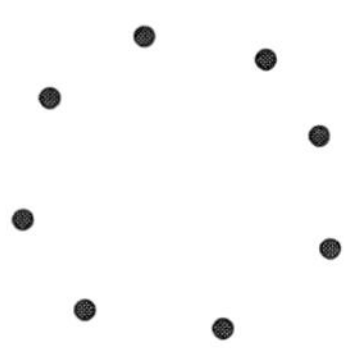

(8, 3)

(9, 5)

2. 7개의 점을 이용하여 (7, 1), (7, 2), (7, 3), (7, 4), (7, 5), (7, 6)을 만들어 보아라. 6개의 별 다각형에는 모양이 서로 다른 것이 모두 몇 개 있는가?

3. 2번 문제에서 알 수 있는 것은 무엇인가? $(n,\ s)$와 $(n,\ t)$는 $n = s+t$일 때 어떤 모양일지 추측해 보아라. 이를 위해 (7, 3)과 (7, 4)의 그림을 살펴보고, 추측을 확인하여 보자. 그리고 (10, 3)과 (10, 7)을 이용하여 그려보고 다시 확인해 보아라.

4. 10개의 점을 이용하여 1, 2, 3, 4,⋯, 7, 8, 9씩 움직여서 별 다각형을 만들었다. 이 때 서로 다른 모양이 모두 몇 개인지 구하여라.

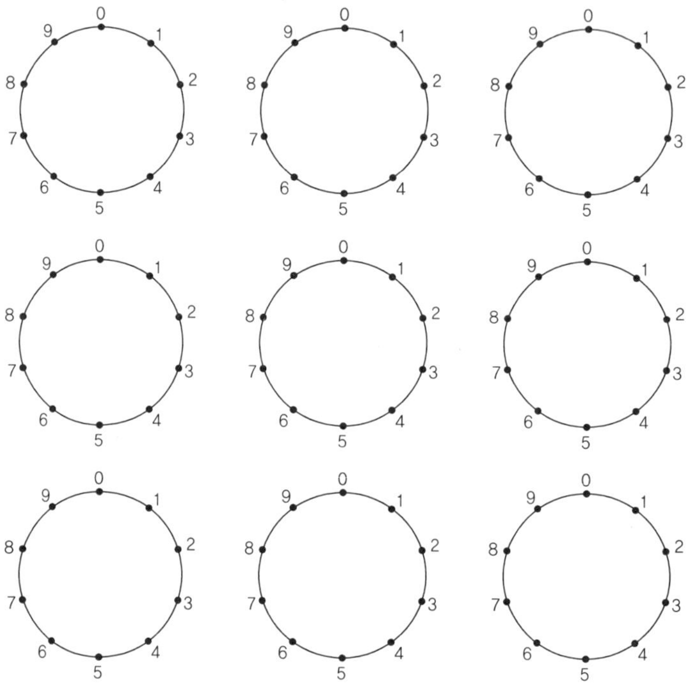

이제 (8, 2)와 (8, 4)인 별 다각형을 그리고, 별 다각형 그림의 특징을 살펴보아라.

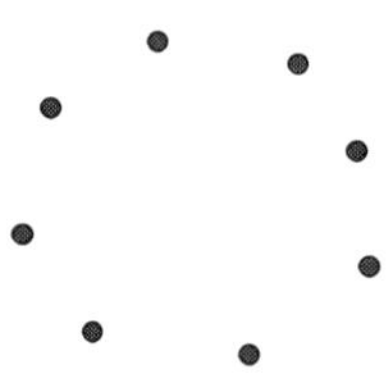

(8, 2)

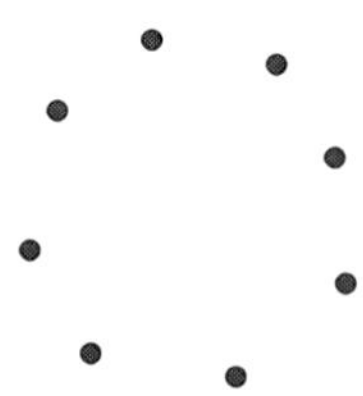

(8, 4)

앞에서 그린 별 다각형 (8, 3)과는 다르게 별 다각형 (8, 2)나 (8, 4)는 모든 점을 지나지 않고 처음 출발한 점으로 되돌아오는 하나의 사이클(한 점에서 시작하여 다시 그 점으로 되돌아오는 것을 사이클이라 한다.)을 가진다. 즉, 별 다각형 (8, 3)은 한 점에서 출발하여 모든 점을 지나서 출발점으로 되돌아오지만, 별 다각형 (8, 2)나 (8, 4)는 모든 점을 지나지 않고 처음 출발한 점으로 되돌아오며, 별 다각형의 모든 점이 선으로 연결되기 위해서 별 다각형 (8, 2)는 모두 2개, 별 다각형 (8, 4)는 모두 4개의 사이클이 만들어져야 한다.

별 다각형 (n, s)와 '사이클의 수' 사이에는 어떤 관계가 있을까? 사이클의 수는 최대공약수와 관계가 있다. 즉 n과 s의 최대공약수가 사이클의 수인 것이다. 왜냐하면 어떤 점에서 출발하여 그 점으로 다시 돌아오는 한 사이클이 완성되려면 n과 s의 최소공배수(L)만큼의 점을 s칸씩 움직여야 한다. 이 때 지나는 점의 수는 $\frac{L}{s}$ 이고, n을 한 사이클에 있는 점의 수를 $\frac{L}{s}$로 나누면 최대공약수$(n \div \frac{L}{s} = n'd \div \frac{n's'd}{s'd} = d)$가 된다. 따라서 최대공약수만큼의 사이클이 생기는 것이다. 다른 표현을 빌리면 n개의 점을 s칸씩 움직여서 원 위치에 오는 동안 거치게 되는 점들은 최대공약수의 배수에 위치한 점들이 되며 ((8, 2)를 예로하면, 8개의 점을 2칸씩 움직이면 4개의 점을 지나간다.), 이 점들이 하나의 사이클을 형성한다. 따라서 모두 최대공약수만큼의 사이클이 만들어지는 것이다. 예들 들면 (8, 3)=1이므로 하나의 경로를, (8, 2)=2이므로 2개의 경로를, (8, 4)=4이므로 4개의 경로를 갖는 것이다. 특히 n과 s의 서로 소(최대공약수=1)일 때에는 하나의 유일한 경로를 갖게 되는 것이다.

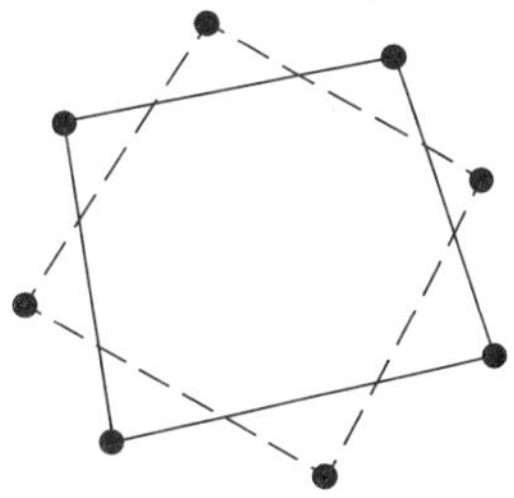

이제 별 다각형 (n, s)에서 하나의 출발점에서 시작하여 s칸씩을 움직여서 다시 출발점으로 오는데 회전한 수를 '궤도의 수'라고 하자. 예를 들어 별 다각형 (5, 2)는 아래 그림에서 가장 위의 점에서 출발하는 궤도 1과 한 바퀴를 돌아 우측 점에서 출발하는 궤도 2로 회전하여 출발점으로 돌아온다. 따라서 별 다각형 (5, 2)의 궤도의 수는 2인 것이다.

그렇다면 궤도의 수는 별 다각형 (n, s)에서 무엇과 관련이 있을까? 한 점에서 출발하여 s칸씩을 움직여서 원래의 점으로 와야 하므로 1부터 n까지 이름 붙여진 n개씩 점이 반복적으로 나열되어 있을 때 s칸씩 건너 뛴 결과로 처음 점에 도달하면 된다. 따라서 n과 s의 최소공배수는

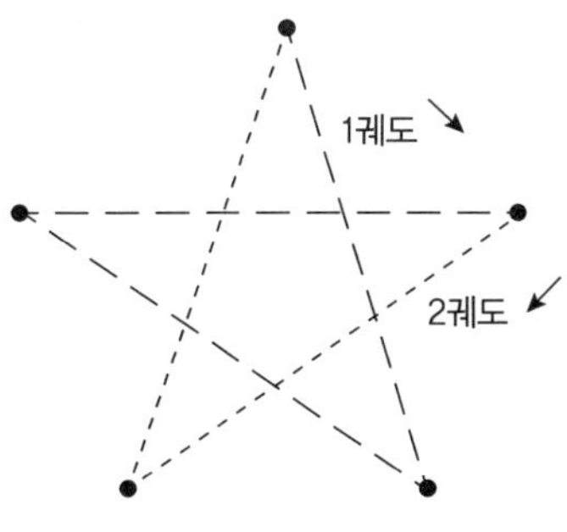

출발한 점에서 도착한 점이 일치할 때까지 1부터 n까지 이름 붙여진 점들이 반복적으로 배열된 수들의 개수이고, 그 안에 만들어진 궤도의 수는 1부터 n까지가 반복된 횟수이다. 따라서 궤도의 수는 n과 s의 최소공배수를 n으로 나눈 값이 된다. 예를 들면, 별 다각형 (7, 3)은 최소공배수가 21이고, 이것을 7로 나누면 3개의 궤도가 만들어지는 것이다.

1 2 3 4 5 6 7 | 1 2 3 4 5 6 7 | 1 2 3 4 5 6 7 1

← 궤도 1 → ← 궤도 2 → ← 궤도 3 →

별 다각형은 색연필이나 색실을 이용하여 만들 수 있다. 바늘과 실을 이용하면 종이 위에 뜨개질을 할 수도 있다. 주변을 아름답게 꾸미는 데 이용되는 별 다각형에도 수학의 원리가 내재되어 있는 것이다.

탐구문제 18

1. 별 다각형 (8, 6)에는 몇 개의 경로와 궤도가 있는지 구하여라.

2. 별 다각형 (14, 4)에는 몇 개의 경로와 궤도가 있는지 구하여라.

3. 다음은 규칙을 찾아 문제를 해결하는 과정이다. 물음에 답하시오(2015학년도 임용 문제).

교사: [표-1]은 첫째 줄에 2의 배수를 순서대로 적고, 각각의 수의 일의 자리 숫자를 둘째 줄에 적은 것이에요. 일의 자리 수사에 어떤 규칙이 있는지 찾아보세요.

[표-1]

	+2	+2	+2	+2	+2	+2	+2	+2	+2	+2
2의 배수	2	4	6	8	10	12	14	16	18	20	…
일의 자리 숫자	2	4	6	8	0	2	4	6	8	0	…

학생: 일의 자리 숫자는 2, 4, 6, 8, 0이 반복되고 있어요.

교사: 같은 방법으로 첫째 줄에 3의 배수를 적으면 일의 자리 숫자는 어떤 수들이 규칙적으로 반복되나요?

학생: 3, 6, 9, 2, 5, 8, 1, 4, 7, 0이 반복해서 나타나요. 같은 방법으로 1, 4, 5, 6, 7, 8, 9 각각의 배수에 대해서도 일의 자리 숫자에 어떤 규칙이 있는지 찾아볼께요.

(중략)

교사: 규칙을 다 찾았으면 이번에는 2의 배수에서 나온 일의 자리 숫자를 순서대로 연결하여 [그림 1]에 나타내 보세요.

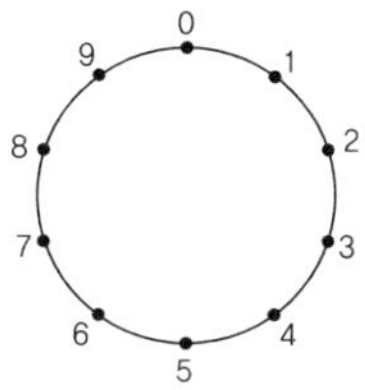

[그림 1]

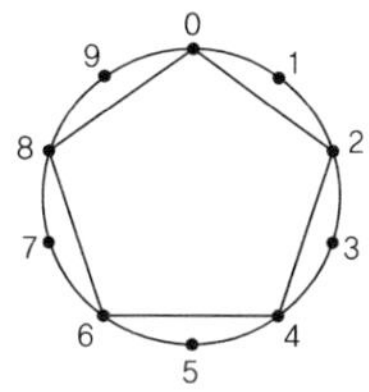

[그림 2]

학생: [그림 2]와 같이 그려지는데요. ㉠ <u>1, 2, 3, 4, 5, 6, 7, 8, 9 각각의 배수에서 나온 일의 자리 숫자를 순서대로 연결하여 그림으로 나타내면 여러 가지 모양이 나와요.</u>

교사: 같은 모양끼리 모아보면 그 안에도 규칙이 있어요.

학생: 서로 다른 x, y에 대하여 x의 배수와 y의 배수에 대한 모양이 같을 때, (㉡) 이/가 돼요.

교사: ㉢ <u>지금까지는 같은 수를 계속 더하는 규칙을 생각해 보았는데, 이번에는 같은 수를 계속 곱하는 규칙을 생각해 볼까요?</u>

학생: 2부터 시작해서 2에 2를 곱하고, 그 값에 다시 2를 곱하는 과정을 반복하면 {[표–2]를 그린 후} 일의 자리 숫자는 2, 4, 8, 6이 반복돼요.

[표–2]

×2 ×2 ×2 ×2 ×2 ×2 ×2 ×2

2의 거듭제곱	2	4	8	16	32	64	128	256	…
일의 자리 숫자	2	4	6	8	0	2	4	6	8

교사: 1, 3, 4, 5, 6, 7, 8, 9 각각에 대해서도 [표–2]와 같이 자기 자신을 반복해서 곱하는 방식으로 표를 만들면 ㉣ <u>일의 자리 숫자에는 어떤 규칙이 나타날까요?</u>

(이하 생략)

1) ⓐ ㉠에서 말한 모양의 서로 다른 종류가 몇 가지인지 쓰고,
ⓑ ㉡에 들어갈 식을 x와 y의 관계를 나타내는 식으로 쓰시오.

- ⓐ: ____________ 가지
- ⓑ: ______________________________

2) 2009 개정 수학과 교육과정의 교수·학습 방법에서는 다양한 아이디어를 산출할 수 있는 수학적 과제를 통해 ㉢과 같은 수학적 사고를 촉진하도록 하고 있다. 이러한 수학적

사고를 무엇이라고 하는지 쓰시오.

•

3) 1부터 100까지의 자연수 n에 대하여 $1^n+2^n+3^n+4^n$의 일의 자리 숫자가 0이 되게 하는 n은 몇 개인지 ㉣에서 말한 규칙을 활용하여 구하시오.

• ______ 개

14. 수학은 사고하는 학문이다.

수학은 수와 계산만을 다루는 과목이 아니라, 다양한 자료를 수집하여 분석하고 해석하여 판단하는 과정 속에서 다양한 사고를 경험하는 과목이다. 따라서 수학 학습을 통해 다양한 사고 방법을 습득하고 익히는 것은 수학교육의 중요한 목적이다. 수학을 탐구하는 데 이용되는 사고로는 직관적 사고와 논리적 사고, 귀납적 사고와 연역적 사고, 유비추론(유추적 사고) 등이 있다.

초등학교 수학에서는 주로 실험, 관찰, 개개의 사례 분석과 같은 귀납적 사고를 많이 하게 된다. 일반적으로 귀납적 사고는 개개의 특수한 사실로부터 그것들의 공통된 보편법칙이나 성질을 추출해 내는 사고이다.

이에 반해, 연역적 사고는 일반적인 경우에 성립하는 원리나 법칙이 알려져 있을 때, 그것을 이용하여 특수한 경우에 성립하는 성질을 유도하는 사고이다. 따라서 초등학생들이 엄밀한 수준의 연역적 사고를 하기란 쉽지 않다. 그렇지만 삼각형의 내 각의 크기의 합이 180°임을 이용하여 사각형의 내각의 크기의 합을 구하는 것과 같이, 이미 밝혀진 원리나 법칙, 성질이나 사실로부터 새로운 사실을 추론해 가는 초보적인 수준의 연역적 사고가 가능하다.

수학을 할 때 발견의 과정에서는 귀납적 사고를, 발견된 사실에 정당성을 부여하기 위해서는 연역적 사고를 하는 자세가 필요하다. 다음에 제시된 문제는 귀납적인 방법과 연역적인 방법으로 해결 가능하다.

■**문제:** 어떤 두 자연수를 더하고 곱해서 얻은 두 수를 더하여라. 이때 얻을 수 없는 50이하의 최대의 수를 구하여라.

이 문제를 귀납적 사고를 통해 해결하는 방법과 연역적 사고를 통해 해결하는 방법을 생각해 볼 수 있다. 이 문제를 처음 접하면, 임의의 두 수를 생각하고 이 두 수를 더하고 곱해서 얻은 두 수를 찾아보는 방법이 자연스런 사고 과정이다. 좀 더 구체적으로 귀납적 사고 과정으로 통해 먼저 (1, 1)에서부터 시작하여 수를 차례로 바꾸어 계산하고, 결과로 얻은 수들을 제거해 간다. 그러면 46이라는 답을 얻게 될 것이다.

이에 비해 좀 더 발전적인 사고를 이용하는 것도 생각할 수 있다. 두 수와 이들 사이의 연산 결과를 대수적인 방법을 이용하면 구체적인 사례를 언급하지 않고도 그 결과를 발견할 수 있다. 즉, 연역적 사고를 통해 두 수를 a, b라고 하면 두 수를 문제의 조건에 맞도록 식으로 제시할 수 있다. 그러면 얻을 수 있는 수는 $a+b+ab = (a+1)(b+1)-1$이므로 1보다 큰 두 자연수의 곱보다 1작은 수를 얻을 수 있다. 따라서 50이하의 수 중에서 얻을 수 없는 최대의 수는 소수 47보다 1작은 46이 됨을 알 수 있다.

탐구문제 19

1. 어떤 두 자연수를 더하고 곱해서 얻은 두 수를 더하여라. 이때 얻을 수 없는 100이하의 최대의 수를 구하여라.

2. 89의 모든 약수를 구하여라.

다음으로 직관적 사고는 즉각적으로 사고 대상의 전체를 감지할 수 있는 사고이며, 수학 문제해결의 실마리나 수학 이론 전개의 방향을 마련해 주는 직관적 관념이다(이대현, 2011; 2013). 그렇지만 직관적 사고에 의한 판단은 주관적일 수 있고, 개인적 편견에 사로잡힐 수 있으므로 이를 보완할 수 있는 논리적 사고에 의해 보완되어야 한다.

논리적 사고는 인과관계라는 입장에서 전제로부터 결론을 이끌어 내는 사고이다. 논리적 사고 과정은 분석적이고 단계적이며, 선행하는 명제에서 후속 명제를 정당한 추론으로 이끌어 내는 사고이다. 일반적으로 직관적 사고는 논리적 사고의 도움 없이는 정당성을 보장하기 어려우며, 논리적 사고는 직관적 사고를 통해 발견된 사실에 정당성을 부여하는 힘을 준다.

마지막으로 유비추리는 유추, 유추적 사고라고도 하는데, 두 사실에서 서로 유사한 점을 근거로 하여, 하나의 특수한 사실의 성질을 그와 유사한 다른 특수한 사실의 성질에 비추어 추리하는 사고를 말한다. 예를 들면, 정수의 덧셈 방법과 소수의 덧셈 방법은 서로 유비적이다. 그러므로 먼저 배운 정수의 덧셈 방법으로부터 소수의 덧셈 방법을 발견하는 데에는 유추적 사고가 개입되어 있는 것이다.

탐구문제 20

1. 다음 그림을 보고, 이 그림에서 발견할 수 있는 수학적 관계를 써라.

(1)

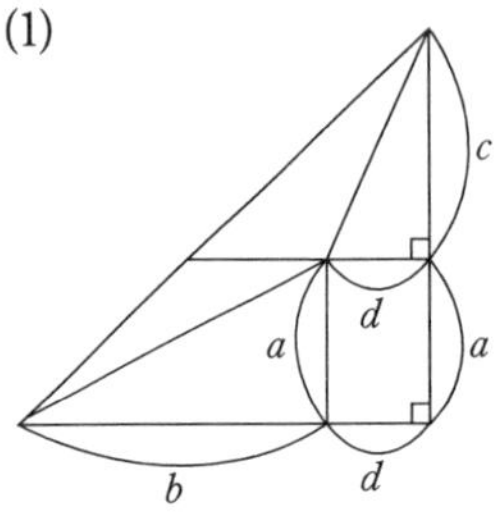

(2)

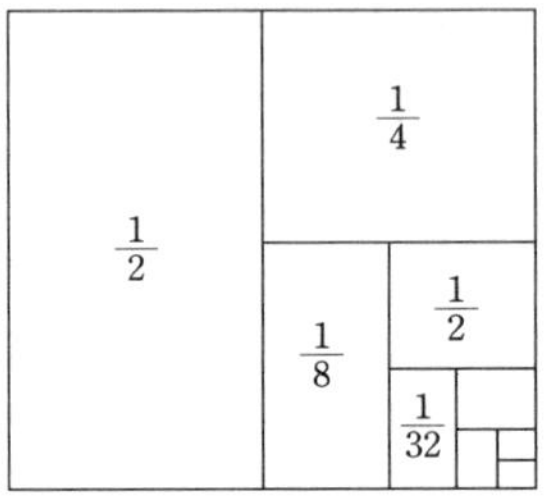

탐구문제 정답

∷ 탐구문제 1

1. |−−−−−

   ||

   −

   |−

2. 수: 0, 역할: ① 아무것도 없음. ② 자리지기

∷ 탐구문제 2

1. 1, 2, 3, 4, 5, 6, 7
2. 63
3. 왼쪽 아래로 8, 9, 10, 20, 30, 40, 50을, 오른쪽 아래로 72, 81, 90, 180, 270, 360, 450을 나타낸다. 왼쪽의 기호가 나타내는 수의 9배가 되는 수의 기호가 오른쪽 열의 기호이다.
4. $10416_{(7)}$

∷ 탐구문제 3

1. $1101_{(2)}$
2. $1110_{(2)}$
3. $214_{(7)}$
4. $10023_{(5)}$

∷ 탐구문제 4

1. 음수 $-a$, $-b$를 $x+a=0$, $y+b=0$을 만족시키는 x, y라 하자. 두 식을 좌변끼리, 우변끼리 더하고 형식역의 원리에 의해 새로운 수 x, y의 덧셈이 자연수의 덧셈과 같은 성질을 만족한다고 하면 교환법칙과 결합법칙에 의해 $(x+y)+(a+b)=0$이다. 따라서 $x+y=-(a+b)$이고, 이 해는 유일하므로 $(-a)+(-b)=-(a+b)$이다.

   또한 위의 두 식에서 $x+a=0$에 b를 곱하고, $y+b=0$에 x를 곱하면

   $bx+ab=0$, $xy+bx=0$이므로 $-bx=ab$, $xy=-bx$이다. 따라서 $xy=ab$, 즉 $(-a)(-b)=ab$이다.
2. $x=\sqrt{a}$, $y=\sqrt{b}$라 하면 $x^2=a$, $y^2=b$이다. 두 식의 양변을 곱하여 정리하면 $(xy)^2=x^2y^2=ab$이므로 $xy=\sqrt{ab}$이다. 즉 $\sqrt{a}\sqrt{b}=\sqrt{ab}$이다.

∷ 탐구문제 5

1. 89
2. 3, 7

∷ 탐구문제 6

1. 1, $\sqrt{2}$

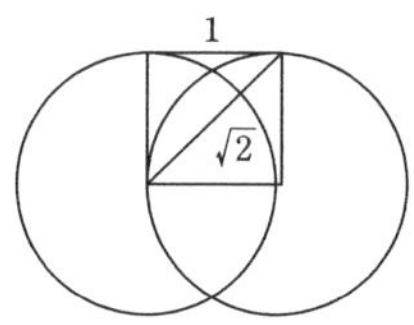

∷ 탐구문제 7

1. 121, 484, 676
2. 101, 131, 151, 181, 191

∷ 탐구문제 8

1. 아니다. $2^3\times(2^4-1)$은 완전수가 아니다.
2. $8128=1+2+3+4+\cdots+125+126+127$
3. 140의 약수: 1, 2, 4, 5, 7, 10, 14, 20, 28, 35, 70, 140

• 1과 자기 자신을 제외한 약수의 합
$=2+4+5+7+10+14+20+28+35+70=195$

• 195의 약수: 1, 3, 5, 13, 15, 39, 65, 195

• 1과 자기 자신을 제외한 약수의 합
$=3+5+13+15+39+65=140$

∷ 탐구문제 9

1. 225는 9의 배수, 123454321는 각 자릿수의 합이 25이므로 9의 배수가 아니다.
2. $10=3\times3+1$이고, $1=0\times3+1$이므로 10과 1은 3으로 나눈 나머지가 똑같이 1이다. 따라서

$10 \equiv 1 \pmod{3}$이다.

∷ 탐구문제 10

1. 3162819 = 9−1+8−2+6−1+3=22이므로 11로 나누어떨어진다.

∷ 탐구문제 11

1. 12345에서 5+3×4+2×3−2−3×1=17이므로 7로 나누어떨어지지 않는다.

   (별해) 12345 = 1234+5×5=1259

   = 125+5×9=170

   = 17+5×0=17

   = 17

2. 1234 = 123+4×4=139

   = 13+4×9=49

   = 13×3+10

   따라서 1234는 13의 배수가 아니다.

∷ 탐구문제 12

1. $2^7-1 = 127$
2. 41

∷ 탐구문제 13

1. 46 = 2+4+8+32, 60 = 4+8+16+32
2. 20 = 4+16이므로 4카드와 16카드에서 찾을 수 있다.
3. 64

∷ 탐구문제 14

1. 12일 때 직각삼각형이 존재하지 않는 이유를 찾기 위해 먼저 $144 = x^2+y^2(0 < y \le x)$에서 $x^2 = 144$이고 y^2이 되는 수를 먼저 찾고(물론 $x^2 = 144$인 경우는 $y = 0$이므로 가능하지 않다.), 다음으로 144보다 작은 수를 택하여 찾으면 된다. 이런 과정을 몇 번 시도하여 가능하지 않다는 것을 알 수 있다. 그렇지만 많은 시도를 하지 않아도 된다. 왜냐하면 $y \le x$이고 $144 = x^2+y^2 \le 2x^2$이므로 $x^2 \ge 72$이다. 따라서 x^2이 110인 경우와 81인 경우만 고려해 보면 되는 것이다.

∷ 탐구문제 15

1. 6
2. 12
3. 6

∷ 탐구문제 16

1. 5800
2. 6번
3. 345보다 크거나 같고, 355보다 작다.

∷ 탐구문제 17

1. 같은 모양의 별 다각형을 얻는다.
2. 3종류
3. 모양이 같고, 방향이 반대이다.
4. 5종류

∷ 탐구문제 18

1. 경로의 수: 2개, 궤도의 수: 각 경로마다 3개
2. 경로의 수: 2개, 궤도의 수: 각 경로마다 2개
3. 1) ⓐ 5가지, ⓑ $x+y = 10$

   2) 확산적 사고

   3) 75개

∷ 탐구문제 19

1. 97
2. 1, 89

∷ 탐구문제 20

1. (1) $\frac{a}{b} < \frac{c}{d} \Rightarrow \frac{a}{b} < \frac{a+c}{b+d} < \frac{c}{d}$

   (2) $\frac{1}{2}+\frac{1}{4}+\frac{1}{8}+\frac{1}{16}+\frac{1}{32}+\cdots = 1$

제2장

분수와 소수의 이해와 탐구

수학의 본질은 그 자유에 있다.

– 칸토어(Cantor)

자연이란 책은 수학적 언어로 쓰여 있다.

– 갈릴레이(Galilei)

□ 초등학교에서 분수와 소수 지도 내용과 과정

※등분할: 우리나라 초등학교에서 분수는 연속량의 등분할(equal parts) 개념을 이용하여 먼저 도입한다. 등분할 개념의 기초는 전체에 대한 각 부분의 의미를 아는 것이다. 따라서 먼저 전체를 명백하게 정해야 하는데, '전체'란 어느 것이든 단위로 규정된 것을 말한다. 학생들은 전체를 균등한 부분으로 분할할 수 있은 다음에, 각각의 부분을 기술할 수 있어야 한다. 연속량의 등분할은 구체물을 등분할하거나 색종이 접기와 같은 조작 활동을 통하여 도입하도록 한다. 등분할을 지도할 때에는 등분할이 아닌 경우를 함께 제시하여 등분할의 개념을 정확하게 정립시켜 줄 필요가 있다.

교과서 속의 수학: 영역을 등분할하고, 부분을 세기

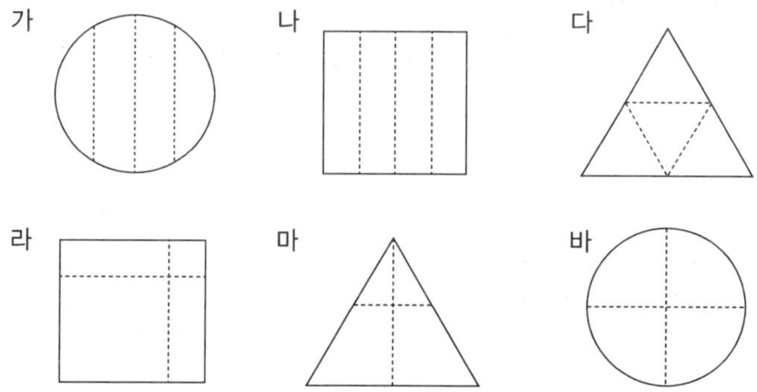

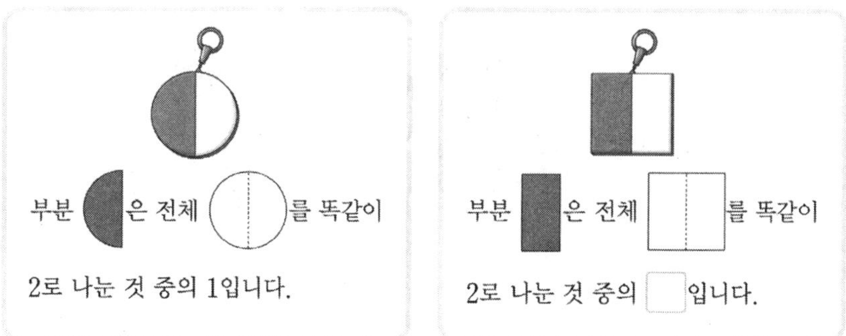

※분수 도입: 등분할의 의미를 바탕으로 '전체를 똑같이 ~으로 나눈 것 중의 ~'이라는 표현으로 '부분과 전체'의 관계를 이해하게 하게 되면 이를 이분의 일, 삼분의 이와 같은 용어를

기호와 함께 도입한다.[3] 용어와 기호의 학습은 학생이 용어와 기호의 의미를 이해할 때까지 번갈아 사용되어야 한다. 또 부분을 분수로 나타내는 활동에 익숙해지면 쉽게 등분할 수 있는 연속량을 제시하여 주어진 분수를 나타내게 한다.

교과서 속의 수학: 분수 용어의 도입

전체를 똑같이 3으로 나눈 것 중의 2를 $\frac{2}{3}$라 쓰고 3분의 2라고 읽습니다.
$\frac{2}{3}$와 같은 수를 **분수**라고 합니다.

$\frac{2}{3}$ ←분자 ←분모

그리고 분수를 도입할 때 '분자', '분모'를 사용하도록 한다. 또한 이산량을 등분할하고, 등분할된 양을 분수로 나타내게 한다. 등분할된 양을 분수로 나타낼 때 부분과 전체 사이의 관계에 중점을 두게 한다. 분수에 대한 이해를 돕기 위해 실생활에서 이산량으로서의 분수가 사용되는 경우를 찾아볼 수도 있다.

교과서 속의 수학: 이산량으로서 분수

4 분수로 나타내어 봅시다.

- 모형 12개를 2개씩 묶으면 4는 12의 몇 분의 몇인가요?
- 모형 12개를 4개씩 묶으면 4는 12의 몇 분의 몇인가요?

---

3 분수를 쓸 때에는 먼저 평행 막대를 긋고, 다음에 분모, 마지막에 분자를 쓴다.

※**분수의 크기 비교:** 진분수나 단위분수의 크기 비교는 구체물이나 수직선 등을 이용한다. 분모가 같은 진분수는 그 분수를 이루는 단위분수가 같으므로 구체물을 등분할한 후 각 분수가 나타내는 양을 비교하게 한다. 이것에 익숙해지면 수직선에서 위치를 비교하거나 분자의 크기를 비교하게 한다. 단위분수는 구체물의 등분할이나 수직선에서 위치 등을 이용하여 크기를 비교하게 한다. 또 분수에 대한 수 감각을 이용하여 0, $\frac{1}{2}$, 1에 가까운 분수를 찾아 크기를 비교하게 할 수도 있다.

교과서 속의 수학: 미국 교과서의 기준 분수를 이용한 분수의 크기 비교(Charles et al, 2012)

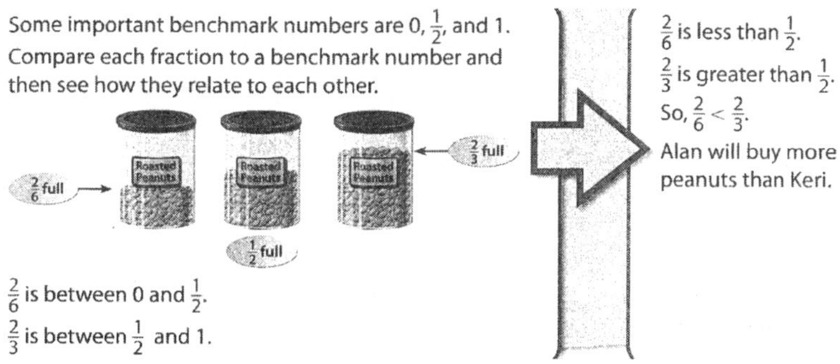

※**여러 가지 분수:** 분자와 분모의 크기를 비교하여 분수를 진분수, 가분수, 대분수로 분류하고, 분수를 수직선에 나타내어 분수 계열을 이해하게 한다. 우리나라 교과서에서 대분수의 도입은 두 가지 방법으로 제시되어 왔다. 그 중 하나는 대분수 $2\frac{1}{4}$을 '2와 $\frac{1}{4}$'로 도입하는 것이고, 다른 하나는 '$2+\frac{1}{4}$'과 같이 도입하는 것이다.

교과서 속의 수학: 2015 개정 교과서에 제시된 대분수의 도입

• 사과 1개와 $\frac{1}{4}$개만큼 색칠해 보세요.

• 사과 1개와 $\frac{1}{4}$개를 분수로 어떻게 나타낼 수 있는지 이야기해 보세요.

1과 $\frac{1}{4}$은 $1\frac{1}{4}$이라 쓰고, 1과 4분의 1이라고 읽습니다.

$1\frac{1}{4}$과 같이 자연수와 진분수로 이루어진 분수를 대분수라고 합니다.

이 경우에 전자는 영역 모델을 이용하여 도입할 수 있으며, 대분수와 가분수를 상호 변환하는 과정은 영역 모델을 이용하여 대분수의 자연수 부분을 등분할하여 각 부분을 세거나, 등분할된 부분을 1로 만드는 과정으로 변환할 수 있다.

교과서 속의 수학: 제7차 교과서에 제시된 대분수와 가분수 변환(교육부, 2001, p. 94)

활동 1 대분수 $2\frac{1}{4}$을 가분수로 나타내는 방법을 알아보아라.

• 대분수 $2\frac{1}{4}$만큼 색칠하여라.

• 원 2 개를 각각 $\frac{1}{4}$씩 똑같이 넷으로 나누어 보아라.

• 대분수 $2\frac{1}{4}$을 가분수로 나타내어라.

$$2\frac{1}{4}=\frac{\square}{\square}$$

• 왜 그렇게 나타내었다고 생각하는가?

후자의 경우에는 대분수의 정의가 $1\frac{1}{4}=1+\frac{1}{4}$임을 이용하여 $1\frac{1}{4}=1+\frac{1}{4}=\frac{4}{4}+\frac{1}{4}=\frac{5}{4}$로 변환할 수 있다(교육부, 2014). 두 가지 방식은 지도의 중점에서 장·단점이 있는데, 전자는 가능한 많은 모델을 사용하여 대분수와 가분수를 변환하는 경험을 통한 개념적 이해를 바탕으로 서로 다른 분수 형태로 바꾸는 것이 가능해지게 되는 장점이 있다. 그렇지만 대분수의 원래 의미가 '$1+\frac{1}{4}$'이라는 형식적인 개념의 의미를 직접 사용하지 않고 암묵적으로만 자연수와 진분수의 합으로 이루어진 분수라는 사실로 도입하게 되어 대분수의 수학적 의미를 명확히 파악하는데 어려움이 있을 수도 있다.

※소수 도입: 소수를 도입할 때는 생활에서 소수가 사용되는 경우를 찾아보게 하여 소수의 의미를 이해하게 한다. 이때 분모가 10인 분수의 다른 표현으로 소수를 도입한다. 분모가 10인 분수와 관련하여 소수 한 자리 수를 읽고 쓰며, 크기를 비교하게 한다. 이때 구체물이나 수직선을 이용하여 소수를 시각화할 수 있다. 또 0.1, 0.01, 0.001 사이의 배 관계를 이용하여 소수의 구조와 자릿값의 원리를 이해하고, 소수가 자연수와 자릿값의 원리가 같다는 점을 인식하게 한다.

소수 두 자리 수와 소수 세 자리 수에서 각 자리의 자릿값을 알고 이를 이용하여 소수를 읽고 쓸 수 있게 한다. 또 소수의 자릿값의 원리나 수직선에서 소수의 상대적인 위치를 이용하여 소수의 크기를 비교하게 한다.

교과서 속의 수학: 소수사이의 관계

● 종이를 자르는 과정을 통해 1, 0.1, 0.01, 0.001 사이의 관계를 살펴보세요.

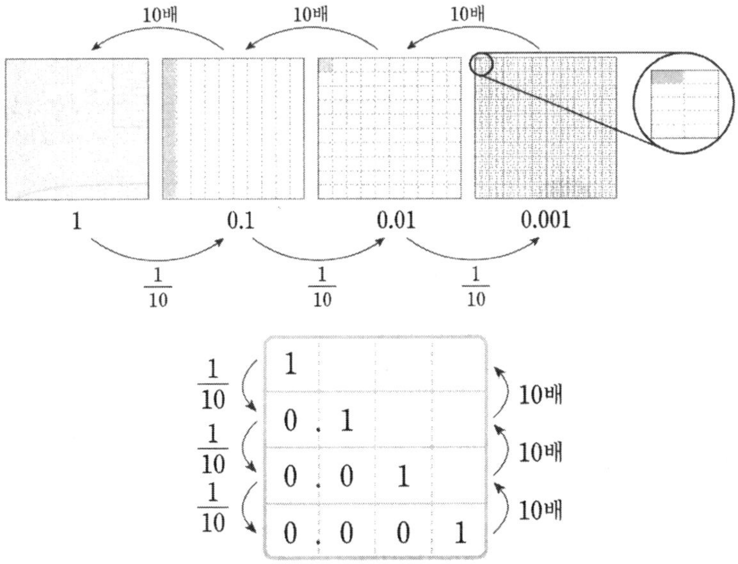

탐구문제 1

1. 다음은 소수 지도에 관하여 교사들이 나눈 대화의 일부이다. 물음에 답하시오(2016학년도 임용 문제).

> 최 교사: 오늘은 소수 지도에 관해 논의해 보겠습니다.
>
> 송 교사: 학생들은 분수에 비해 소수를 쉽게 이해하는 것 같습니다. 소수의 표현 원리가 ㉠ 자연수의 표현 원리와 동일하기 때문이겠지요?
>
> 김 교사: 그렇긴 하지만, 예컨대 207이 27보다 크기 때문에 2.07이 2.7보다 크다고 생각하는 학생들이 있습니다.
>
> 송 교사: 그런 학생들을 위해 저는 수 모형을 사용합니다. ㉡ 수 모형은 소수점의 위치를 고려하여 소수의 크기를 비교하도록 지도하는 데에 효과적으로 사용될 수 있습니다. 소수점의 위치는 소수의 곱셈에서도 중요하지요.
>
> 김 교사: 소수의 곱셈 알고리즘은 자연수의 곱셈 알고리즘을 적용할 수 있어서 학생들이 관계적 이해보다 도구적 이해를 하는 것 같습니다.
>
> 최 교사: 그래서 저는 ㉢ 소수 곱셈의 계산 원리를 충분한 시간을 두고 지도합니다. 계산 연습을 시킬 때에도 계산상의 실수나 오류를 스스로 파악할 수 있도록 계산 전에 계산 결과를 어림해 보도록 합니다.

(1) 다음은 2009 개정 수학과 교육과정의 1~2학년군 '수와 연산' 영역의 학습내용 성취 기준의 일부이다. ㉠과 관련하여 ⓐ와 ⓑ에 들어갈 말을 각각 쓰시오. [2점]

> **1 네 자리 이하의 수**
>
> ① 0과 100까지의 수 개념을 이해하고 수를 세고 읽고 쓸 수 있다.
>
> ② 일, 십, 백, 천의 (　ⓐ　)와/과 (　ⓑ　)을/를 이해하고, 네 자리 이하의 수를 읽고 쓸 수 있다.

- ⓐ: ____________________　　• ⓑ: ____________________

(2) ㉡과 관련하여 다음 수 모형에서 A를 1로 하고, A, B, C를 사용하여 2.07과 2.7의 크기를 비교하시오.

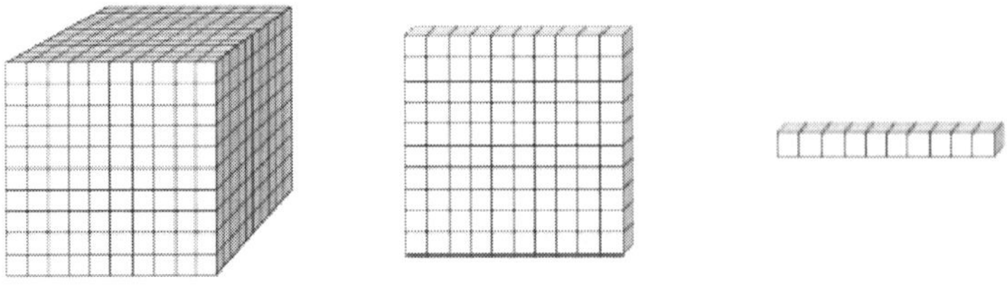

A　　　　B　　　　C

• ____

(3) 학생들이 관계적 이해를 할 수 있도록 ㉢을 설명하시오. [1점]

1. 분수의 여러 가지 개념

분수의 개념 발달을 위해서는 학생들이 '전체에 대한 부분'의 개념을 이해해야 한다. 이를 위해 공정하게 분배하는 경험을 통해 전체를 등분할하는 활동을 하도록 한다. 예를 들어 빵 5개를 4사람이 똑같이 나누어 먹기 위해서 먼저 4사람에게 1개씩 빵을 분배하고, 나머지 빵 1개를 4등분하여 4사람에게 한 조각씩을 가지도록 할 수 있다($1+\frac{1}{4}$). 또 각각의 빵을 4등분하여 각각에서 한 조각씩을 가질 수도 있다($\frac{5}{4}$). 이러한 경험을 통해 학생들은 전체를 몇 개로 나누었는가와 각각의 부분은 동일하다는 것을 알아야 한다. 분수의 하위 개념에는 여러 가지가 있는데, 여기서는 전체와 부분을 나타내는 분수, 측정 의미의 분수, 몫의 의미의 분수, 비의 의미의 분수로 나누어 알아보기로 한다.

전체와 부분(part-whole)을 나타내는 분수: 분수 학습에서는 분수를 나타내기 위하여 모델을 이용하는데, 영역 모델, 집합 모델, 길이 모델을 주로 이용한다. 영역 모델에서는 피자 모양을 본떠서 만들 수 있는 원을 이용하며, 직사각형이나 삼각형과 같은 기하학적 도형도 이용한다.

집합 모델은 사물의 모임을 전체로 보고, 전체의 부분이 분수가 되는 것이다. 예를 들어, 구슬 10개에서 5개는 구슬 10개를 전체 1로 보고, 이를 5개씩 두 묶음으로 나누었을 때를 나타내므로 $\frac{1}{2}$로 표현할 수 있다.

[그림] 분수 $\frac{1}{4}$을 나타내는 영역 모델

교과서 속의 수학: 이산량으로서 분수

5 구슬 16개를 여러 가지 방법으로 똑같이 묶고, □ 안에 알맞은 수를 써 봅시다.

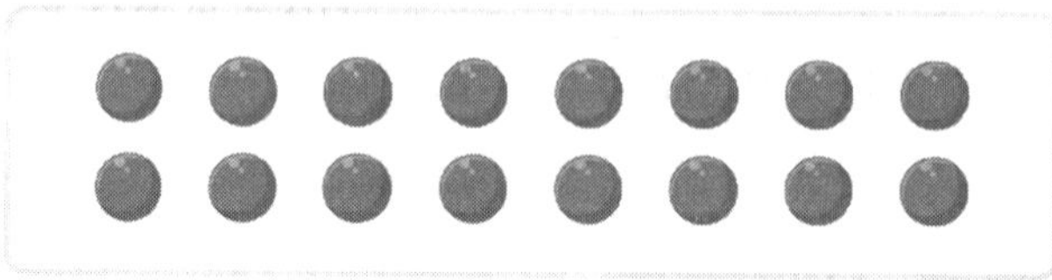

- 16을 □씩 묶으면 □은/는 16의 $\frac{□}{□}$입니다.
- 16을 □씩 묶으면 □은/는 16의 $\frac{□}{□}$입니다.

길이 모델은 막대나 띠 모델을 이용하여 똑같은 몇 개로 나누어 전체에 대해 나누어진 부분을 분수로 나타낸다. 예를 들어 선분 6cm에 대하여 4cm는 6cm를 똑같은 크기인 2cm씩 나누었을 때 3개 중 2개이므로 $\frac{2}{3}$로 나타낼 수 있다.

교과서 속의 수학: 길이 모델

- $\frac{7}{5}$m와 $\frac{9}{5}$m를 수직선에 나타내어 보세요.

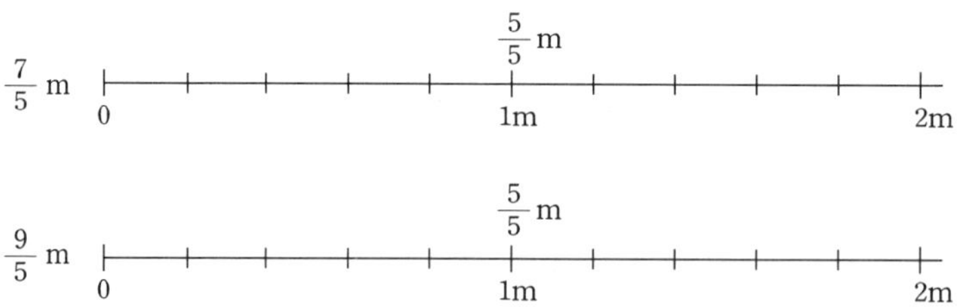

측정 의미의 분수: 주어진 단위의 적당한 자연수 배가 아닌 어떤 길이를 잴 때 처음의 단위를 세분하여 더 작은 단위를 만듦으로써 보다 정교한 측정을 할 수 있다. 이 때 분모가 점차적으로 커지는 분수를 이용하여 보다 정확한 측정값을 얻을 수 있다. 이와 같이 양을 측정하는 과정에서 발생하는 분수가 측정 의미의 분수이다.

분수로 측정하는 방법에는 측정하고자 하는 부분이 처음 단위(1차 단위, 예를 들면 자연수)로 측정할 수 없을 때 처음 단위를 세분하여 새로운 단위(2차 단위, 예를 들면 $\frac{1}{2}$)를 만들어 측정하고, 다시 남는 부분이 발생하면 또 새로운 단위(3차 단위, 예를 들면 $\frac{1}{4}$)를 만들어 측정하는 것과 같이 단위를 계속 등분할하여 측정하는 방법이 있다. 이와 같은 과정을 반복하면 측정하고자 하는 길이 '$1+\frac{1}{2}+\frac{1}{4}$'을 얻을 수 있다.

다음으로 재고자 하는 부분을 등분할하여 단위와 비교하는 방법은 측정하고자 하는 부분을 2, 3, 4, …으로 등분할하여 단위와 비교하는 방법이다. 예를 들면, 측정하고자 하는 부분을 2등분하여, 그 중 한 부분으로 단위를 측정하여 정확하게 자연수 배가 되지 않으면, 다시 3등분하여 그 중 한 부분으로 단위를 측정하여 정확하게 자연수 배가 될 수 있는가를 조사한다. 이러한 과정을 계속하여 측정하고자 하는 부분을 n등분할하여 단위를 측정하여 정확하게 자연수 배가 될 때 단위를 이루는 전체 수와 측정하고자 하는 길이를 비교하여 측정값을 얻을 수 있다.

몫으로서 분수: 분수는 나눗셈의 몫을 의미한다. 예를 들면, 분수 $\frac{3}{5}$은 $3\div5$의 몫으로 생각할 수 있다. 이것 역시 분할의 상황으로부터 발생하는데, 분수 $\frac{3}{5}$은 과자 3개를 5명이 똑같이 나누어 먹을 때 한 사람이 차지하는 몫을 의미한다.

교과서 속의 수학: 몫으로서 분수

$1\div4$의 몫을 분수로 나타내는 방법을 알아보시오.

- $1\div4$를 분수의 곱셈으로 나타내어 보시오.
- 1은 4의 몇 분의 몇입니까?
- $1\div4$의 몫을 분수로 나타내어 보시오.

비로서 분수: 분수는 비를 나타낼 수 있다. 예를 들어, 비 3:5를 분수 $\frac{3}{5}$으로 나타낼 수 있다. 비는 두 양사이의 관계를 나타내는데, 전체에 대한 부분의 관계가 있는 경우와 없는 경우로 나눌 수 있다. 예를 들면, 구슬 5개 중 파란구슬 3개(전체에 대한 부분의 관계임)와 흰 구슬 5개에 대한 검은 구슬 3개(전체에 대한 부분의 관계가 아님)의 경우이다.

두 분수 $\frac{2}{3}$와 $\frac{4}{6}$의 경우에 등분할의 의미에서는 서로 다른 상황을 나타내지만, 두 양의 상대적인 크기를 나타내는 비의 의미에서는 같은 수이다. 또 전체의 크기가 다른 경우에 전체에 대한 부분의 크기를 나타내는 양이 $\frac{2}{3}$로 같다는 것을 알았을 때 비의 개념을 이해했다고 볼 수 있다. 따라서 분수의 본질적인 개념을 이해하기 위해서는 상대적인 크기를 나타내는 비의 의미를 이해해야 한다.

탐구문제 2

다음 문장이 옳은지, 틀린지 판정하여라.

'나는 내가 가지고 있는 빵의 $\frac{1}{2}$을 먹었고, 동생은 동생이 가지고 있는 빵의 $\frac{1}{3}$을 먹었다. 분수 $\frac{1}{2}$이 $\frac{1}{3}$ 보다 크므로 내가 동생보다 더 많은 빵을 먹은 것이다.'

2. 분수에 대한 수 감각

분수도 수이기 때문에 분수에 대한 감각을 가지도록 하는 것이 좋다. 분수에 대한 수 감각을 가지기 위해서는 특정 분수가 얼마나 큰지? 두 분수 중 어느 분수가 큰지? 등을 이해하는 것이 필요하다. 분수에서 가장 중요한 기준이 되는 수는 0, $\frac{1}{2}$, 1이다. 1보다 작은 분수를 이 수들과 비교해 봄으로써 많은 정보를 얻을 수 있다. 예를 들어, $\frac{2}{3}$는 $\frac{1}{2}$보다 크고, 1보다는 작다는 것을 알 수 있다. 기준이 되는 수 0, $\frac{1}{2}$, 1을 이용하여 각 분수가 어떤 수에 가까운지 판단해 보도록 할 수 있다.

분수의 크기를 비교하기 위하여 다양한 분수의 상대적인 크기를 생각해 보는 것이 좋다. 분수의 비교에 사용되는 사고 유형에는 다음과 같은 것들이 있다(Van De Walle, 2004).

- 분모가 같고, 분자가 다른 경우: $\frac{3}{5}$과 $\frac{4}{5}$를 비교할 때에는 어떤 것의 3개를 가지고 있는 것과 4개를 가지고 있는 것 중 어느 것이 더 큰가를 생각하도록 한다.
- 분자가 같고, 분모가 다른 경우: $\frac{3}{5}$과 $\frac{3}{7}$을 비교할 때에는 전체를 5등분한 것 중 한 조각은 전체를 7등분한 것 중 한 조각보다 분명히 크다. 이 경우에 7이 5보다 크기 때문에 $\frac{3}{7}$이 $\frac{3}{5}$ 보다 크다고 판단하지 않도록 주의한다.
- 1이나 $\frac{1}{2}$보다 크거나 작음: $\frac{3}{7}$과 $\frac{5}{8}$를 비교하는 경우나, $\frac{5}{4}$와 $\frac{7}{8}$을 비교하는 경우

에 활용한다. $\frac{3}{7}$은 전체를 7개로 나눈 것 중에 3개이므로 $\frac{1}{2}$ 보다 작고, $\frac{5}{8}$는 전체를 8개로 나눈 것 중에 5개이므로 $\frac{1}{2}$보다 크다. 따라서 $\frac{5}{8}$가 $\frac{3}{7}$보다 크다는 것을 알 수 있다. 마찬가지로 $\frac{5}{4}$는 전체를 4개로 나눈 것 중에 5개이므로 1보다 크고, $\frac{7}{8}$은 전체를 8개로 나눈 것 중에 7개이므로 1보다 작다. 따라서 $\frac{5}{4}$가 $\frac{7}{8}$ 보다 크다는 것을 알 수 있다.

- $\frac{1}{2}$이나 1에서부터 떨어진 정도: $\frac{9}{10}$와 $\frac{3}{4}$을 비교하는 경우에 $\frac{9}{10}$는 1보다 $\frac{1}{10}$이 작고, $\frac{3}{4}$은 1보다 $\frac{1}{4}$이 작다. 그런데 $\frac{1}{10}$이 $\frac{1}{4}$ 보다 작으므로 $\frac{9}{10}$가 $\frac{3}{4}$ 보다 크다는 것을 알 수 있다.

특히, 크기가 같은 분수(동치분수)를 찾을 때는 종이 띠 접기나 바둑돌 묶기 활동을 통하여 개념적으로 이해하도록 해야 한다. 학생들이 개념적인 이해가 없이 기계적으로 분모와 분자에 0이 아닌 같은 수를 곱하거나 나누어 같은 크기의 분수를 얻을 수 있다고 생각하지 않도록 하는 것이 좋다.

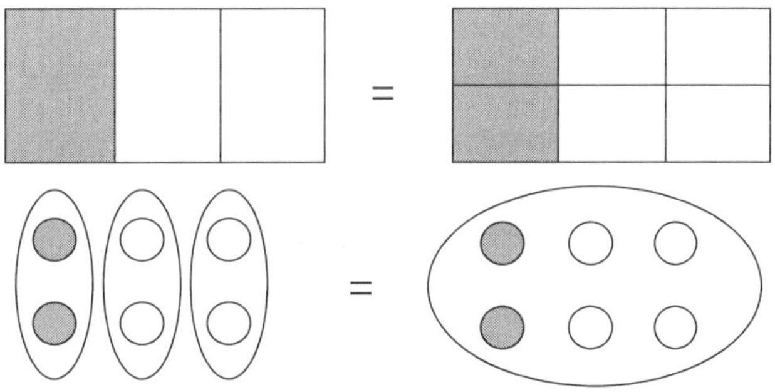

[그림] 크기가 같은 두 분수

탐구문제 3

우리가 자주 사용하는 용지인 A_4는 A_0에서 만들어진 것이다. A_0의 크기는 가로가 1189mm, 세로가 841mm인데, 이것의 긴 쪽을 반으로 자른 용지를 A_1, A_1의 긴 쪽을 반으로 자른 용지를 A_2, A_2의 긴 쪽을 반으로 자른 용지를 A_3…라고 부르는 것이다.

(1) A_4용지의 크기는 A_3용지 크기의 몇 분의 몇인지 구하여라.

(2) A_4용지의 크기는 A_1용지 크기의 몇 분의 몇인지 구하여라.

(3) A_4용지의 크기는 A_0용지 크기의 몇 분의 몇인지 구하여라.

3. 소수(小數)의 도입과 읽는 방법

분수 중에서 분모가 10^n이 되는 분수의 다른 표현인 소수를 생각하게 된 것은 아라비아 숫자의 표기 방법인 십진기수법과 관계를 맺으려는데 있다. 소수에 관한 이론 체계를 처음으로 발표한 사람은 스테빈(Stevin; 1548~1620)이었다. 그는 1585년 소수에 관한 논문을 발표하였는데, 이는 기존의 60진법적 분수의 생각과 아라비아 기수법에서의 자리잡기의 원리를 관계 지으려는데 있다(이대현, 2011; 2013). 그 당시에 소수의 표기법에는 '정수부분의 첫째 자리를 ⓪의 기호로 표시하고, 소수부분의 첫째 자리를 ①의 기호로, 둘째 자리를 ②의 기호로 표시하고, 이하 마찬가지 방법으로 표기한다.' 라고 제시하였다. 오늘날과 같이 소수점을 찍어 표기하는 방법은 1952년 뷰에지이(Bürgi)가 처음으로 시도하였다.

소수를 도입할 때에는 $\frac{1}{10}$, $\frac{1}{100}$과 같은 십진분수의 다른 표현으로 소수 첫째 자리, 소수 둘째 자리를 도입한다. 따라서 학생들은 0.3이 $\frac{3}{10}$에 대한 새로운 기호라는 것을 배우고,

교과서 속의 수학: 소수의 도입

• 1 cm를 똑같이 10으로 나누었을 때 ▬ 부분을 분수로 나타내어 보세요.

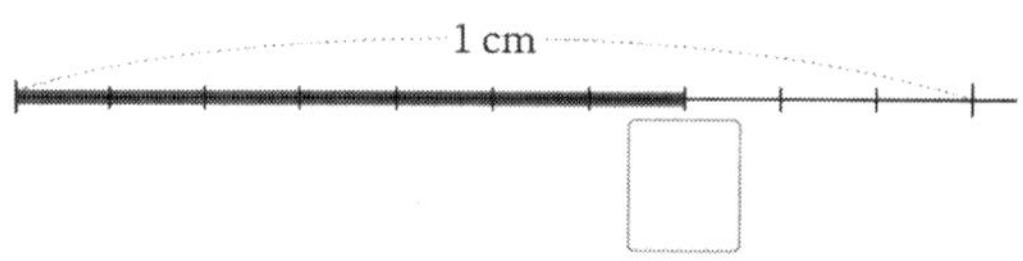

• ▬ 부분을 분수가 아닌 다른 방법으로 나타내어 보세요.

$\frac{1}{10}$, $\frac{2}{10}$, $\frac{3}{10}$ …… $\frac{9}{10}$를 0.1, 0.2, 0.3 …… 0.9라 쓰고
영점 일, 영점 이, 영점 삼 …… 영점 구라고 읽습니다.
0.1, 0.2, 0.3과 같은 수를 소수라 하고 '.'을 소수점이라고 합니다.

자릿값의 개념을 새로운 표기법으로 연결시키게 된다. $\frac{21}{100}$ 과 같은 소수를 읽을 때 학생들은 '영점이십사'로 읽을 수가 있다. 이러한 방법으로 읽는다면 $\frac{1}{10} = 0.1$은 '영점일'이 되고, $\frac{1}{100} = 0.01$도 '영점일'이 되게 된다. 따라서 우리는 소수점 이하의 수를 자연수와 같이 읽지 않고, 각각의 수를 읽는 방법으로 택하기로 약속한 것이다.

탐구문제 4

1. 다음 소수의 어림을 하여라.

(1) 2.462는 소수 첫째 자리 미만의 수를 올림

(2) 6.472는 소수 둘째 자리 미만의 수를 버림

(3) 6.527은 소수 셋째 자리에서 반올림

4. 유리수의 개념

중학교 과정에서 유리수는 '분모와 분자가 자연수인 분수에 양의 부호 +와 음의 부호 −를 붙인 수와 0'으로 정의하고, 양의 부호를 붙인 수를 양의 유리수, 음의 부호를 붙인 수를 음의 유리수라고 정의한다(강옥기 외 2012). 이러한 유리수의 정의 방식은 알고리즘적인 형식적 정의 방법이며, 의미론적인 측면에서 유리수는 분수 개념에서 다루었듯이 전체와 부분의 관계, 몫, 비, 연산자, 측정 등 다양한 상황과 관련된 복합적인 의미를 가지고 있다.

학교 수학에서 다루는 분수 꼴로 나타낼 수 있는 유리수는 '사과의 $\frac{1}{2}$'과 '남자 2명에 대한 여자 1명의 비'와 같이 외적인 상황은 다르지만, 비 관계에 의해 본질적으로 같은 구조를 갖는 상황으로 정리된다는 것을 이해해야 한다(김남희, 나귀수, 박경미, 이경화, 정영옥, 홍진곤, 2006). 유리수 개념의 바탕이 되는 것은 서로 다른 상황을 같은 량으로 나타내는 것으로, 또는 같은 구조를 가진 것으로 보는 비례 관계이며, 이는 직관적으로 동치인 분수로 파악되어 나타낸다(우정호, 1998).

이후에 유리수는 분수의 동치류로 형식적으로 정의되는데, 이것은 유리수가 정수의 순서쌍의 동치류로 정의된다는 것이다. 예를 들면, 유리수 $\frac{1}{2}$을 집합{…, (−1, −2), (1, 2), (2, 4)…}로 정의하는 것이다. 이 경우에 $\frac{1}{2}$과 $\frac{2}{4}$는 같은 집합의 원소이기 때문에 같은 수를 나타낸다. 그렇지만 두 분수가 어떤 상황에서 발생된 것인가를 말하지 않으며, 단지 $\frac{1}{2}$과 같은 의미를 갖는 분수들의 집합으로 제시되는 것이다. 이러한 개념의 정의 방식을 '외연적 정의'라고 한다[4]. 즉 외연적 정의는 그 개념에 포괄되는 대상 전체로 정의하는 방식이다.

외연적 정의 방식은 개념의 형식적인 정의를 통해 엄밀성과 형식성을 취하는 현대적인 정의 방식이지만, 앞에서 유리수 개념을 정수의 순서쌍의 동치류로 정의한 것과 같이 현실적인 맥락과 유리되기 때문에 구체적이고 직관적인 표상을 출발하여 점진적인 추상화 과정으로 나아가는 과정이 생략되어 유리수 개념을 명확히 이해하기 어렵게 한다는 단점이 있기도 하다.

유리수를 기하학적으로 나타내기 위해서 수직선을 이용한다. 아래 그림과 같이 임의의 길이로 선분 0에서 1까지를 단위 길이로 잡고, 0의 오른쪽에는 양의 정수를, 0의 왼쪽에는 음의 정수를 각각 단위 길이만큼씩 끊어서 나타낸다. 분모가 n인 분수를 나타내기 위해서는 각 단위 길이의 선분을 n개의 동일한 부분으로 나누면 부분 분할된 각 점들은 분모가 n인 분수를 나타낼 수 있다. 이러한 과정으로 모든 정수에 대해 시행하면 모든 유리수가 수직선 위의 점으로 표시되게 된다.

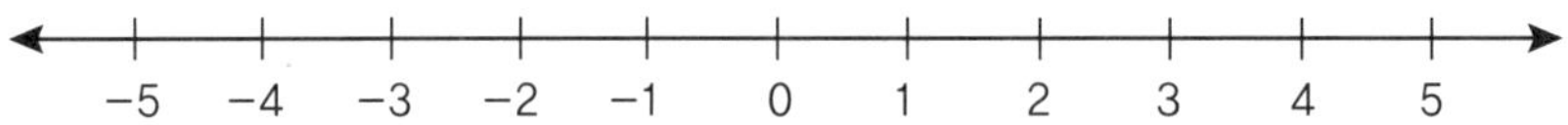

탐구문제 5

1. $a = 2$일 때 다음 식의 값을 구하여라.
   $|a| + |a-1| + |a-2| + |a-3| + |a-4|$

2. a가 실수일 때 $|a + |a|| - |a - |a||$를 간단히 하여라.

4 개념이 나타내는 대상의 공통적인 속성으로 정의하는 방식을 '내포적 정의'라고 한다.

5. 실수 개념

두 선분 a와 b의 크기를 비교하기 위하여 a에 r배를 하여 $b(b = ar)$를 얻을 수 있다. 이 경우에 b의 측정 단위로 a를 사용하게 되는 것이다. 그러나 b가 a의 정수배로 얻어지지 않는 경우에는 a를 n등분하여 길이 $\frac{a}{n}$에 대한 m배(m은 정수)를 하여 b를 나타내기도 하며, 이것은 $b = \frac{m}{n}a$와 같이 쓸 수 있다. 이러한 형식으로 표현 가능할 때 a와 n이 선분 $\frac{a}{n}$라는 공통인 선분에 있어서 여기에 n배를 하면 a를 얻고 m배를 하면 b를 얻기 때문에 두 선분 a와 b는 '통분가능'하다고 한다.

선분 a를 수직선에서 단위 길이인 [0, 1]로 잡으면 단위 구간과 통분가능한 선분은 수직선 위의 모든 유리수 점 $\frac{m}{n}$에 대응된다. 따라서 모든 유리수는 수직선 위에 대응하게 된다. 그러면 수직선 위의 모든 점들이 모든 유리수와 대응하는가의 문제가 발생하게 되는데, 이것은 불가능하다는 것이 그리스 초기에 피타고라스학파에 의해 밝혀졌다. 즉, 각 선분에 단위길이를 이용하여 잰 길이를 대응시켜 나타낼 때 무리수에 대응하는 통분불가능한 선분이 존재하는 것이다.

아래 그림과 같이 한 변의 길이가 1인 정사각형의 대각선 길이에 해당되는 무리수 $\sqrt{2}$는 컴퍼스를 이용하여 수직선 위에 나타낼 수 있다. 유리수 점들이 아무리 조밀하다할지라도 수직선 전부를 채울 수는 없으며, 나머지 부분을 통분불가능한 선분의 끝점을 표시하여 무리수에 대응하는 점으로 채울 수 있는 것이다.

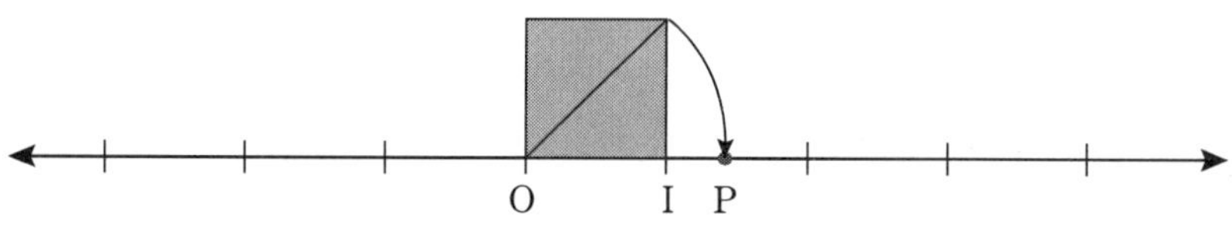

실수를 정의하는 방법으로는 체(field)의 공리, 순서공리, 완비성 공리를 만족하는 집합으로 실수를 정의하는 방식이다. 학교수학에서는 실수의 기본성질을 받아들이고, 이로부터 몇 가지 연산의 성질을 연역하는 방법을 택하고 있다.

무리수를 정의하는 또 다른 방법으로 데데킨트(Dedekind)의 절단(cut)이 있다. 이를 설명하기 위해 수직선에 배열된 수들 전체(실수)를 어느 한 점 P에 의해 두 부분(A, B)로 나누는 절단을 생각하자. A부분은 작은 수들의 집합이고, B부분은 큰 수들의 집합이며 두 집합은 공유점을 갖지 않는다. 그러면 점 P가 어떤 수인지, A와 B 중 어느 쪽에 속하는지에 의해 다음과 같은 4가지의 절단이 주어진다(진선숙, 2010).

절단의 종류	A의 최댓값	B의 최솟값
제1종	있다	없다
제2종	없다	있다
제3종	없다	없다
제4종	있다	있다

정수의 집합 A는 최대 정수를 갖고 B는 최소 정수를 가지므로 제4종 절단이다. 그러나 유리수는 조밀하므로 유리수 집합의 절단은 제1종, 제2종, 제3종이 가능하다. 데데킨트는 제1종과 제2종은 유리수에 대응시키고, 제3종은 하나의 무리수에 대응시키면서 유리수의 절단으로 실수를 정의하였다. 예를 들어 $A=\{x \in Q^+ \mid x^2 \leq 2\}\{0\} \cup Q^-$이고, $B=\{x \in Q^+ \mid x^2 > 2\}$라 하면 $\sqrt{2}$는 제3종의 절단으로 정의할 수 있는 것이다.

탐구문제 6

1. 다음 사실을 증명하여라.

'한 정사각형의 대각선의 길이는 한 변의 길이와 통분불가능하다.'

6. 유클리드의 알고리즘 탐구

$a \div b = c$에서 $a \div b$를 'a 나누기 b'라고 하고, c를 몫(quotient)이라고 한다. 또 a를 $a \div b$의 피제수(dividend), b를 $a \div b$의 제수(divisor)라고 한다. 초등학교에서 나눗셈 지도에서는 동수누감 나눗셈식(포함제)과 등분 나눗셈식(등분제)의 개념을 바르게 이해하고 나눗셈의 몫을 동수누감 나눗셈 식과 등분 나눗셈 식으로 나누어 알아보도록 한다. 나눗셈 식의 몫을 구하기 위하여 곱셈과 나눗셈의 관계를 먼저 학습하고, 이를 기초로 나눗셈의 몫을 구하는 방법을 이해하도록 해야 한다. 나눗셈은 나머지가 제수보다 작아질 때까지 계속하게 된다. 예를 들어 213÷5를 다음의 과정으로 구하면 몫은 42이고, 나머지는 3이라는 것을 알 수 있다.

$$
\begin{array}{r}
42 \\
5\,\overline{)\,213} \\
\underline{20} \\
13 \\
\underline{10} \\
3
\end{array}
\qquad 213 = 5\cdot 42+3
$$

이러한 사실을 일반적으로 다루게 되면 일반적인 정리로 다음과 같이 나타낼 수 있다.

[정리] a가 임의의 정수이고, b가 0보다 큰 임의의 정수이면 $a = bq+r$인 하나의 정수 q가 항상 존재한다. 단, r은 부등식 $0 \le r < b$를 만족하는 하나의 정수이다.

[증명] 임의의 정수 a는 어떤 정수 b의 배수인 경우 $a = bq$이거나 $bq < a < b(q+1)$이다. 먼저 정수 a가 어떤 정수 b의 배수인 경우에는 $a = bq+r$에서 $r = 0$인 경우가 되어 성립한다. 다음으로 두 번째 경우는 두 번째 부등식의 좌변에서 $a-bq = r > 0$와 우변에서 $a-bq = r < b$를 얻으므로 $0 \le r < b$를 얻게 된다.

이러한 사실에서 두 정수의 최대공약수를 구하는 방법을 찾을 수 있다. a와 b가 0이 아닌 임의의 두 정수라 하자. 그리고 a와 b를 동시에 나누는 모든 양의 정수의 집합을 생각하자. 이 집합은 a가 0이 아닌 정수라고 한다면 a보다 큰 어떤 정수도 a의 약수가 될 수 없고, 이것은 b에 대해서도 마찬가지이므로 유한집합일 수밖에 없다. 따라서 a와 b의 공약수는 유한개밖에 없고 그 중에서 최대인 공약수를 d라고 하고 $d = (a,\ b)$라고 하자. 예를 들면 $4 = (8,\ 12)$이다. 그런데 큰 수의 경우에 최대공약수를 구하는 과정은 지루한 일이다. 이 경우에 짧고 확실한 방법이 유클리드의 알고리즘이다. 이 방법은 다음의 성질에 따른다.

[정리] $a = bq+r$의 형태인 임의의 관계식에서 $d = (a,\ b) = (b,\ r)$이다.

[증명] a와 b를 동시에 나누는 임의 수를 u라 하면 $a = su,\ b = tu$($s,\ t$는 정수)라고 쓸 수 있고, $r = a-bq = su-tqu = (s-tq)u$이므로 u는 r도 나누게 된다. 역으로 b와 r를 나누는 모든 수 v는 $b = s'v,\ r = t'v$와 같이 쓸 수 있고, $a = bq+r = s'vq+t'v = (s'q+t')v$이므로 a도 나누게 된다. 따라서 a와 b의 모든 공약수는 동시에 b와 r의 공약수이고 그 역도 성립한다. 따라서 a와 b의 최대공약수는 b와 r의 최대공약수와 같은 것이다.

1804와 328을 예로하면 다음과 같고, 따라서 1804와 328의 최대공약수는 164가 된다.

$$1804=5\cdot328+164 \rightarrow (1804,\ 328)=(328,\ 164)$$
$$328=2\cdot164+0 \quad \rightarrow (328,\ 164)=(164,\ 0)=164$$

이러한 두 정수의 최대공약수를 얻는 과정은 유클리드 원론(Elements)에 다음과 같이 설명되어 있다(Courant & Robbins, 1996).

$(a,\ 0) = a$이므로 우선 $b \neq 0$이라 가정하자. 그러면 다음과 같은 식을 얻을 수 있다.

$$a = bq_1+r_1 \qquad (0 < r_1 < b)$$
$$b = r_1q_2+r_2 \qquad (0 < r_2 < r_1)$$
$$r_1 = r_2q_3+r_3 \qquad (0 < r_3 < r_2)$$
$$r_2 = r_3q_4+r_3 \qquad (0 < r_4 < r_3)$$

를 얻는다. 그리고 이 과정은 $r_1,\ r_2,\ r_3,\ \cdots$가 0이 아닌 한 계속된다. 그리고 나머지에 대한 식들에서 다음과 같은 식을 얻을 수 있다.

$$b > r_1 > r_2 > \cdots > 0$$

따라서 기껏해야 b번을 나누고 나면 다음과 같이 나머지가 0이 되어야 한다.

$$(a,\ b) = (b,\ r_1),\ (b,\ r_1) = (r_1,\ r_2),\ (r_1,\ r_2) = (r_2,\ r_3)$$
$$(r_2,\ r_3) = (r_3,\ r_4),\ \cdots,\ (r_{n-1},\ r_n) = (r_n,\ 0) = r_n$$

이러한 과정이 다 이루어지고 나면 $(a,\ b) = r_n$이라는 것을 알 수 있다. 이 식의 의미는 다음과 같이 계속하여 얻어지는 식에서 알 수 있다.

$$(a,\ b) = (b,\ r_1),\ (b,\ r_1) = (r_1,\ r_2),\ (r_1,\ r_2) = (r_2,\ r_3)$$
$$(r_2,\ r_3) = (r_3,\ r_4),\ \cdots,\ (r_{n-1},\ r_n) = (r_n,\ 0) = r_n$$

한편, 두 수 a, b의 최대공약수의 중요한 성질로 다음이 성립한다.

[명제] $d = (a,\ b)$라고 하면 $d = ka+lb$인 양이거나 음인 정수 k와 l이 존재한다.

[증명] $a = bq_1+r_1$에서 $r_1 = a-q_1b$를 얻으므로 r_1을 k_1a+l_1b꼴로 쓸 수 있다(여기서

$k_1 = 1$, $l_1 = -q_1$이다.). 그리고 다음 식으로부터

$$r_2 = b - q_2 r_1 = b - q_2(k_1 a + l_1 b) = (-q_2 k_1)a + (1 - q_2 l_1)b = k_2 a + l_2 b$$

를 얻는다. 이 과정은 나머지 r_3, r_4, …에 대하여 원하는 결과를 얻을 때까지 반복적으로 이루어진다.

탐구문제 7

1. 963과 657의 최대공약수를 구하여라.

2. 840과 611의 최대공약수를 구하여라.

3. 두수 963과 657에 대하여 $9 = 963x + 657y$를 만족하는 x, y를 구하여라.

7. 연분수 만들기

두 정수의 최대공약수를 구하는 유클리드의 알고리즘으로부터 두 정수의 몫을 연분수로 나타낼 수 있다. 예를 들어 840과 611에 대해 생각하면 유클리드 알고리즘에서 다음을 얻을 수 있다.

$$840 = 1 \cdot 611 + 229$$
$$611 = 2 \cdot 229 + 153$$
$$229 = 1 \cdot 153 + 76$$
$$153 = 2 \cdot 76 + 1$$

이므로 (840, 611)=1이 된다. 이 식에서 다음을 얻을 수 있다.

$$\frac{840}{611} = 1 + \frac{229}{611} = 1 + \cfrac{1}{\cfrac{611}{229}}$$

$$\frac{611}{229} = 2 + \frac{153}{229} = 2 + \cfrac{1}{\cfrac{229}{153}}$$

$$\frac{229}{153}=1+\frac{76}{153}=1+\cfrac{1}{\cfrac{153}{76}}$$

$$\frac{153}{76}=2+\frac{1}{76}$$

이 식을 합하여 다시 쓰면 다음과 같다.

$$\frac{840}{611}=1+\cfrac{1}{2+\cfrac{1}{1+\cfrac{1}{2+\cfrac{1}{76}}}}$$

탐구문제 8

1. $\frac{2}{5}$, $\frac{43}{30}$을 연분수로 나타내어라.

탐구문제 정답

∷ 탐구문제 1

1. (1) (a) 자릿값 (b) 위치적 기수법
   (2) 2,07은 A가 2개 C가 7개이고, 2.7은 A가 2개 B가 7개이다. 따라서 B가 크다.
   (3) 생략

∷ 탐구문제 2

분수의 크기 비교는 전체와 부분을 비교하는 분수의 경우에만 가능하다. 그리고 그 전제는 전체의 크기가 같다는 것이 전제이다. 그런데 본 문장에서는 전체의 크기가 같은지 알 수 없으므로 틀린 것이다.

∷ 탐구문제 3

1. (1) $\frac{1}{2}$ (2) $\frac{1}{8}$ (3) $\frac{1}{16}$

∷ 탐구문제 4

1. (1) 2.5 (2) 6.47 (3) 6.53

∷ 탐구문제 5

1. 6　　2. $2a$

∷ 탐구문제 6

$x=\sqrt{2}$ 라고 하고, x가 1과 통분가능한 선분이라고 하자. 그러면 $x=\frac{p}{q}$인 정수 p, q가 존재한다. 그러므로 $x=\sqrt{2}=\frac{p}{q}$에서 $p^2=2q^2$이다. 여기서 $\frac{p}{q}$는 기약분수로 생각한다. 왜냐하면 기약이 아니면 분모와 분자에 들어있는 공통인수를 약분하면 되기 때문이다. 그런데 2가 우변에 있으므로 p^2은 짝수이고, 따라서 p도 짝수이다. 따라서 $p=2r$라고 쓸 수 있다. $p^2=2q^2$에서 $4r^2=2q^2$ 또는 $2r^2=q^2$이다. 따라서 q^2과 q는 짝수이다. 따라서 p와 q는 모두 2로 나누어진다. 이것은 p와 q가 공통의 인수가 없다는 가정에 모순이 된다. 따라서 $x=\sqrt{2}$는 유리수가 아니다.

∷ 탐구문제 7

1. 9
2. 1
3. $x=-15,\ y=22$

∷ 탐구문제 8

1. $\frac{2}{5}=\cfrac{1}{2+\cfrac{1}{2}}$　　$\frac{43}{30}=1+\cfrac{1}{2+\cfrac{1}{3+\cfrac{1}{4}}}$

제3장

연산 영역의 이해와 탐구

수학은 실체를 다루지 않지만, 사고의 대상과 대상 사이의 관계를 다룬다

– 포앙카레(Poincaré)

우리가 아는 것은 미비하고, 모르는 것은 무한하다.

– 라플라스(Laplace)

□ 초등학교에서 연산(자연수) 지도 내용과 과정

※연산 지도의 방향: 연산은 수 개념과 더불어 수학의 기본으로 초등학교에서 수학을 지도하는 것은 연산을 가르치는 것으로 여겨질 정도로 학습의 많은 양을 차지하고 있다. 종전의 초등학교 연산 지도는 계산 기능의 숙달에 치중해 왔다는 지적을 받았는데, 연산은 그 자체가 목적이 아니라, 문제를 해결하는 수단임을 알아야 한다는 것이다. 더불어 연산 지도는 수 감각, 어림하는 능력, 암산 능력, 문제해결 능력 등을 기르는데 초점을 두어야 한다(이대현, 2013).

※덧셈과 뺄셈 지도: 연산 지도를 위해 먼저 생활 장면에서 덧셈과 뺄셈이 이루어지는 경우를 알아보는데, 덧셈은 동시에 존재하는 두 집합을 합하는 경우와 시간차를 두어 한 집합에 다른 집합을 첨가하는 경우에 일어난다. 뺄셈은 한 집합에서 일부를 덜어내는 경우와 두 집합의 차를 비교하는 경우에 일어나는데, 뺄셈을 지도할 때는 두 경우를 골고루 경험할 수 있게 한다.

교과서 속의 수학: 뺄셈의 두 가지 상황(구잔 상황과 구차 상황)

행복 열차에 남아 있는 친구는 몇 명인지 알아봅시다.

어린이가 의자보다 얼마나 더 많은지 알아봅시다.

한 자리 수끼리의 덧셈은 더하는 수가 10보다 작은 두 수의 덧셈을 다룬다. 합이 10 미만인 덧셈은 구체물을 이용하여 계산 기능이 숙달되도록 하고, 암산으로도 계산할 수 있게 한다. 합이 10 이상인 덧셈은 구체물을 이용한 수세기를 통해 구할 수 있다. 또 수 가르기와 모으기를 이용하여 10을 만들고 나머지 수를 더하게 할 수 있다. 10을 두 수로 분해하거나 합이 10이 되도록 두 수를 합성하는 활동에서는 10에 대한 보수 관계를 이해하게 된다. 이것을 바탕으로 합이 10이 되는 덧셈식에서 더해지는 수 또는 더하는 수를 구하고, 빼어지는 수가 10인 뺄셈식에서 빼는 수를 구하게 한다. 이러한 활동을 충분히 하여 구체물 조작 활동 없이도 10에 대한 보수를 구할 수 있게 한다. 세 수의 덧셈과 뺄셈은 두 수의 덧셈과 뺄셈을 바탕으로 차례대로 계산하게 한다. 그러나 수들 사이의 관계를 이용하여 차례대로 계산하지 않고 여러 가지 방법으로 계산하게 할 수도 있다.

교과서 속의 수학: 10을 만들어 더하기

고리는 모두 몇 개인지 알아봅시다.

• 고리의 수만큼 ○를 그리고 식을 써 보세요.

□ + □ + □ = □

• □ 안에 알맞은 수를 써넣으세요.

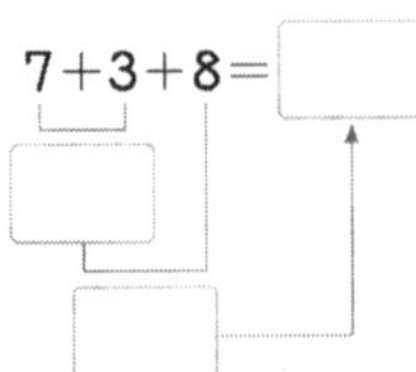

※두 자리 수의 덧셈과 뺄셈: 두 자리 수의 범위에서 받아올림이 없는 덧셈은 구체물 조작 활동을 통하여 두 자리 수를 10개씩 묶음과 낱개로 나눈 후 묶음은 묶음끼리, 낱개는 낱개끼리 더하여 계산한다는 원리를 이해하게 한다. 이러한 이해를 바탕으로 일의 자리 수끼리 더한 후 십의 자리 수끼리 더하는 형식적인 계산 방법을 익히도록 한다. 또 두 자리 수의 덧셈을 여러 가지 방법으로 계산하고, 그 방법을 설명하게 한다. 예를 들어, 42+36의 경우 40과 30을 더해서 70을 구한 다음 2와 6을 더해서 70과 더하는 방법, 42에 30을 더해서 72를 구한 다음 6을 더하는 방법, 40에 36을 더해서 76을 구한 다음 2를 더하는 방법 등 여러 가지 방법으로 계산할 수 있다.

두 자리 수의 범위에서 받아내림이 없는 뺄셈은 구체물 조작 활동을 통하여 두 자리 수를 10개씩 묶음과 낱개로 나눈 후 묶음은 묶음끼리, 낱개는 낱개끼리 빼서 계산한다는 원리를 이해하게 한다. 이러한 이해를 바탕으로 일의 자리에서 뺄셈을 한 후 십의 자리에서 뺄셈을 하는 형식적인 계산 방법을 익히도록 한다. 또 두 자리 수의 뺄셈을 여러 가지 방법으로 계산하고, 그 방법을 설명하게 한다. 예를 들어, 75−42를 계산할 때 일의 자리부터 계산하는 방법 이외에 70에서 40을 빼고 5에서 2를 뺀 후 두 수를 더하는 방법, 75에서 40을 뺀 후 2를 빼는 방법, 75를 72와 3으로 갈라서 72에서 42를 뺀 후 3을 더하는 방법 등 여러 가지 방법으로 계산할 수 있다.

교과서 속의 수학: 받아올림이 있는 두 자리 수의 덧셈

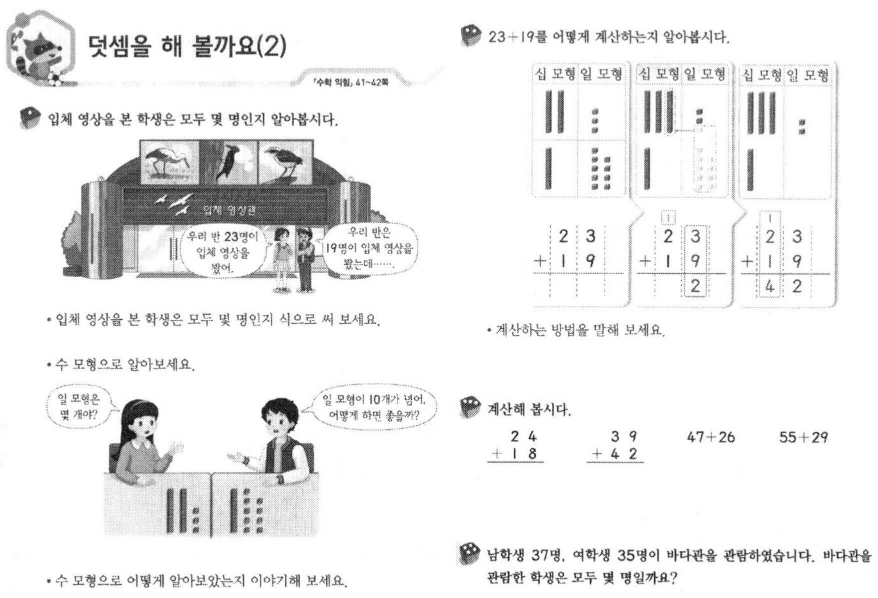
덧셈을 해 볼까요(2)

「수학 익힘」 41~42쪽

입체 영상을 본 학생은 모두 몇 명인지 알아봅시다.

• 입체 영상을 본 학생은 모두 몇 명인지 식으로 써 보세요.

• 수 모형으로 알아보세요.

• 수 모형으로 어떻게 알아보았는지 이야기해 보세요.

23+19를 어떻게 계산하는지 알아봅시다.

• 계산하는 방법을 말해 보세요.

계산해 봅시다.

$$\begin{array}{r} 24 \\ +\ 18 \\ \hline \end{array} \qquad \begin{array}{r} 39 \\ +\ 42 \\ \hline \end{array} \qquad 47+26 \qquad 55+29$$

남학생 37명, 여학생 35명이 바다관을 관람하였습니다. 바다관을 관람한 학생은 모두 몇 명일까요?

받아올림과 받아내림이 있는 경우에는 구체물 조작 활동을 통하여 받아올림이 있는 (두 자리 수)+(한 자리 수)의 계산에서 받아올림의 의미를 이해하고, 형식적인 계산에서 받아올림 처리와 계산 과정에 능숙해지도록 한 다음, 받아올림이 있는 (두 자리 수)+(두 자리 수)를 다룬다. 뺄셈의 경우도 마찬가지로, 구체물 조작 활동을 통하여 받아내림이 있는 (두 자리 수)−(한 자리 수)의 계산에서 받아내림의 의미를 이해하고, 형식적인 계산에서 받아내림의 처리와 계산 과정에 능숙하도록 한 다음, 받아내림이 있는 (두 자리 수)−(두 자리 수)를 다룬다.

※곱셈: 곱셈의 본질적인 의미는 배의 개념이다. 사물을 묶어 세기, 뛰어 세기, 동수누가 등의 방법으로 세어보고, '~의 ~배' 개념을 도입하여 곱을 정의하고, 곱셈식으로 나타낸다. 곱셈에 대한 기초 경험을 바탕으로 곱셈 구구의 구성 원리를 이해하고, 곱셈구구를 이용하여 (한 자리 수)×(한 자리 수)의 곱을 쉽게 구하게 한다. 1의 단 곱셈구구와 0의 곱은 실생활과 관련지어 다룬다.

교과서 속의 수학: 곱셈식의 도입

고깔모자는 모두 몇 개인지 알아봅시다.

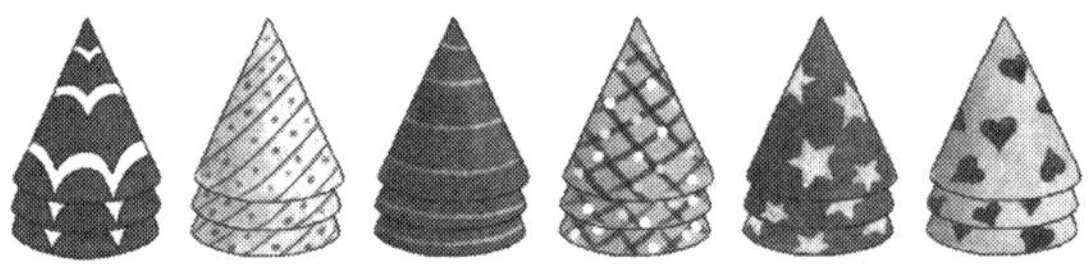

- 고깔모자의 수는 3씩 몇 묶음일까요? ☐ 묶음
- 고깔모자의 수는 3의 몇 배일까요? ☐ 배
- 고깔모자는 모두 몇 개일까요? ☐ 개

- 3의 6배를 3×6이라고 씁니다.
- 3×6은 3 곱하기 6이라고 읽습니다.

실생활에서 곱셈이 이루어지는 장면을 도입하여 곱셈의 의미를 이해하고, 구체적인 조작 활동을 통하여 곱의 계산 원리를 이해하게 한다. 또 '12×3=(10×3)+(2×3)'과 같은 덧셈에 대한 곱셈의 분배법칙과 곱셈 구구를 이용하여 계산하고, 이를 바탕으로 형식화된 알고리즘에 따라 계산할 수 있게 한다. 또한 여러 가지 방법으로 곱을 구하는 활동이나 곱셈을 하기 전에 답을 먼저 어림해 보는 활동을 통하여 수 감각이나 사고력을 신장시키고, 간단한 경우에는 암산으로 계산할 수 있게 한다. 곱셈을 활용하여 여러 가지 실생활 문제를 다양한 방법으로 해결할 수 있게 한다. 생활 장면에서 곱셈이 적용되는 문제 상황을 제시하여 여러 가지 방법으로 해결하게 함으로써 문제해결력과 응용력을 기를 수 있게 한다.

※나눗셈: 나눗셈이 이루어지는 상황을 제시하여 나눗셈의 의미를 이해하게 한다. 생활 장면에서 나눗셈이 이루어지는 경우는 포함제와 등분제로 구분할 수 있다. 포함제는 기준이 되는 양으로 어떤 양을 측정하였을 때 기준이 되는 양이 몇 번 포함되는지를 구하는 경우이고, 등분제는 어떤 양을 몇으로 똑같이 나누었을 때 한 몫의 크기를 구하는 경우이다. 포함제와 등분제는 서로 다른 의미를 가지고 있지만, 계산이라는 측면에서 같은 나눗셈으로 통합된다. 실생활의 예를 통하여 나눗셈의 몫과 나머지의 의미를 이해하게 한다. 아울러 나눗셈을 계산하기 전에 답을 어림해 보게 하고, 계산 결과와 차이가 큰 경우 곱셈과 나눗셈이 역연산 관계임을 활용하여 검산으로 계산 결과를 확인하게 한다.

교과서 속의 수학: 포함제와 등분제

※**혼합계산:** 덧셈, 뺄셈, 곱셈, 나눗셈이 섞여 있는 혼합계산이나 ( )가 있는 혼합계산에서 계산 순서를 알고, 그 순서에 따라 계산을 하게 한다. 이 때, 수가 너무 크거나 연산의 개수가 많아서 계산이 복잡한 경우는 가능한 한 지양하고, 간단한 수를 제시하여 계산 순서를 익히는 데 중점을 두도록 한다.

탐구문제 1

1. (가)는 2009 개정 수학과 교육과정 3-4학년군 '수와 연산' 영역의 학습 내용 성취 기준의 일부이고, (나)와 (다)는 4학년 1학기 '곱셈과 나눗셈' 단원 지도에 관하여 예비 교사와 지도 교사가 나눈 대화의 일부이다. 물음에 답하시오(2017학년도 임용 문제).

(가)

④ 나눗셈

① 나눗셈이 이루어지는 실생활 상황을 통하여 나눗셈의 의미를 이해한다.

② 한 가지 상황을 곱셈식과 나눗셈식으로 나타내는 활동을 통하여 (㉠)을/를 이해한다.

(나)

예비 교사: (세 자리 수)×(두 자리 수)의 계산을 지도할 때, 무엇을 유의해야 하나요?

지도 교사: (세 자리 수)×(몇)과 (세 자리 수)×(몇 십)의 계산을 종합하도록 지도해야 하지요. 이때 덧셈에 대한 곱셈의 (㉡)이/가 중요한 역할을 합니다. 예를 들어, 236×27의 계산 과정을 보세요.

$$\begin{array}{r} 236 \\ \times \quad 7 \\ \hline 1652 \end{array} \qquad \begin{array}{r} 236 \\ \times \quad 20 \\ \hline 4720 \end{array} \quad \rightarrow \quad \begin{array}{r} 236 \\ \times \quad 27 \\ \hline 1652 \\ 4720 \\ \hline 6372 \end{array}$$

예비 교사: 위의 계산을 다음과 같이 다시 써 보니 (㉡)이/가 분명히 드러나네요.

236×27 = [㉢] = 1652+4720 = 5372

지도 교사: 교사는 이것을 알고 있어야 곱셈을 지도할 때 적절한 발문을 할 수 있습니다.

(다)

예비 교사: 나눗셈과 관련된 실생활 문제를 지도할 때에는 무엇을 유의해야 하나요?
지도 교사: 계산 원리를 이해하고 문제에 잘못 답하는 학생이 있으니, 몫과 나머지를 구한 후 문제 상황에 맞는 답을 하도록 지도해야 합니다.

문제 농장에서 사과 316상자를 수확하여 모두 트럭에 실으려고 합니다. 트럭 1대에 36상자까지 실을 수 있을 때, 트럭은 적어도 몇 대 필요합니까?

예비 교사: 이 문제의 조건을 바꾸어 트럭 1대를 실을 수 있는 사과 상자의 수를 36이 아닌 (㉣)(이)라고 해도 답은 9대로 변함없습니다. 학생들에게 이것을 알아보라고 하는 것은 어떨까요?

(1) 다음은 (가)의 ㉠을 지도하기 위한 활동이다. ㉠에 들어갈 알맞은 말을 쓰시오. [1점]

30÷6=5 → □×□=□, □×□=□

8×4=32 → □÷□=□, □÷□=□

(2) (나)의 ㉡에 들어갈 알맞은 용어와 ㉢에 들어갈 알맞은 등식을 쓰시오. [2점]

- ㉡: ______________________
- ㉢: ______________________

(3) (다)의 ㉣에 들어갈 알맞은 자연수 3개를 모두 쓰시오. [1점]

- ______________________

□ 초등학교에서 연산(분수와 소수) 지도 내용과 과정

※분수의 덧셈과 뺄셈: 분수의 덧셈과 뺄셈의 기초는 분모가 같은 분수의 덧셈과 뺄셈이다. 분모가 같다는 것은 단위가 같음을 의미하며, 분모가 같은 분수의 덧셈과 뺄셈에서는 분모는 그대로 쓰고 분자끼리 계산을 한다.

분모가 다른 분수는 분모가 같은 분수의 덧셈과 뺄셈을 바탕으로 분모를 같게 한 다음, 계산해야 한다는 사실을 인식하게 한다. 통분을 하면 분모를 같게 고칠 수 있다는 점을 이용하여 분모가 다른 분수의 덧셈과 뺄셈을 해결하게 한다. 분모가 다른 진분수의 덧셈과 뺄셈, 분모가 다른 대분수의 덧셈과 뺄셈, 세 분수의 계산 등을 다루지만, 학습 내용을 유형별로 지나치게 세분화하기보다는 계산 원리를 이해하고 계산 과정을 일반화하여 계산하는 데 중점을 두도록 한다.

※분수의 곱셈: 분수와 자연수의 곱셈은 동수누가, 구체물, 수직선 등을 이용한 활동을 통하여 계산 원리를 이해하고, 이를 기호화하여 형식적으로 계산할 수 있게 한다. 또 그림을 이용하여 단위분수끼리의 곱셈, 진분수끼리의 곱셈, 대분수끼리의 곱셈의 계산 원리를 이해하고, 계산을 형식화하여 능숙하게 계산할 수 있게 한다. 두 분수끼리의 곱셈의 계산 원리와 방법을 확장하여 세 분수의 곱셈도 계산 방법을 이해하고 계산할 수 있게 한다.

교과서 속의 수학: (진분수)×(자연수)의 계산 원리 탐구

활동 1 $\frac{1}{2}\times 6$을 계산하는 방법을 알아보시오.

- $\frac{1}{2}\times 6$에 알맞게 색칠하시오.

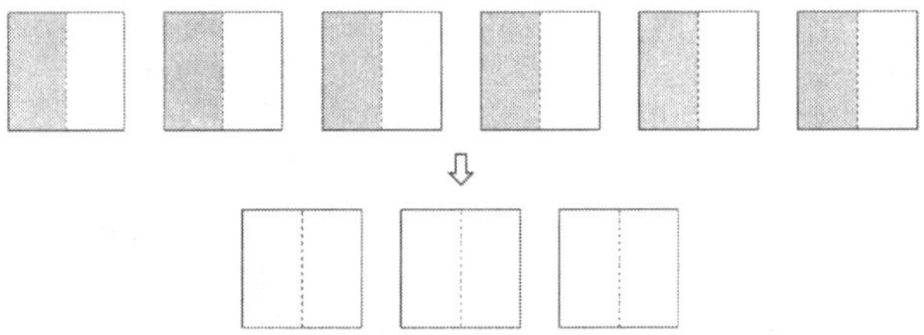

- 색칠한 것은 얼마입니까?
- $\frac{1}{2}\times 6$을 덧셈식으로 나타내고 계산하시오.

$$\frac{1}{2}\times 6=\frac{\square}{\square}+\frac{\square}{\square}+\frac{\square}{\square}+\frac{\square}{\square}+\frac{\square}{\square}+\frac{\square}{\square}=\square$$

- 다음을 계산하여 $\frac{1}{2}\times 6$의 값과 비교해 보시오.

$$\frac{1\times 6}{2}=\square$$

- $\frac{1}{2}\times 6$의 계산 방법을 알아보고 이야기해 보시오.

※분수의 나눗셈: 분수의 나눗셈에서는 '(자연수)÷(자연수)'에서 몫이 나누어떨어지지 않는 경우 몫을 분수로 나타내는 방법을 다룬다. 구체적 조작 활동을 통하여 나누어지는 수를 나누는 수만큼 등분할한 결과를 분수로 나타내는 과정에서 '(자연수)÷(자연수)'의 계산 원리를 이해하고, '(자연수)÷(자연수)'의 계산 결과를 분수로 나타내게 한다. '(자연수)÷(자연수)'의 계산 원리를 '(분수)÷(자연수)'로 확장한다. 구체적인 조작 활동을 통하여 '(분수)÷(자연수)'에서 자연수로 나누는 대신 $\frac{1}{(\text{자연수})}$을 곱하는 원리를 이해하게 하고, 이를 형식화하여 계산할 수 있게 한다. 또 실생활에서 '(분수)÷(자연수)'가 적용되는 경우를 찾아 문제를 해결하게 한다.

나누는 수가 분수인 나눗셈에서는 여러 가지 유형의 분수의 나눗셈을 다룬다. 실생활에서 분수 나눗셈이 활용되는 상황을 제시하여 분수 나눗셈의 의미를 이해하고, 구체물이나 수직선을 이용하여 나누는 수가 분수인 나눗셈의 계산 원리를 이해하며, 계산 형식을 익혀 능숙하게 계산할 수 있게 한다.

교과서 속의 수학: (진분수)÷(자연수)의 계산 원리 탐구

$\frac{1}{4}\div 2$를 계산하는 방법을 알아보시오.

- $\frac{1}{4}\div 2$를 분수의 곱셈으로 나타내어 보시오.
- $\frac{1}{4}\times\frac{1}{2}$은 얼마입니까?
- 그림을 보고 □ 안에 알맞은 수를 써넣으시오.

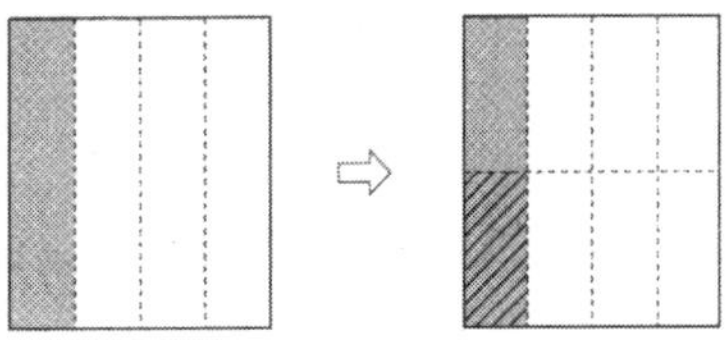

$$\frac{1}{4}\div 2=\frac{1}{4}\times\frac{\square}{\square}=\frac{\square}{\square}$$

- $\frac{1}{4}\div 2$를 계산하는 방법을 이야기해 보시오.

※소수의 덧셈과 뺄셈: 소수의 덧셈과 뺄셈에서는 소수 한 자리 수의 덧셈과 뺄셈, 소수 두 자리 수의 덧셈과 뺄셈 등을 다룬다. 먼저, 자리 수가 같은 소수의 범위에서 받아올림이나 받아내림이 없는 덧셈과 뺄셈을 다루고, 다음으로 받아올림이나 받아내림이 있는 경우, 자연수가 있는 소수의 경우, 자리 수가 다른 소수의 경우 등을 다룬다. 분모가 다른 분수의 덧셈과 뺄셈을 학습하기 이전이므로 소수의 덧셈과 뺄셈을 분수와 연결시키지 않고 소수의 자릿값의 원리를 이용하여 같은 자리의 수끼리 계산하게 한다.

※소수의 곱셈과 나눗셈: 소수와 자연수, 소수끼리의 곱셈은 소수를 분수로 고쳐서 분수의 곱셈을 계산하는 과정에서 계산 원리를 이해하고, 이를 형식화하여 계산하게 한다. '(자연수)÷(자연수)'에서 몫이 나누어 떨어지지 않는 경우 몫을 소수로 나타낸다는 것을 이해하고, 계산 형식에 따라 계산을 할 수 있게 한다. '(소수)÷(자연수)'의 경우 '(자연수)÷(자연수)'의 계산 원리를 확장하여 계산 형식에 따라 계산을 할 수 있게 한다. 나누는 수가 소수인 나눗셈은 먼저 소수를 분수로 고쳐서 분수 나눗셈으로 계산하는 과정에서 소수 나눗셈의 계산 원리를 발견하게 하고, 이를 일반화하여 소수 나눗셈을 능숙하게 계산하도록 한다.

교과서 속의 수학: (자연수)×(소수)의 계산 원리 탐구

2×0.7을 계산하는 방법을 알아보시오.

- 2×0.7을 분수의 곱셈으로 고쳐서 계산하시오.

$$2\times0.7=2\times\frac{\square}{10}=\frac{2\times\square}{10}=\frac{\square}{10}=\square$$

- 2×7과 2×0.7의 값을 비교해 보시오.

$$2\times7=14$$
$$2\times0.7=\square$$

$$\begin{array}{r} 2 \\ \times\ 7 \\ \hline 14 \end{array} \qquad \begin{array}{r} 2 \\ \times\ 0.7 \\ \hline \square \end{array}$$

- 위 계산에서 무엇을 알 수 있습니까?

- 0.7×2를 계산하시오.

- 2×0.7과 0.7×2의 값을 비교해 보시오. 무엇을 알 수 있습니까?

탐구문제 2

1. (가)는 분수 나눗셈에 대한 학생들의 대화 내용이고, (나)는 (가)의 은정의 질문에 대한 두 예비교사의 대화이다(2014학년도 임용 문제).

(가)

주원: 분수 나눗셈의 계산 원리를 모르겠어. $\frac{3}{7} \div \frac{4}{5}$는 $\frac{4}{5}$의 역수인 $\frac{5}{4}$를 $\frac{3}{7}$에 곱해서 $\frac{3}{7} \times \frac{5}{4} = \frac{15}{28}$로 계산하는 거잖아. 그런데 왜 나누는 수의 역수를 곱하는 거지?

은정: 두 분수의 분모를 같게 해보면 알 수 있어.

성호: ㉠ 곱셈과 나눗셈의 관계를 생각해도 알 수 있어. $\frac{3}{7} \div \frac{4}{5} = \square$라고 하면……

은정: 그것도 좋은 생각이네. 그런데 난 이 분수 나눗셈의 답이 이해되지 않아. ㉡ 나누었는데, 나누어지는 수인 $\frac{3}{7}$보다 더 큰 $\frac{15}{28}$가 어떻게 답이 될 수 있어?

(나)

예비 교사 A: 은정의 질문(㉡)에 실생활 예를 사용하여 답해주면 좋을 것 같아. 나눗셈을 설명하는 방법에는 '포함제'와 '등분제'가 있으니 그 예를 찾아 볼까?

예비 교사 B: ㉢ 분수 나눗셈에는 '등분제'가 적절하지 않아. 그리고 ㉣ 이 문제에는 '포함제'도 적절하지 않아. 그 이유는……

예비 교사 A: 그렇구나. 그럼 '비(ratio)' 개념을 이용해 볼까?

(1) ㉠에서 성호의 설명을 완성하시오. [1점]

- ______________________________

(2) ㉢과 ㉣의 이유를 각각 쓰시오. [2점]

- ㉢의 이유: ______________________________

- ㉣의 이유: ______________________________

1. 사칙계산의 유형

학교 수학에서 연산과 계산을 혼용하여 쓰는 경향이 있다. 그렇지만 엄격하게는 구분이 되는데, 연산은 두 대상 (a, b)가 있을 때 a, b를 결합하여 제3의 대상 c를 만들어 내는 조작(operation)을 말하고, 계산(computation)은 그 조작에 의하여 결과를 구하는 것을 말한다. 연산의 의미를 발달시키기 위하여 문장제를 활용하게 되는데, 사칙계산의 문장제를 그 의미에 따라 몇 가지로 구분할 수 있다.

덧셈에는 첨가 유형과 합병 유형이 있다. 첨가 유형은 하나의 부분에 다른 부분을 첨가해서 전체를 만드는 유형으로, 이 상황에는 물리적인 활동이 포함되어 있다. 합병 유형은 두 부분이 동시에 있는 것을 하나로 합쳐서 전체를 구하는 것으로, 한 대상의 무리를 두 부분(또는 그 이상)으로 나누면 전체는 이 두 부분의 합이 되는 상황이다.

뺄셈에는 구잔 유형과 구차 유형, 등화 유형이 있다. 구잔 유형은 전체에서 부분을 덜어내고 난 나머지를 구하는 것이다. 구차 유형은 두 양의 크기를 비교하여 어느 것이 얼마나 많은지, 적은지를 알아보는 것이다. 등화 유형은 두 양 사이의 차를 없애서 두 양을 갖게 하려는데 얼마의 양이 필요한지를 묻는 상황이다. 즉, 더 많은 양과 같게 만들기 위해서 적은 양에 얼마를 더해 주어야 하는지, 또는 적은 양과 같게 만들기 위해서 많은 양에서 얼마를 빼야 하는지를 결정하는 상황이다. 다음 표는 덧셈과 뺄셈의 의미에 따른 문장제의 예이다.

덧셈	첨가	경민이는 사탕 3개를 가지고 있다. 엄마가 경민이에게 사탕 2개를 더 주었다. 경민이가 가지고 있는 사탕은 모두 몇 개인지 구하여라.
	합병	왼쪽 주머니에 3개의 사탕이 들어있고, 오른쪽 주머니에 2개의 사탕이 들어있다. 경민이가 가지고 있는 사탕은 모두 몇 개인지 구하여라.
뺄셈	구잔	경민이는 5개의 사과를 가지고 있는데 2개를 먹었다. 남은 사과는 몇 개 인지 구하여라.
	구차	경민이는 빨간 구슬을 5개, 파란 구슬을 2개 가지고 있다. 경민이는 빨간 구슬을 파란 구슬보다 몇 개 더 가지고 있는지 구하여라.
	등화	경민이와 현환이가 축구 경기를 하는데 경민이는 2골을 넣었고, 현환이는 5골을 넣었다. 경민이는 몇 골을 더 넣어야 현환이와 득점이 같아지는지 구하여라.

곱셈에는 곱집합 유형, 동수누가 유형, 배 유형, 넓이 유형이 있다. 곱집합 유형은 두 집합 A, B에서 $a = n(A)$, $b = n(B)$일 때 두 수 a, b의 곱은 두 집합의 순서쌍으로 나타내는 곱집합의 원소의 수이다. 이 때 집합에 의한 정의는 자연수일 때만 가능하고, 유리수, 실수인 경우로 확장할 수는 없다. 동수누가 유형은 페아노 공리에 따른 정의에 의한 것으로 $a\times1 = a$,

$a \times b' = a \times b + a$(단, a, b는 자연수이고, b'는 b 다음의 수이다.)에서 두 번째 정의가 동수누가를 의미하며 자연수일 때만 가능하다. 이것은 (한 묶음 안의 수)×(묶음의 수)=(전체의 수)를 나타낸다. 배 유형은 자연수의 곱셈의 본질적 의미는 (기준량)×(배)=(전체량)을 의미하는 배의 개념이다. 배의 개념으로 곱셈을 도입하는 것은 곱셈의 본질적인 의미에 접근하게 되며, 곱셈 개념의 역사적 발생과 흐름을 같이한다고 볼 수 있다. 넓이 유형은 직사각형의 넓이를 구하는 유형을 의미한다.

나눗셈은 포함제 유형과 등분제 유형이 있다. 포함제(division)는 양의 크기를 일정한 단위로 측정하였을 때 얼마나 되는가를 묻는 것이다. 즉 포함제는 같은 양끼리 나누는 것이다. 등분제(partition)는 똑같이 나누어 주었을 때 몫이 얼마인가를 묻는 것이다. 즉 등분제는 다른 양끼리 나누는 것이다. 다음은 곱셈과 나눗셈의 의미에 따른 문장제의 예이다.

곱셈	곱집합	민이는 바지 3개와 점퍼 2개를 샀다. 바지 하나와 점퍼 하나를 선택하여 입는다면 민이가 입을 수 있는 바지와 점퍼의 쌍은 몇 종류인지 구하여라.
	동수누가	3개씩 들어 있는 사과상자가 모두 5개 있다. 사과의 수를 구하여라.
	배	경민이는 사과 5개를 가지고 있다. 환이는 경민이보다 4배를 더 가지고 있다. 환이가 가진 사과의 수를 구하여라.
	넓이	가로의 길이가 4 cm이고, 세로가 5 cm인 직사각형의 넓이를 구하여라.
나눗셈	포함제	토마토 12개가 있다. 4개씩 묶어서 묶음을 만들면 몇 개의 선물 꾸러미를 만들 수 있는지 구하여라.
	등분제	배 18개가 있다. 6명에게 배를 똑같이 나누어 줄 때 한 사람이 갖게 되는 배의 수를 구하여라.

탐구문제 3

1. 곱셈 상황에 맞는 문장제를 4가지 제시하여라.

2. 포함제와 등분제에 적합한 문장제를 각각 한 가지씩 제시하여라.

2. 여러 가지 방법으로 계산하기

계산은 수세기를 하거나 구체물을 이용하는 방법에서 발달해 왔으며, 학교에서 널리 사용하는 필산 알고리즘으로 형식화되었다. 요즈음에는 계산기와 같은 공학용 도구를 이용하여 계산을 편리하게 할 수 있게 됨으로써 학교 수학에서 계산에 대한 관점도 변화를 가져오게 되었다.

계산 방법으로는 일반적으로 암산, 어림산, 필산, 계산기를 이용한 계산 등이 있다. 계산 수업의 초점은 이러한 여러 가지 계산 방법이 상황에 적절히 사용되도록 하고, 이들 간에 균형이 유지되도록 하는 것에 있다. 즉, 문제의 답을 구하기 위하여 계산이 필요한 상황에서는 그 방법의 선택이 중요하다.

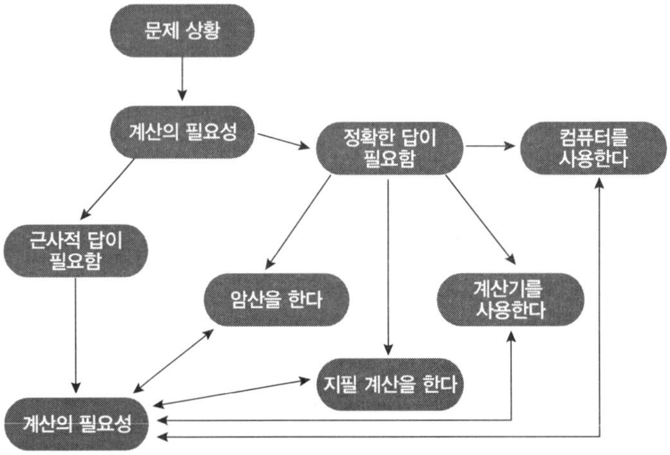

[그림] 상황에 맞는 계산 방법의 선택(NCTM, 1989, p. 9)

먼저 근사적인 답이 필요하다면 어림셈을 하면 된다. 그렇지만 정확한 결과가 필요하다면 그 상황에서 활용 가능한 적절한 방법을 선택해야 한다. 계산기를 활용할 수 있다면 편리할 것이다. 그렇지 않으면 암산을 하거나 필산을 해야 할 것이다. 학생들은 문제 상황에서 시작하여 계산을 하는 일련의 과정 동안 의사결정을 해야 한다.

다음 문제를 보고, 암산, 필산, 계산기를 이용한 계산중에서 어떤 계산 방법을 선택할 것인지 각자 선택해 보도록 하자. 그리고 그 결과를 이용하여 자신이 선호하는 계산 방법에 대해 생각해 보고, 자신이 선택한 방법보다 더 편리한 방법은 없는지 판단해 보자.

① 60×60

② $945\times1{,}000$

③ 450×45

④ $24\times5\times2$

⑤ $16{,}000\div2{,}000$

⑥ 450÷45

⑦ 4×15

⑧ 50×17×2

학생들은 필산 알고리즘을 배우기 전이라도 계산을 해야 할 상황이 주어지면 학교 밖에서 고안한 방법을 이용하여 계산을 한다. 예를 들어, 다음 문제를 제시해 보자.

■**문제:** 영수는 카드를 15장 모았고, 철수는 카드를 27장 모았다. 영수와 철수가 모은 카드는 모두 몇 장인지 구하여라.

학생들에게 문제와 함께 카드나 종이와 연필을 주고 답을 예상하여 적고, 왜 그런지 설명하도록 해 보면 다음과 같은 여러 가지 놀라운 결과를 얻을 수 있다.

① 15장과 27장의 카드를 모두 세어서 42장을 세었다.

② 카드를 10장씩 1묶음과 낱개 5장, 10장씩 2묶음과 낱개 7장을 만들고, 각각 더하여 10장씩 3묶음과 낱개 12장을 만들었다. 다시 낱개 12장을 10장 1묶음으로 바꾸어 10장씩 4묶음과 낱개 2장을 만들었다.

③ 10과 20을 합하면 30이고, 5와 7을 합하면 12이므로 42가 된다.

④ 15에 20을 더하면 35이고, 다시 7을 연이어 세면 42가 된다.

⑤ 27에 10을 더하면 37이 되고, 다시 5를 연이어 세면 42가 된다.

⑦ 15를 12로 만들고, 3을 27에 더해주면 30이 되므로 42가 된다.

학생들이 만들어낸 그들만의 계산 방법은 수세기를 바탕으로 형성되어 있다고 볼 수 있는데, 이 후에 필산 알고리즘이나 암산을 하는데 유용하게 이용될 수 있다.

한편, 여러 가지 계산 방법의 균형 있는 사용의 중요성과 학생들이 그들만의 다양한 계산 방법을 생각해 낼 수 있지만, 계산을 위해 학생들이 필산 알고리즘을 배우고 익히는 것은 중요하다. 필산 알고리즘을 가르칠 때에는 일반적으로 '문제 제시하기→여러 가지 방법으로 해결해 보기→구체물을 이용한 조작활동을 통하여 계산 원리 파악하기→조작 활동의 결과로부터 계산 방법 형식화하기'와 같은 순서로 지도하여 계산의 원리를 알고, 이를 형식화하도록 하는 것이 중요하다.

교과서 속의 수학: 뺄셈 지도 과정

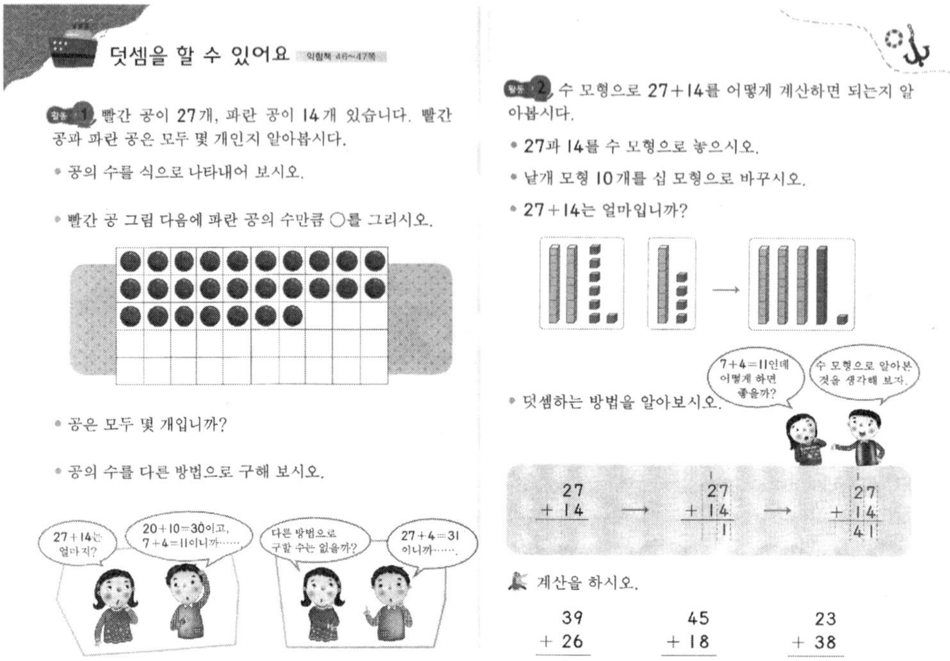
덧셈을 할 수 있어요

활동 1 빨간 공이 27개, 파란 공이 14개 있습니다. 빨간 공과 파란 공은 모두 몇 개인지 알아봅시다.

- 공의 수를 식으로 나타내어 보시오.
- 빨간 공 그림 다음에 파란 공의 수만큼 ○를 그리시오.
- 공은 모두 몇 개입니까?
- 공의 수를 다른 방법으로 구해 보시오.

활동 2 수 모형으로 27+14를 어떻게 계산하면 되는지 알아봅시다.

- 27과 14를 수 모형으로 놓으시오.
- 낱개 모형 10개를 십 모형으로 바꾸시오.
- 27+14는 얼마입니까?

- 덧셈하는 방법을 알아보시오.

$\begin{array}{r} 27 \\ +\ 14 \\ \hline \end{array} \rightarrow \begin{array}{r} 27 \\ +\ 14 \\ \hline 1 \end{array} \rightarrow \begin{array}{r} 27 \\ +\ 14 \\ \hline 41 \end{array}$

계산을 하시오.

$\begin{array}{r} 39 \\ +\ 26 \\ \hline \end{array} \quad \begin{array}{r} 45 \\ +\ 18 \\ \hline \end{array} \quad \begin{array}{r} 23 \\ +\ 38 \\ \hline \end{array}$

특히 계산이 필요한 상황에서 다양한 방법을 모색할 수 있는 분위기를 조성해 주는 것은 학생들이 그들의 사전 경험이나 아이디어를 바탕으로 각자의 계산 방법을 계발하도록 하고, 사고력과 유연성을 계발하여 알고리즘 발견의 배경 지식을 구성하도록 하는데 의의가 있다. 또한 십진블록과 같은 구체물을 이용한 구체적 조작활동과 그에 대한 반성의 과정을 통해 학생 스스로가 계산 원리를 발견하도록 하는 것이 중요하다.

탐구문제 4

1. 선생님은 두 자리 수의 뺄셈 42−27을 제시하였다. 세로셈을 이용한 알고리즘을 학습하기 전에 학생들이 이 전에 학습한 지식을 활용하여 해결할 수 있는 방법을 여러 가지 제시하여라.

3. 알고리즘이 만병통치약?

학생들에게 304−298이나 45×4와 같은 계산 문제를 제시하고, 어떤 방법으로 해결할 것인지 물어보도록 하자. 표준화된 알고리즘만을 고집하는 학생들은 세로셈으로 고쳐 쓰고, 알고리즘을 이용하여 계산할 것이다. 그렇지만 이런 유형의 문제는 암산으로 해결하는 것이 훨씬 쉬울 뿐만 아니라, 오류가 발생할 가능성도 적다.

최근에는 계산기와 같은 공학의 도움으로 손으로 힘든 계산을 할 필요가 많이 줄어들었다. 대신에 암산과 어림산과 같은 대체 방법의 가치가 높아지고 있다. 또한 계산 상황에서 학생들은 자신이 개발한 전략을 적용하여 문제를 해결할 수 있다. 학생들이 개발한 전략은 수의 의미를 바탕으로 이루어지며, 융통성이 있고, 계산절차도 지필 계산의 순서와 반대일 수 있다. 다음은 학생들이 문장제에 대하여 학생들이 제시할 수 있는 다양한 전략이다.

■**문제:** 민이는 색종이를 27장 가지고 있다. 그런데 오빠한테서 18장을 받았다. 민이가 가지고 있는 색종이는 모두 몇 장일까?

- 27+3은 30이고, 30+15는 45이다.
- 18+2는 20이고, 20+25는 45이다.
- 10+20은 30이고, 7+8은 15이므로 45이다.
- 27 다음에 10은 37이고, 8이 더 있으면 45이다.
- 27부터 세면 37, 38, 39, 40, 41, 42, 43, 44, 45이므로 45이다.

표준화된 알고리즘은 계산할 수의 자릿수가 증가하거나 계산이 복잡해질수록 유용하다. 그렇기 때문에 표준화된 알고리즘을 서둘러 가르칠 필요가 없으며, 학생이 스스로 만든 전략을 활용하도록 미뤄 두도록 하는 것이 좋은 방법이다. 표준화된 알고리즘을 너무 일찍 도입하면 학생들은 학생들이 융통성 있는 계산 방법을 찾으려 하지 않으며, 무조건 적용하려고 시도하게 된다. 표준화된 알고리즘은 '어떻게' 보다는 '왜 그런가?'에 초점을 두고, 표준화된 알고리즘도 여러 가지 계산 방법 중의 하나라는 것을 아는 것이 중요하다.

탐구문제 5

1. 경민이는 계산기를 이용하여 여러 가지 계산을 하던 중 123456789×9를 계산하려다가 8을 빠트리고 12345679×9를 계산하였더니, 결과가 111,111,111이 나왔다. 이러한 결과가 나오게 된 이유를 말해 보아라.

4. 난 이렇게 계산해

아이들이 뺄셈을 배울 때 받아내림이 있는 (두 자리 수)-(한 자리 수)의 계산 원리를 이해하는 것은 이 후의 받아내림이 있는 뺄셈의 원리를 이해하고 계산하는데 중요한 학습 내용이 된다. 그런데 아이들은 자신의 방법으로 계산을 하곤 한다. 다음의 식은 미진이가 (두 자리 수)-(한 자리 수)의 받아내림이 있는 뺄셈을 계산한 것이다. 미진이는 어떤 방법으로 뺄셈을 한 것일까?

$$\begin{array}{r} 52 \\ -\ \ 7 \\ \hline \textcircled{5} \\ 50 \\ \hline 45 \end{array} \qquad \begin{array}{r} 32 \\ -\ \ 9 \\ \hline \textcircled{7} \\ 30 \\ \hline 23 \end{array} \qquad \begin{array}{r} 32 \\ -19 \\ \hline \textcircled{7} \\ 20 \\ \hline 13 \end{array} \qquad \begin{array}{r} 42 \\ -18 \\ \hline \textcircled{6} \\ 30 \\ \hline 24 \end{array}$$

미진이는 (두 자리수)-(한 자리 수)의 뺄셈을 할 때 무조건 큰 수에서 작은 수를 빼고, 그 결과를 처리하는 방식으로 계산을 하고 있음을 알 수 있다. 만약 미진이가 우연의 결과가 아니라, 어떤 원리를 바탕으로 계산을 했다면 다음과 같이 가로 셈의 원리를 적용하여 계산했다고 판단할 수 있다.

$$\begin{aligned} 42-18 &= (40+2)-(10+8) \\ &= (40-10)+(2-8) \\ &= 30+(-6) \qquad \Rightarrow (-6)\text{을 } \textcircled{6}\text{으로 표현} \\ &= 24 \end{aligned}$$

미진이의 계산 방법은 이 문제 상황에서는 적용하는데 별 문제가 없어 보이지만, '음의 개념을 이해하고 있는지?', '과·부족의 상황으로 이해하고 있는지?'를 판단하기 어렵다. 또한 수가 커지면 이와 같은 계산 방법은 그 유용성이 줄어들게 되고, 적응력이 떨어지게 된다. 그렇기 때문에 감수와 피감수의 자릿수가 늘어나면 이 원리를 적용할 수 있다고 판단하기 어려워진다. 사칙계산의 원리를 발견하고 익히는 수학 수업에서는 필산의 원리를 발견하기 전에 여러 가지로 계산하는 방법을 탐구하는 과정을 통해 수학적 사고력과 문제해결의 유연성을 기르도록 하는 것이 좋다. 그렇지만 오래 시간에 걸쳐 형식화된 계산의 원리로 받아들여지는 필산을 이해하는 것은 학생들이 익혀야 할 필수 학습 내용이다.

탐구문제 6

1. 미진이의 방법으로 424−147을 계산해 보아라.

5. 잘못된 계산을 고치는 방법

받아올림이 있는 덧셈을 배우는 아이들 중에는 받아올림이 있는 덧셈의 알고리즘을 익히는데 어려움을 갖기도 한다. 이런 아이들은 다음과 같은 계산에서 오류를 보이기도 한다. 각각의 계산 과정에서 나타난 오류의 원인은 무엇인지 생각해 보자.

$$\begin{array}{r} 127 \\ +\quad 45 \\ \hline 577 \end{array} \qquad \begin{array}{r} 127 \\ +\quad 45 \\ \hline 1612 \end{array} \qquad \begin{array}{r} 127 \\ +\quad 45 \\ \hline 162 \end{array}$$

(한)　(민)　(국)

(한)은 더하는 수인 45를 450과 같이 백의 자리와 십의 자리에 맞추어 계산을 하였고, (민)은 받아올림의 수를 윗자리에 올리지 않고 별개의 수로 처리하여 계산을 하였다. 마지막으로 (국)은 받아올림이 있는 수를 고려하지 않았음을 알 수 있다. 이러한 오류는 수학 교실에서 흔히 발견할 수 있는 현상이다.

이와 같이 받아올림이 있는 덧셈을 하는데 나타나는 오류를 교정해 주기 위해서는 스스로 잘못된 계산 절차를 인식하고 교정하도록 이끌어 주는 것이 중요하다. 그러한 방법으로 $\begin{array}{r} 37 \\ +\ 8 \\ \hline 315 \end{array}$ 와 같은 오류를 범하는 아이들에게는 다음의 방법으로 스스로 오류를 찾아 고쳐보도록 지도하는 것이 좋다.

- 비형식적 절차를 통해 얻은 결과와 비교하기: 학생들은 계속세기 전략(37; 38, 39, 40, 41, 42, 43, 44, 45)을 이용해서 올바른 답을 얻는데 별 어려움을 갖지 않는다. 학생들은 이 답을 구한 후, 필산 알고리즘을 이용해서 얻은 답(315)과 비교함으로써 자신이 해결한 필산 알고리즘에 문제가 있다는 것을 알게 된다.
- 어림값과 비교하기: 학생들에게 잘못된 합과 어림값을 비교해 보게 한다. 예를 들면, 우표 37장에 8장을 더하면 얼마가 되는지 어림해 보게 한다.

- 알고 있는 형식적 절차의 결과와 비교하기: 이미 알고 있는 받아올림이 없는 여러 자리 수 덧셈 절차의 결과와 자신의 옳지 않은 받아올림/내림절차의 결과를 아이들에게 비교해 보게 한다. 오른쪽 식의 결과를 비교해 보면 41이 37보다 크기 때문에 37+8이 49보다 작아야 한다는 결론을 내릴 것이다.

$$\begin{array}{r} 37 \\ +\ \ 8 \\ \hline 315 \end{array} \qquad \begin{array}{r} 41 \\ +\ \ 8 \\ \hline 49 \end{array}$$

- 계산기의 계산 결과와 비교하기: 학생들이 계산기를 이용해서 자신의 계산결과를 확인해보게 한다.

탐구문제 7

1. 학생들이 범하는 오류의 유형을 몇 가지 제시하여라.

6. 그림이 말하는 수학

수학은 구체로부터 추상화 과정을 통해 얻어진 개념이나 원리를 기호화하고, 이를 일정한 틀로 만들어가는 형식화 과정을 통해 성장·발전해 왔다. 이와 같은 수학의 특징인 기호화와 형식성 때문에 많은 사람들은 수학을 수와 기호, 식으로만 구성된 학문이라고 생각하는 경향이 있다. 그런데 수학은 수와 기호, 식 외에도 그림을 이용하여 직관적으로 탐구할 수 있는 학문이기도 하다. 그림에 영감을 받아 수학 문제를 쉽게 해결한 예를 들어 보자.

수학의 황제라고 불리는 가우스(Gauss, C. F.; 1777-1855)는 일곱 살에 성 케서린 초등학교에 입학하였고, 그의 재능을 발견한 뷔트너 선생님을 만나게 된다. 가우스가 10살이 되던 해에 선생님은 1부터 100까지의 합을 구하라는 문제를 제시하였다. 가우스를 제외한 많은 학생들은 열심히 문제를 해결하느라 고생했지만, 가우스는 쉽게 해결을 하고 쉬고 있었다. 가우스는 오늘날 등차수열의 합을 구하는 공식을 유도할 때 사용하는 합의 대칭성을 이용한 것이다.

$$\begin{array}{l} 1 + 2 + 3 + \cdots + 98 + 99 + 100 \\ 100 + 99 + 98 + \cdots + 3 + 2 + 1 \end{array}$$

위 두 식의 합은 세로로 각 항을 더하면 101이 되고, 항의 수가 100개이므로 101×100이 된다. 따라서 1부터 100까지의 합은 101×50=5050이 된다. 그런데 이와 같은 대칭성을 이용한 문제해결의 실마리는 어디에서 얻었을까? 심리학자인 베르트하이머(Wertheimer, M.)는 가우스가 1부터 100까지의 합을 구하는 문제에 다음과 같은 과정으로 생각했을 것이라고 제시하고 있다.

> 집의 벽을 따라 계단을 만들고 있다. 그것은 19계단으로 이루어져 있다. 벽 맞은 편 쪽 계단의 끝에는 계단의 높이와 폭이 같은 정사각형 모양의 판지를 붙이기로 하였다. 목수는 그의 조수에게 판지를 사 오라고 하였다. 조수는 "판지를 몇 개나 사올까요?"라고 물으니, 목수는 "너 스스로 알아내도록 해"라고 대답하였다. 조수는 1+2=3; +3=6; +4=10; +5= …과 같이 헤아리기 시작하였다. 목수는 "너는 왜 머리를 쓰지 않니? 그것들을 일일이 헤아려야만 하니?"라고 비웃었다. 여러분이 조수였다면 어떻게 하시겠습니까?(Wertheimer, 1945; 矢田部達郎 (역), 1952, p. 119).

베르트하이머는 계단 판지의 모양을 큰 도형의 반으로 시각화하도록 제안하고 있음을 알 수 있다. 이 상황을 그림으로 표현하면 아래 그림과 같다.

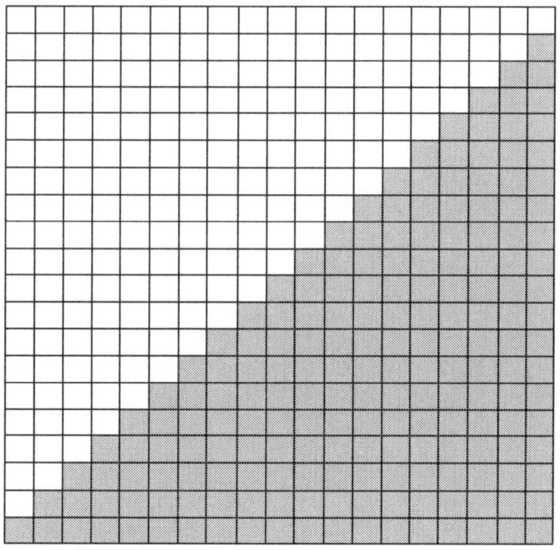

[그림] 등차수열의 합을 표현한 그림

가우스의 일화에서 알 수 있듯이, 그림은 수학 문제를 해결하는 중요한 수단을 제공하기도 한다. 다음에 제시한 예는 제곱수(1, 4, 9, 16, 25, 36, …)를 나타내는 그림을 이용하여 수들의 합을 구하는 것이다.

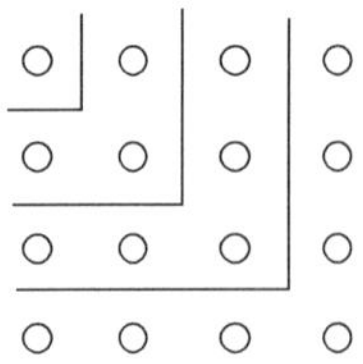

$1+3+5+7=16$

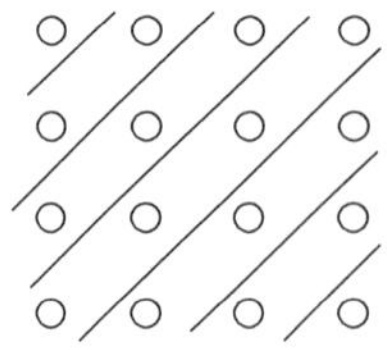

$1+2+3+4+3+2+1=16$

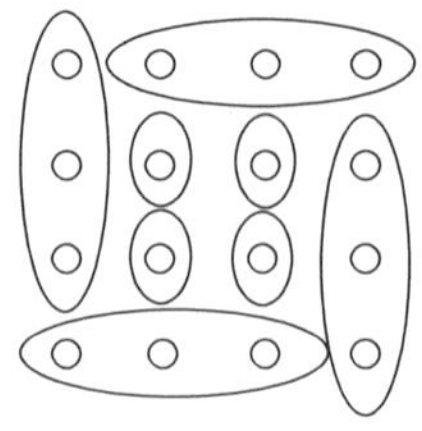

$1\times4+3\times4=16$

탐구문제 8

그림을 이용하여 다음 식의 합을 구하여라.

1. $1+3+5+7+9+11+\cdots+n$

2. $1+2+3+\cdots+n+(n-1)+\cdots+3+2+1$

3. $1\times4+3\times4+5\times4+\cdots+(2n-1)\times4$

7. 가우스 계산법의 활용

가우스가 1부터 100까지의 합을 구하는 공식을 유도할 때 사용한 방법은 수 구조의 대칭성을 이용한 것이다. 이 원리를 이용하여 다음 문제를 해결해 보자.

■**문제:** 210보다 작은 수 중에서 210과 서로소인 자연수는 모두 48개이다. 서로소인 자연수 48개의 합을 구하여라.

이 문제를 해결하는 가장 기본적인 방법은 210과 서로소인 자연수를 모두 찾아 더하는 방법이다. 여기서 서로소란 두 수의 공약수가 1뿐인 수를 의미한다. 210과 서로소인 수를 나열하면 1, 11, 13, 17, 19, ⋯이다. 그런데 이 문제를 해결하는데 가우스의 계산법이 활용될 수 있다. 이를 위해서는 다음과 같은 수의 성질을 알아야 한다(박지현 역, 2008).

'자연수 N과 N보다 작은 A에 대하여 N과 A가 서로소이면 N과 N−A도 서로소이다.'

왜냐하면, N과 A가 모두 소수 p로 나누어떨어진다면 N−A도 p로 나누어떨어지기 때문이다. 그런데 여기에서 주목할 것은 1에서 숫자가 커지는 방향으로 A번째 있는 수 A가 N과 서로소라면 N에서 작아지는 방향으로 A번째 있는 수(N−A)도 N과 서로소이다. 즉, 210과 서로소인 수를 나열해 보면

1, 11, 13, 17, ⋯, 193, 197, 199, 209

이고, 이를 거꾸로 쓰면

209, 199, 197, 193, ⋯, 17, 13, 11, 1

이 된다. 따라서 두 수열의 수들을 차례로 위, 아래로 더하면 모두 210이 48개 나오게 된다. 따라서 구하고자 하는 값은 210×48÷2=5040이 된다는 것을 알 수 있다.

이러한 가우스 계산 방법은 경제활동에도 이용되는데, 대표적인 것이 파생금융상품이라는 것이다. 파생금융상품이란 보유하고 있는 주식이나 채권의 가격 변동과 연동하는 '주가지수'를 사고파는 것이다. 예를 들어 어떤 주식에 100만원을 투자했다면 투자에 대해 손실을 볼 수 있다. 이때 '주가지수 선물'이라는 금융상품을 사게 된다. 이 상품은 주가지수를 사고파는 것으로, 지수가 떨어질 경우 하락 분을 받고, 오를 때에는 자신이 지불하는 것이다. 만약 주식의 가치가 떨어지면 주가지수와 주식의 가치는 같은 방향으로 이동하므로 주가지수 선물로 이득을 볼 수 있어 손해를 막는 것이다. 이 구조는 주가지수 선물과 주식 가치라는 두 가지의 가치를 이용하여 가우스 덧셈의 원리로 손해를 줄이려는 경제적인 노력인 것이다(박지현 역, 2008).

탐구문제 9

1. 24보다 작은 수 중에서 24와 서로 소인 수들의 합을 '자연수 N과 N보다 작은 A에 대하여 N과 A가 서로소이면 N과 N−A도 서로소이다.'를 이용하여 구하여라.

8. 손가락을 이용한 계산 방법

아이들은 학교에서 수학을 배우기 전에라도 생활에서 경험할 수 있는 다양한 방법을 이용하여 계산을 할 수 있다. 학교 수학을 배우기 전에 경험이나 직관적으로 알고 있는 지식을 '비형식적 지식(informal knowledge)'이라고 한다. 계산 학습에서는 형식적인 계산 학습 전에

비형식적 지식을 이용하여 계산 문제를 의미 있게 해결할 기회를 제공해 주어야 한다. 학생들이 비형식적으로 계산을 할 때 주로 이용하는 친숙한 사물은 손가락이다. 학생들은 손가락을 이용하여 계속 세기를 하면서 덧셈을 할 수 있고, 거꾸로 세기를 하면서 뺄셈을 할 수 있다(Baroody & Coslick, 1998).

손가락을 이용하여 5보다 큰 두 수의 곱셈 방법을 알아보자. 먼저 손바닥이 보이게 손을 펴고, 손가락을 마주보게 한다. 그리고 아래 그림과 같이 손가락에 번호를 부여한다.

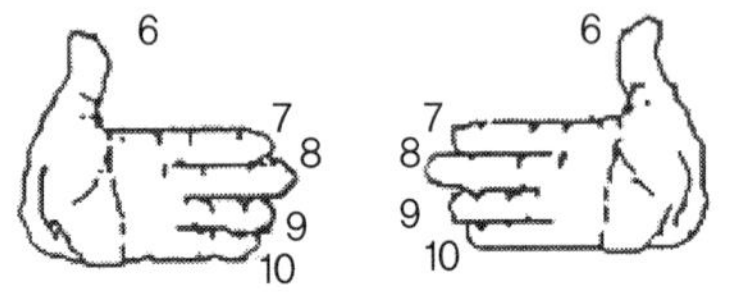

왼손에는 곱해지는 수를, 오른손에는 곱하는 수를 손가락에 부여된 수만큼 펴고 나머지는 굽힌다. 예를 들어 8×7과 같은 곱셈 문제를 해결하기 위해서, 왼손 "8"손가락까지, 오른손 "7" 손가락까지 펴고 나머지는 굽히고 맞닿게 놓는다.

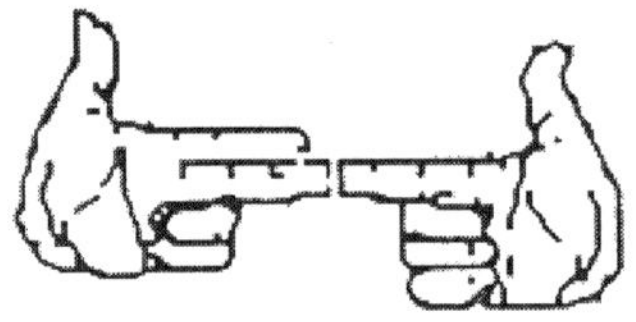

맞닿은 두 손가락을 포함해서 그 위쪽의 펴 있는 손가락을 10단위로 센다. 그리고 왼손에 굽혀 있는 손가락과 오른손에 굽혀 있는 손가락의 수를 곱한다. 마지막으로 두 수를 더해서 답을 구한다. 8×7은 펴있는 5개이므로 50과 굽혀있는 손가락이 2×3=6이므로 50+6=56이므로 8×7=56이다.

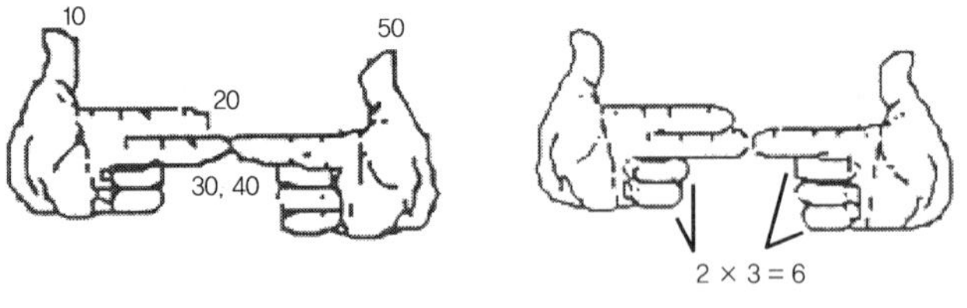

이러한 이유는 다음과 같다.

8×7=(5+3)×(5+2)=5×5+5×2+5×3+3×2=(5×3+5×3)+(5×2+5×2)+3×2=(10×3)+(10×2)+3×2으로 쓸 수 있다. 이 식과 손가락을 견주어 보면 (10×3)+(10×2)는 펴 있는 손가락 3개와 2개인 30과 20으로 나타나고, 3×2는 굽혀 있은 손가락 2개와 3개를 각각 곱한 결과로 나타남을 알 수 있다.

탐구문제 10

1. 손가락을 이용하여 곱셈 구구를 해 보아라.

9. 구거법으로 계산 결과를 확인하여라.

계산을 하기 전에는 어느 정도 값이 나올 것인가를 예상해보는 '어림'을 하고, 계산을 한 후에는 계산 결과가 맞는지를 확인하는 '검산'을 해보는 것이 좋다. 검산 방법에는 여러 가지가 있지만, 쉽게 할 수 있는 방법으로 구거법이 있다. 구거법은 각 숫자를 더한 후에 9를 제거하고 남은 수를 이용하여 계산 결과를 확인하는 방법이다. 다음의 덧셈의 예를 보자.

537	$5+3+7=15 \rightarrow 1+5=6$	$\downarrow$
+248	$2+4+8=14 \rightarrow 1+4=5$	$\Rightarrow 6+5=11 \rightarrow 1+1=2$
785	$7+8+5=20 \rightarrow 2+0=2$	

위의 계산에서 2=2이므로 계산 결과가 맞다. 다음으로 뺄셈의 예를 들어 보자. 만약 빼어지는 수가 빼는 수보다 작으면 빼어지는 수에 9를 더하여 계산하면 된다.

534	$5+3+4=12 \rightarrow 1+2=3$	$\downarrow$
−248	$2+4+8=14 \rightarrow 1+4=5$	$\Rightarrow (3+9)-5=7$
386	$3+8+6=17 \rightarrow 1+7=8$	

위의 계산에서 $7 \neq 8$이므로 계산 결과가 틀린 것이다. 이를 옳게 계산하기 위해서는 계산 결과가 286이어야 하고, 286은 2+8+6=16이고 1+6=7이므로 위의 계산 결과와 일치한다는 것을 알 수 있다.

탐구문제 11

1. 영수는 다음과 같이 계산을 하였다. 구거법을 이용하여 영수의 계산 결과가 옳은지, 틀린지 판정하여라.
   ① 154+278=422
   ② $17 \times 8=126$

10. 분수의 계산

분수의 계산은 분수에 대한 개념적 이해가 발달된 이후에 표준화된 알고리즘을 도입하도록 해야 한다. 학생들은 표준화된 알고리즘을 배우기 이전에라도 비형식적인 방법으로 분수의 덧셈을 할 수 있는 능력을 가지고 있다. 다음 문장제를 생각해 보자.

■**문제:** 경이와 민이는 같은 종류의 색종이를 한 장씩 가지고 있다. 그런데 미술 활동을 하고 난 후에 경이는 색종이의 $\frac{3}{4}$이 남았고, 민이는 색종이의 $\frac{7}{8}$이 남았다고 한다. 두 사람에게 남아 있는 색종이는 모두 얼마나 되는가?

학생들이 분수 개념을 잘 알고 있다면 이러한 문제에 다음과 같은 그림을 그리고, 그 결과 값을 구할 수 있을 것이다. 그림에서 보면 $\frac{3}{4}$은 $\frac{1}{4}$만 있으면 1이 되므로 $\frac{7}{8}$에서 $\frac{2}{8}$만 떼어내어 붙이면 $1\frac{5}{8}$가 된다는 것을 쉽게 알 수 있다.

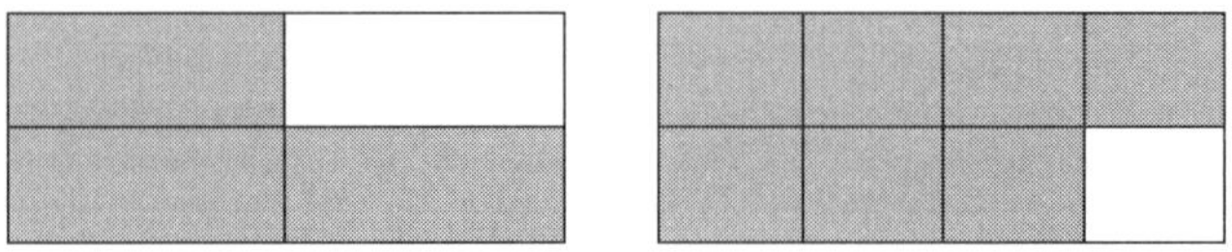

[그림] $\frac{3}{4}$과 $\frac{1}{8}$의 합 구하기

분수의 덧셈과 뺄셈에서는 통분이 중요한데, 통분은 분수의 단위 조작의 크기가 같아지도록 변형하는 과정으로 이해시키는 것이 좋다. 예를 들어 $\frac{1}{2}+\frac{1}{4}$을 계산하기 위하여 각 분수의 단위 조각의 크기를 알아보도록 하고, 두 분수의 단위 조각의 크기를 같게 하기 위하여 어떤 과정이 필요한가를 생각해 보도록 하는 것이 좋다.

분수의 곱셈에 대한 알고리즘을 발달시키기 위해서는 분수의 곱셈 상황을 충분히 탐구한 후에 하도록 한다. 다음 문제를 생각해 보자.

■**문제:** 민이는 $\frac{3}{4}$ m^2의 종이의 $\frac{2}{3}$만큼에 그림을 그렸다. 민이가 그린 그림의 크기를 구하여라.

이 문제를 해결하기 위하여 그림으로 나타내어 보면 다음과 같다.

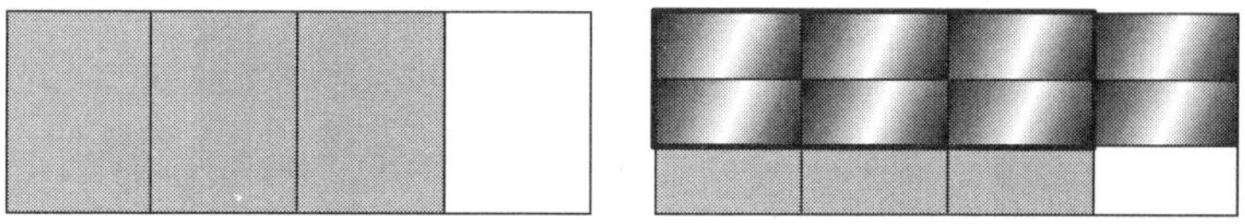

위의 그림은 먼저 $\frac{3}{4}$을 나타내고 그것의 $\frac{2}{3}$를 나타낸 것이다. 따라서 전체 $\frac{3}{4}$의 $\frac{2}{3}$를 의미한다. 그림에서 전체는 4×3조각이고, 부분은 3×2조각이다. 이를 식으로 나타내면 다음과 같다.

$$\frac{3}{4} \times \frac{2}{3} = \frac{\text{표시된 부분의 조각의 수}}{\text{전체 조각의 수}} = \frac{3\times 2}{4\times 3} = \frac{6}{12}$$

탐구문제 12

1. $\frac{3}{4}\times\frac{2}{3}$를 다른 그림을 이용하여 해결하는 방법을 제시하여라.

11. 분수의 나눗셈

분수의 나눗셈은 초등학교 수학에서 어려운 내용이다. Ma(1999)의 연구에 따르면, 현장 교사들의 경우에 분수 나눗셈에 대한 이해 정도가 낮으며, 알고리즘이 성립하는 이유를 모른 체 지도하는 경향이 있다고 한다. 일반적으로 분수의 나눗셈은 포함제 상황을 이용하지만, 등분제 상황도 가능하다.

먼저, 등분제 상황에 대한 문제를 해결해 보자.

- $2\frac{2}{3}$m의 끈을 3명에게 나누어 주려고 한다. 한 사람이 가질 수 있는 끈의 길이를 구하여라.
- 의자 3개를 만드는데 $1\frac{1}{4}$시간이 소요되었다. 의자 한 개를 만드는데 걸린 시간을 구하여라.
- 현이는 $3\frac{1}{3}$kg의 감자를 7000원에 샀다. 1kg당 감자의 값을 구하여라.

마지막 문제는 제수가 분수이므로 등분제에 맞지 않는 것처럼 보인다. 그러나 등분제가 하나당 얼마인가를 생각하면 쉽게 알 수 있다. 이 문제를 비형식적으로 해결해 보면 $3\frac{1}{3}$은 $\frac{1}{3}$이 10개이므로 7000원으로 $\frac{1}{3}$kg을 10개 살 수 있다. 따라서 $\frac{1}{3}$kg의 가격은 7000원의 $\frac{1}{10}$인 700원이 된다. 그런데 1kg은 $\frac{1}{3}$kg의 3배이어야 하므로 700원×3=2100원이 된다.

다음으로 포함제 상황에 대한 문제를 생각해 보도록 하자.

- 생일 선물을 포장하기 위해 6m의 끈을 $\frac{2}{3}$m의 끈으로 나누려고 한다. 모두 몇 개의 끈을 만들 수 있는지 구하여라.
- $2\frac{2}{3}\ell$의 물을 $\frac{2}{3}\ell$씩 병에 담으려 한다. 모두 몇 병이 필요한지 구하여라.

마지막 문제를 이용하여 분수 나눗셈 문제를 해결해 보자. $2\frac{2}{3}\ell$의 물을 $\frac{2}{3}\ell$씩 병에 담으면 $\frac{8}{3}\ell$의 물에 $\frac{2}{3}\ell$가 몇 번 들어가는가를 구하면 된다. 따라서 $\frac{8}{3}-\frac{2}{3}-\frac{2}{3}-\frac{2}{3}-\frac{2}{3}=0$에서 4임을 알 수 있다. 이 과정을 나눗셈 식으로 표현하면 $\frac{8}{3}\div\frac{2}{3}=\frac{8}{3}\times\frac{3}{2}=4$임을 알 수 있다.

탐구문제 13

다음 문제를 이중 수직선 모델을 이용하여 해결하여라.

[문제] 물통의 $\frac{3}{4}$만큼 채우는데 $\frac{2}{5}\ell$의 물이 필요하다. 물통에 물을 가득 채우려면 몇 ℓ의 물이 필요한지 구하여라.

12. 수학을 실행하는 여러 가지 방법

학생들은 다양한 탐구 활동과 사고 과정을 통하여 창의적으로 문제를 해결할 수 있어야 한다. 이를 위해 수학을 가르치는 교사는 학생들이 수학을 하는 동안 경험할 수 있고, 학생들에게서 발현될 수 있는 다양한 사고의 길을 생각해 볼 필요가 있다. 학생들이 제시하는 문제해결 방법은 정답일수도 오답일 수도 있고, 문제해결 과정에서 효율성 면에서 차이가 있을 수도 있다. 여기에 수학을 통하여, 수학을 하는 과정에서 학생들이 제시할 수 있는 여러 가지 문제해결의 예를 생각해 보자.

첫째, 수학을 배움으로써 학생들은 수학적 사고의 경제성과 효율성을 경험할 수 있다. 다음 문제를 생각해 보자.

■ **문제 1:** 홀수의 합 1+3+5+7+⋯+99를 구하여라.

[방법 1] 직접 하나씩 수를 늘려가며 홀수의 합을 구해 보자. 1+3=4, 4+5=9, 9+7=16, ⋯, 이 과정을 계속하면 1+3+5+7+⋯+99=2500이다. 이 경우에 문제의 답을 정확히 찾을 수 있지만, 문제해결의 과정은 힘들고 인내가 요구된다. 아마도 학생들은 그 답을 찾기 위하여 대단한 끈기를 가져야만 할 것이다.

[방법 2] 계속되는 홀수의 합에서 나타나는 결과에서 규칙을 발견해 보자.

1=1, 1+3=4, 1+3+5=9, 1+3+5+7=16, 1+3+5+7+9=25, ⋯, 홀수가 하나씩 늘어남에 따라 그 합의 결과는 1, 4, 9, 16, 25, ⋯로, 이 수를 다시 고쳐 쓰면 1×1, 2×2, 3×3, 4×4, 5×5, ⋯로 나타난다는 것을 알 수 있다. 그러면 이러한 합의 결과를 이용하여 1+3+5+7+⋯+99를 구하는 문제에 적용하면 50×50=2500임을 알 수 있다. 이러한 결과는 문제 상황을 그림으로 표현해 봄으로써 더 쉽게 확인할 수 있다.

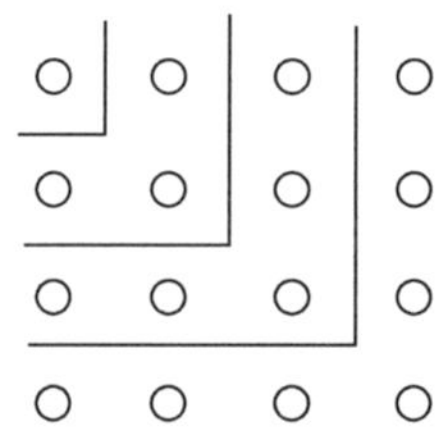

둘째, 학생들은 수학을 배우는 과정에서 올바른 생각을 통하여 정답을 발견할 수도 있지만, 잘못된 생각으로 오답에 이를 수도 있다. 수학에서는 약속된 사실을 충실히 따르면서 수학적인 방법으로 문제를 해결해야 한다. 다음 문제를 생각해 보자.

■ **문제 2:** 분모가 다른 분수의 합 $\frac{1}{2}+\frac{2}{3}$를 구하여라.

[방법 1] 분모가 다른 분수의 합을 구하려면 각각의 부분의 크기가 같아야 한다. 따라서 분수 $\frac{1}{2}$과 $\frac{2}{3}$의 부분의 크기를 같도록 하기 위하여 크기가 같은 분수를 각각

구하면 $\frac{1}{2}=\frac{2}{4}=\frac{3}{6}=\frac{4}{8}=\cdots$, $\frac{2}{3}=\frac{4}{6}=\frac{6}{9}=\frac{8}{12}=\cdots$이다. 그러므로 $\frac{1}{2}+\frac{2}{3}=\frac{3}{6}+\frac{4}{6}=\frac{7}{6}$이 된다.

[방법 2] 어제 농구장에 갔는데 갑동이 선수가 자유투를 전반전에 2개를 던져 1개를 후반전에는 3개를 던져 2개를 넣었다. 따라서 전체로 보면 5개를 던져 3개를 넣은 셈이 되므로 $\frac{1}{2}+\frac{2}{3}=\frac{3}{5}$이 된다. 그렇지만 이 방법은 수학적으로 받아들여지지 않는 오답이다. 비율 상황으로는 적절한 상황이지만, 이것을 분수의 덧셈과 뺄셈으로 표현하는 것은 수학 식에서 오류를 나타내기 때문이다.

셋째, 수학을 탐구하는 사고의 방법에는 귀납추론을 통하는 방법과 연역추론을 통하는 방법이 있다. 두 가지 추론은 수학을 탐구하는 사고 방법으로 유용하다. 그렇지만 초등학생들에게는 완전한 연역 추론이 어려우며, 귀납 추론이 적절한 경우가 많다. 일반적으로 연역추론은 일반적인 경우에 성립하는 원리나 법칙이 알려져 있을 때, 그것을 이용하여 특수한 경우에 성립하는 것을 유도하는 사고이다. 그리고 귀납추론은 개개의 특수 사실로부터 그것들에 공통된 보편법칙이나 성질을 추출해 내는 사고이다.

■**문제 3:** 어떤 두 자연수를 더하고 곱해서 얻은 두 수를 더하여라. 이때 얻을 수 없는 50 이하의 최대의 수를 구하여라.

[방법 1] 문제를 귀납적 방법으로 해결하는 방법을 생각해 보자. 이 문제를 처음 접하면 임의의 두 수를 생각하고 이 두 수를 더하고 곱해서 얻은 수를 더하는 과정으로 찾아보는 방법이 자연스런 사고 과정이다. 좀 더 구체적으로 귀납적 사고 과정으로 통해 먼저 1, 1에서부터 시작하여 차례로 수를 바꾸어 계산하고, 그 결과로 얻은 수를 제거해 간다. 그러면 46이라는 답을 얻게 될 것이다.

[방법 2] 문제를 연역적 방법으로 해결하는 방법을 생각해 보자. 두 수와 이들 사이의 연산 결과를 대수적 방법을 이용하기 위해 두 수를 a, b라고 하면 두 수를 문제의 조건에 맞도록 식 $a+b+ab$로 표현할 수 있다. 그러면 얻을 수 있는 수는 $a+b+ab=(a+1)(b+1)-1$이므로 1보다 큰 두 자연수의 곱보다 1작은 수는 얻을 수 있다. 따라서 50이하의 수 중에서 얻을 수 없는 최대의 수는 1보다 큰 두

자연수의 곱으로 표현할 수 없는 소수 47보다 1 작은 46이 됨을 알 수 있다.

넷째, 수학을 탐구하는 사고 방법에는 직관적 사고를 통하는 방법과 논리적 사고를 통하는 방법이 있다. 일반적으로 논리적 사고는 인과관계라는 입장에서 전제로부터 결론을 이끌어 내는 사고이다. 논리적 사고 과정은 분석적이고 단계적이며, 선행하는 명제에서 후속 명제를 정당한 추론으로 이끌어내는 사고이다. 그리고 직관적 사고는 즉각적으로 사고 대상의 전체를 감지할 수 있는 사고이다.

■**문제 4:** 우리 바둑 연구소에 한 명이 더 들어와 게임 수가 전보다 8게임이 늘어났다. 현재는 회원의 수가 몇 명인지 구하여라.

[방법 1] 회원의 수가 2, 3, 4, 5, …명일 때 게임의 총 수를 계산하여 앞의 총 게임 수에 바로 뒤의 총 게임 수의 차가 8일 때 세기를 중단한다. 이러한 방법을 이용하면 현재는 회원의 수는 8명임을 알 수 있다. 또는 회원의 수가 2, 3, 4, 5, …명일 때 게임의 총 수를 계산하여 총 횟수의 규칙을 살펴보면 역시 현재는 회원의 수는 8명임을 알 수 있다.

[방법 2] 문제 상황을 다시 생각해 보면 현재의 회원 수가 8명임을 간단히 알 수 있다. 예를 들어 새로 회원이 들어와서 게임 수가 전보다 8번이 늘어 났다는 것은 새로 들어 온 회원의 입장에서 보면 기존의 회원들과 한 번씩 게임을 한 횟수만큼 그 수가 늘어났다는 것을 의미하기 때문에 현재는 회원의 수는 8명임을 알 수 있다.

앞에 제시한 몇 가지 방법은 문제해결의 경제성과 효율성, 또 어떤 방법은 문제해결의 결과의 옳고 그름으로 측면에서 차이가 있다. 그렇지만 모든 풀이 과정은 학생들이 수학을 탐구하는 과정에서 나타날 수 있는 소중하고 값진 경험이 된다.

탐구문제 14

바둑돌을 다음 조건에 맞도록 배열한다고 하자.

(1) 바둑돌은 가로로 서로 붙어있어야 한다.

(2) 위층의 바둑돌은 반드시 아래층 바둑돌 2개와 붙어있어야 한다.

위의 조건에 의하면 아래와 같은 경우는 잘못된 경우이다.

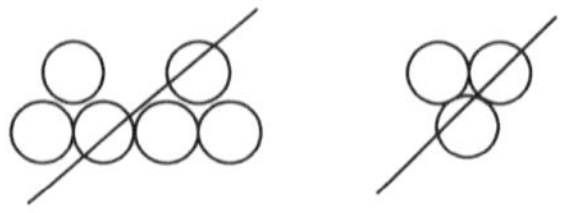

1. 다음 표는 바둑돌이 1-4개일 때 조건에 맞게 배열하는 서로 다른 방법을 찾은 것이다. 바둑돌 5개를 배열하는 서로 다른 방법을 아래 빈칸에 그림으로 나타내고 가짓수를 구하여라.

개수	서로 다른 방법	가짓수
1		1
2		1
3		2
4	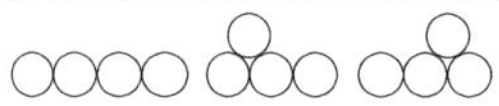	3
5		

2. 바둑돌 6개를 배열하는 서로 다른 방법은 몇 가지인지 예측해보아라. 또, 가능한 경우를 그림으로 나타내어 자신의 예측이 맞는지 확인해 보아라.

3. 바둑돌 7개를 배열하는 서로 다른 방법은 몇 가지인지 예측해 보아라. 또, 가능한 경우를 그림으로 나타내어 자신의 예측이 맞는지 확인해 보아라.

4. 바둑돌이 6개일 때, 7개일 때 예측한 것이 맞았는가? 바둑돌이 점점 많아질 때 조건에 맞게 배열하는 방법이 몇 가지인지 귀납적으로 예측할 수 있는가? 이 예측이 옳은지 설명할 수 있는가?

탐구문제 정답

∴ 탐구문제 1

1. (1) 곱셈과 나눗셈의 관계
   (2) ㉡ 분배법칙 ㉢ 236(7+20)
   (3) 37, 38, 39

∴ 탐구문제 2

1. (1) $\frac{3}{7} \div \frac{4}{5} = \square \rightarrow \frac{3}{7} = \square \times \frac{4}{5}$
   $\rightarrow \square = \frac{3}{7} \times \frac{5}{4}$
   (2) 제수가 자연수가 아니므로 $\frac{4}{5}$로 똑같이 나누는 상황을 생각할 수 없다.
   나누는 수(제수)가 크기 때문에 똑같이 덜어내기 상황을 생각할 수 없다.

∴ 탐구문제 3

1. 생략
2. 생략

∴ 탐구문제 4

1. 42에서 22를 먼저 빼면 20이다. 20에서 남은 5를 빼면 답은 15이다.
   27에서 42까지 세어 가면 답은 15가 된다.
   42=35+7이므로 7을 먼저 빼고 나서 20을 빼면 15이다. 등

∴ 탐구문제 5

1. 111,111,111 = 100,000,000+10,000,000+1,000,000+100,000+10,000+1,000+100+10+1
   = (99,999,999+1)+(9,999,999+1)+(999,999+1)+(99,999+1)+(9,999+1)+(999+1)+(99+1)+(9+1)+1
   = (99,999,999+9,999,999+999,999+99,999+9,999+999+99+9)+9
   = (11,111,111+1,111,111+111,111+11,111+1,111+111+11+1)×9+9
   = 12345678×9+9=(12345678+1)×9=12345679×9

∴ 탐구문제 6

1. 생략

∴ 탐구문제 7

1. 학생들의 오류는 규칙적인 오류와 실수에 의한 오류로 구분할 수 있다. 규칙적인 오류로는 덧셈을 해야 하는 상황에 뺄셈을 적용하는 것과 같이 다른 연산을 사용하는 오류, 2+3=6으로 하는 것과 같은 기초적인 계산 사실을 기억 못하여 발생하는 오류, 잘못된 알고리즘을 적용하는 경우 등이 있다. 그리고 실수에 의한 오류는 여러 개의 비슷한 계산 과정에서 일관되게 발생하지 않는 오류를 의미한다.

∴ 탐구문제 8

1. n^2 2. n^2 3. n^2

∴ 탐구문제 9

1. 1, 5, 7, 11, 13, 17, 19, 23과 이 수들을 거꾸로 쓰면 24×8÷2=96이다.

∴ 탐구문제 10

1. 생략

∴ 탐구문제 11

1. ① 1+5+4=10 → 1, 2+7+8=17 → 8, 1+8=9 → 0
   4+2+2=8이므로 틀린 답이다.
   ② 1+7=8, 8×8=64 → 10 → 1
   1+2+6=9 → 0이므로 틀린 답이다.

∴ 탐구문제 12

1. 다음과 같이 그림으로 표현하여 나타내면 $\frac{3}{4} \times \frac{2}{3} = \frac{6}{12}$임을 알 수 있다.

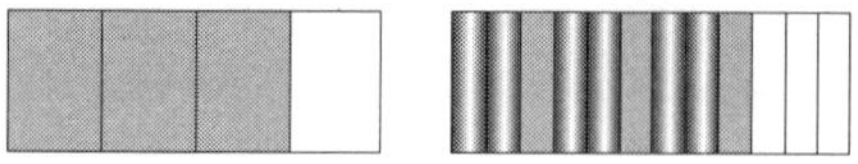

∴ 탐구문제 13

1. 다음과 같이 그림으로 표현하여 구할 수 있다.

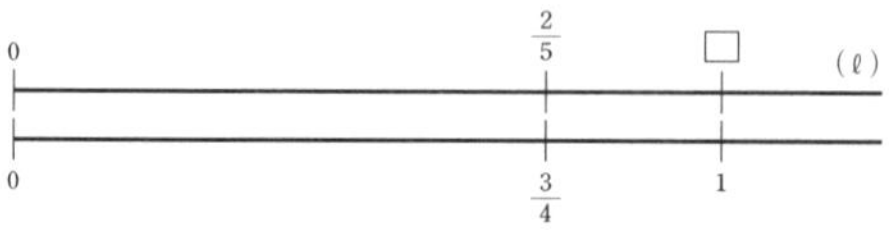

$\frac{3}{4}$만큼이 $\frac{2}{5}\ell$이므로 $\frac{1}{4}$만큼이 $\frac{2}{15}\ell$이다. 따라서 1만큼은 $\frac{8}{15}\ell$가 된다. 이것을 나눗셈으로 표현하면 $\frac{2}{5}\times\frac{4}{3}=\frac{8}{15}$이 된다.

∴ 탐구문제 14

1. 5가지

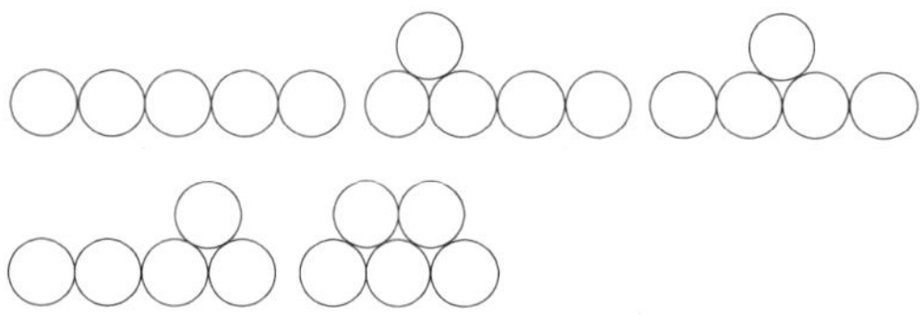

2. 8가지
3. 12가지
4. 바둑돌이 6개까지는 피보나치 수열과 같이 방법의 수가 나타나지만, 7개에서는 13가지가 아니라, 12가지이다. 즉 주어진 문제의 답이 피보나치 수열의 수만큼 나타날 거라는 예측은 실패한다.

제4장

도형 영역의 이해와 탐구

기하학은 영원히 존재하는 것들에 대한 지식이다.

– 플라톤(Plato)

수학이란 진리만을 다루는 가장 논리적인 학문이다.

– 유클리드(Euclid)

□ 초등학교에서 도형 지도 내용과 과정

※도형 지도 방향: 어린 아이들은 도형의 전체적인 모습을 관찰하는 것에서부터 도형의 세부적인 특징과 성질을 관찰하는 순으로 학습을 한다(Small, 2012). 따라서 초등학교 수학에서는 입체도형에 대한 시각적·직관적 탐구를 시작으로 평면도형에 대한 시각적·직관적 탐구가 이루어진다. 즉, 평면도형과 입체도형의 특징과 성질을 분석하고 도형간의 관계에 대해 수학적으로 탐구한다.

※입체도형과 평면도형의 기초: 입체도형의 지도에서는 실생활에서 볼 수 있는 물건, 자연, 건축물 등을 관찰하여 여러 가지 입체도형의 모양을 직관적으로 인식하며, 그 중 직육면체, 원기둥, 구의 모양을 찾게 한다. 이때 직육면체, 원기둥, 구의 예가 되는 모양과 예가 되지 않는 모양을 다양하게 다룰 수 있다.

평면도형의 지도에서는 추상적인 도형보다는 생활 주변의 사물을 관찰하는 것을 통해 직관적으로 모양을 인식하고 그 특징을 파악하게 한다. 이를 위해서 학생들이 생활 주변에서 쉽게 접하는 입체도형을 통해 평면도형을 자연스럽게 도입하는 것이 적절하다. 즉 실생활에서 쉽게 볼 수 있는 물건, 자연, 건축물에 포함된 평면도형의 모양을 직관적으로 관찰하거나 직접 구체물을 본뜨는 활동을 통해 여러 가지 평면도형의 모양을 인식하게 한다. 이때 사각형, 삼각형, 원의 예가 되는 모양과 예가 되지 않는 모양을 다양하게 다루어 볼 수 있다.

교과서 속의 수학: 입체도형과 평면도형의 도입

, ,  **모양의 이름을 정해 봅시다.**

모양	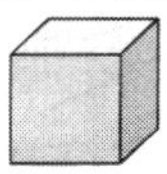		
내가 정한 이름			
우리 반이 정한 이름			

교실에서 ■, ▲, ● 모양을 찾아 같은 모양끼리 모아 봅시다.

■, ▲, ● 모양의 이름을 정해 봅시다.

	■	▲	●
내가 정한 이름			
우리 반이 정한 이름			

■, ▲, ● 모양을 찾아 말해 봅시다.

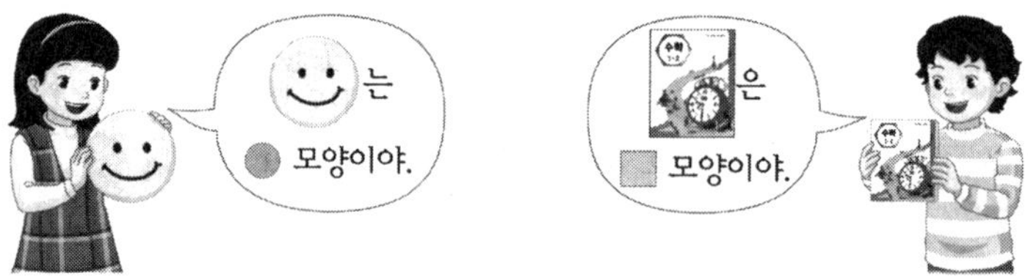

※평면도형: 평면에 있는 물체의 모양에서 삼각형, 사각형, 원의 모양을 추상화하여 이해하게 한다. 삼각형과 사각형의 구성 요소로서 꼭짓점과 변을 알게 하고, 평면도형에서 이를 찾게 하며, 점에 기호를 붙여 꼭짓점과 변을 나타내고 읽을 줄 알게 한다. 이때 삼각형과 사각형에서 꼭짓점과 변에 해당하는 점과 선분의 개수를 세는 활동을 통하여 공통점과 차이점을 발견하게 한다. 그리고 삼각형, 사각형에서 각각의 공통점을 찾아 말하고, 이를 일반화하여 오각형, 육각형을 구별하여 이름 짓게 한다.

교과서 속의 수학: 오각형과 육각형

만든 모양을 알아봅시다.

모양	△	□	⬠	⬡
변의 수				
꼭짓점의 수				

- ⬠과 ⬡을 무엇이라고 할까요?

- 왜 그렇게 생각했나요?

※삼각형: 삼각형의 지도에서는 삼각형을 변의 길이에 따라 분류해 보거나 삼각형의 변의 길이를 재어 보는 활동을 통하여 세 변 중 두 변의 길이가 같은 삼각형이 이등변삼각형, 세 변의 길이가 모두 같은 삼각형이 정삼각형임을 알게 한다. 그리고 여러 가지 삼각형 중에 직각을 가진 삼각형을 모아 그 공통된 특징을 알아보게 함으로써 직각삼각형을 이해하게 하고, 실생활에서 직각삼각형을 찾아보게 한다. 또 예각과 둔각의 이해를 바탕으로 예각삼각형과 둔각삼각형으로 분류하게 한다.

※사각형: 사각형의 지도에서는 여러 사각형 중에 직각을 가진 사각형들을 모아 그 공통된 특징을 알아보게 하며, 직각의 개수와 변의 합동 관계에 따라 직사각형과 정사각형으로 구분할 수 있게 하고, 실생활에서 직사각형과 정사각형을 찾아보게 한다. 여러 가지 사각형의 공통된 성질을 인식하여 사다리꼴, 평행사변형, 마름모, 직사각형, 정사각형의 개념을 알게 한다.

다각형의 정의를 알고, 다각형 중 변의 길이가 모두 같은 다각형이 정다각형임을 이해하며, 삼각형이나 사각형도 다각형의 한 종류임을 이해하게 한다. 구체적인 조작 활동을 통해 다각형의 성질을 파악하게 한다. 다각형에서 이웃하지 않은 두 꼭짓점을 이은 선분을 대각선이라 함을 알게 하고, 다각형의 대각선의 수를 알아보게 한다. 여러 가지 사각형의 대각선을 그어 보게 하고, 대각선의 길이, 두 대각선이 만나서 이루는 각의 크기 등을 알아보게 함으로써 대각선의 간단한 성질을 이해하게 한다.

※선분, 직선, 반직선: 생활에서 찾을 수 있는 물건이나 현상으로부터 선분과 직선, 반직선을 이해하고, 점에 기호를 붙여 선분과 직선, 반직선을 나타내고 읽을 수 있게 한다. 선분과 직선, 반직선에 대한 이해를 바탕으로 그 모양을 그릴 수 있게 한다.

※각, 직각: 생활에 있는 구체물이나 활동을 통해 직관적으로 각과 직각을 이해하게 한다. 이때 건물이나 물체의 모난 부분을 관찰하는 것, 부채를 접었다 폈다하면서 모양을 변화시켜 보는 것 등을 통해 직관적으로 각을 이해하게 할 수 있다. 이를 기초로 각을 추상화하여 도형으로 볼 수 있도록 하고, 각의 구성요소인 각의 꼭짓점과 각의 변을 알고, 이를 찾아보게 한다. 또한 생활 주변에서 각과 직각을 찾아보게 하고, 직각을 기준으로 예각과 둔각을 이해하게 한다.

※수직, 수선: 생활에서 쉽게 볼 수 있는 사물이나 건물 등에서 수직인 곳과 수직이 아닌 곳을 관찰하여 그 차이점이 무엇인지 알아보는 활동을 통해 수직의 의미를 직관적으로 이해한 후, 평면에서 두 직선이 만날 때 이루어지는 각이 직각인 경우를 통해 수직과 수선을 정의한다. 삼각자를 이용하여 직선 위의 점이나 직선 밖의 점을 지나 주어진 직선에 대하여 수직인 직선 즉, 수선을 그릴 수 있게 한다.

※평행, 평행선: 생활에서 쉽게 볼 수 있는 사물이나 건물 등에서 평행인 곳과 평행이 아닌 곳을 관찰하여 그 차이점이 무엇인지 알아보는 활동을 통해 평행의 의미를 직관적으로 이해한 후, 한 직선에 대하여 수직인 서로 다른 두 직선은 평면상에서 아무리 늘여도 만나지 않는다는 것을 직관적으로 알게 함으로써 평행과 평행선을 정의한다. 삼각자를 이용하여 평행선을 그려 보게 하고, 평행선을 찾게 한다. 평행선 사이의 수직인 선분의 길이로 평행선 사이의 거리를 정의하고 평행선 사이의 거리를 측정하게 하며 한 직선과 주어진 거리만큼 떨어져 있는 평행선을 긋는 방법을 알게 한다.

※도형의 이동: 간단한 평면도형의 밀기, 뒤집기, 돌리기는 공간적 대상의 정신적 이미지를 구성하고 변환하는 능력을 신장함과 동시에 이후에 학습하게 될 합동과 대칭을 이해하는 데 기초가 된다. 처음에는 구체물, 그림, 평면도형 등을 직접 밀기, 뒤집기, 돌리기를 통해 그 변화를 관찰하게 하고, 익숙해지면 직접 해보기 전에 어떤 모양이 될지 추측하게 한 후 직접 해보고 확인하게 함으로써 공간 추론을 경험하게 한다. 돌리기의 경우 회전 방향에 대해서는

시계 방향, 시계 반대 방향 등의 용어와 회전의 크기에 대해서는 반 바퀴, 반의 반 바퀴 등 친숙한 용어들을 사용할 수 있다. 모양이 같은 여러 장의 도형이나 무늬 카드를 준비하여 제시된 카드의 모양이 되도록 만들게 하는 활동, 제시된 모습대로 몸을 움직여서 만드는 활동, 똑같은 몇 개의 정사각형들로 만들 수 있는 서로 다른 모양이 몇 개인지를 밀기, 뒤집기, 돌리기 등을 이용하여 알아보는 활동 등 여러 가지 방법으로 이동에 대한 감각을 기르게 한다.

교과서 속의 수학: 도형의 이동

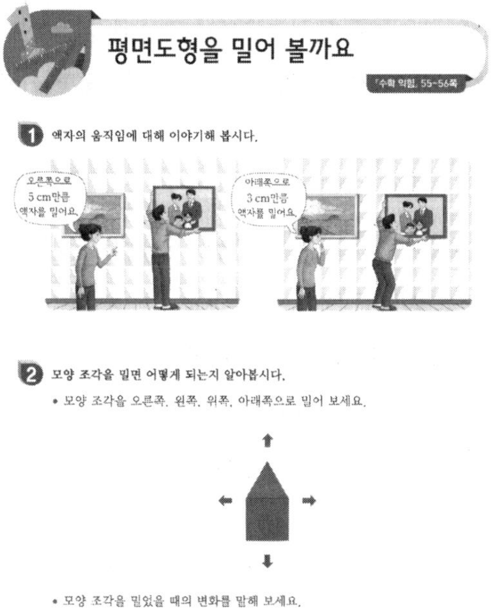

평면도형을 밀어 볼까요

『수학 익힘』 55~56쪽

1 액자의 움직임에 대해 이야기해 봅시다.

2 모양 조각을 밀면 어떻게 되는지 알아봅시다.

- 모양 조각을 오른쪽, 왼쪽, 위쪽, 아래쪽으로 밀어 보세요.
- 모양 조각을 밀었을 때의 변화를 말해 보세요.

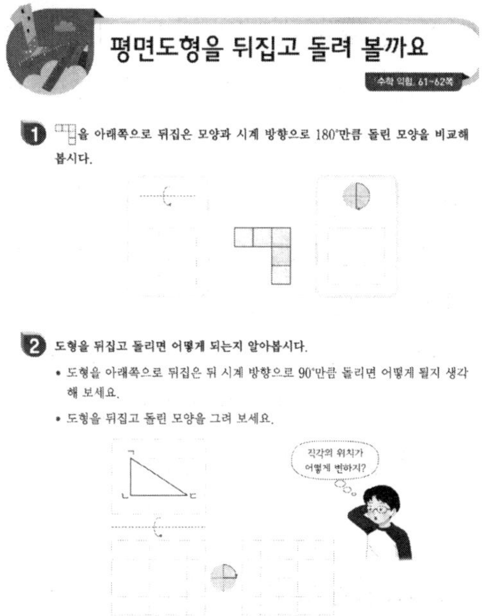

평면도형을 뒤집고 돌려 볼까요

『수학 익힘』 61~62쪽

1 ▭을 아래쪽으로 뒤집은 모양과 시계 방향으로 180°만큼 돌린 모양을 비교해 봅시다.

2 도형을 뒤집고 돌리면 어떻게 되는지 알아봅시다.

- 도형을 아래쪽으로 뒤집은 뒤 시계 방향으로 90°만큼 돌리면 어떻게 될지 생각해 보세요.
- 도형을 뒤집고 돌린 모양을 그려 보세요.

※원: 원의 지도에서는 실생활의 물건이나 현상 중에서 원 모양을 찾아보고, 원의 공통된 특징으로 중심이 있다는 것과 중심에서 원 위의 점까지의 거리는 모두 같다는 사실을 알아보게 하여, 이것이 각각 원의 중심, 원의 반지름임을 알게 하며, 지름과 반지름의 관계도 알게 한다. 컴퍼스 사용 방법을 익히고, 컴퍼스를 사용하여 원을 이용한 여러 가지 모양을 그려 보게 함으로써 원에 대한 이해를 깊게 할 뿐만 아니라 아름다운 무늬를 통해 수학의 심미적인 측면도 경험하게 한다.

※합동: 합동의 지도에서는 실생활에서 여러 가지 모양이나 연속적으로 배열된 무늬를 제시하고 모양과 크기가 같아서 완전히 포개어지는 것을 찾아보게 함으로써 합동의 의미를

직관적으로 이해하게 한다. 다음으로 여러 가지 삼각형과 사각형 중에 모양과 크기가 같아서 완전히 포개어지는 삼각형과 사각형을 찾아보게 한 후, 삼각형과 사각형의 본을 떠서 겹쳐 보는 활동을 통하여 합동인 도형을 식별하게 한다. 합동인 두 도형에서 대응점, 대응변, 대응각을 알게 하고, 대응변의 길이와 대응각의 크기가 같음을 알게 한다.

※대칭: 대칭의 지도에서는 실생활에서 쉽게 볼 수 있는 물건이나 무늬, 동식물, 건축물, 조형물 등을 살펴봄으로써 대칭의 의미를 직관적으로 이해하게 한다. 사람, 물건, 글자, 점 등을 거울에 비쳐 보는 활동, 데칼코마니나 여러 가지 모양을 반으로 접는 활동 등 다양한 구체적 조작 활동을 통해 선대칭도형과 대칭축의 의미를 알게 한다. 특히 여러 가지 물체나 점을 거울에 비쳤을 때 나타나는 상을 관찰하는 활동은 도형의 대칭에 대한 기초 경험을 제공할 뿐만 아니라, 공간 감각을 길러 줄 수 있다.

선대칭도형에서 대응점, 대응변, 대응각을 찾아보고, 대응변의 길이와 대응각의 크기가 같고 대칭축은 대응점을 이은 선분을 수직이등분한다는 성질을 알게 한다. 선대칭 도형의 성질을 이용하여 선대칭도형의 나머지 부분을 그릴 수 있게 한다.

바람개비, 태극무늬 등 다양한 도형에서 도형의 한 점을 중심으로 180° 회전하여 겹쳐보게 하는 등 구체적 조작 활동을 통해 점대칭도형과 대칭의 중심의 의미를 알게 한다. 점대칭도형에서 대응점, 대응변, 대응각을 찾아보고, 대칭의 중심은 대응점을 이은 선분을 이등분하고,

교과서 속의 수학: 선대칭 도형과 대칭축

접었을 때 완전히 겹쳐지는 도형을 찾아보시오. 준비물 1쪽

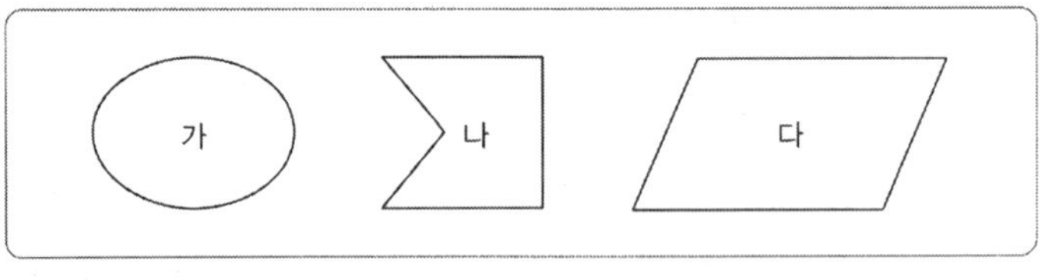

- 접었을 때 완전히 겹쳐지는 도형은 어느 것이라고 생각합니까?

- 도형을 여러 가지 방법으로 접어 보시오.

- 도형이 완전히 겹쳐지도록 접을 수 있는 선을 모두 찾아 그어 보시오.

대응변과 대응각의 크기가 같다는 성질을 알게 한다. 점대칭도형의 성질을 이용하여 점대칭도형의 나머지 부분을 그릴 수 있게 한다.

※직육면체와 정육면체: 구체물이나 교구를 활용하여 직육면체와 정육면체의 정의를 알게 하고, 구성요소인 꼭짓점, 면, 모서리가 무엇인지 알게 한다. 직육면체와 정육면체에서 꼭짓점, 모서리, 면의 수를 알아보고, 직육면체와 정육면체의 관계를 알게 한다. 또한 직육면체나 정육면체에서 면의 평행과 수직에 대해서 알아보고, 평행인 면과 수직인 면을 찾아보게 한다.

직육면체와 정육면체의 겨냥도를 이해하고, 겨냥도를 그리는 방법을 알고 그리게 한다. 직육면체와 정육면체의 전개도를 이해하고, 전개도를 그리는 방법을 알고 그리게 하며, 전개도에서 평행인 면과 수직인 면을 찾게 한다. 이 때 상자를 직접 잘라보거나 다양한 교구 등을 이용해서 만든 직육면체와 정육면체를 평면으로 펼쳐보는 활동을 통해 직육면체와 정육면체의 전개도를 직관적으로 이해하고, 하나의 도형에 대해서 여러 가지 전개도가 있음을 알고 그려보게 한다.

※각기둥과 각뿔: 실생활의 다양한 물건을 관찰하여 각기둥과 각뿔을 직관적으로 인식하고, 각각 그 공통 성질을 알아내어 각기둥과 각뿔의 의미를 이해하게 하고, 구성요소를 알게 한다. 평행인 면과 수직인 면을 찾아보는 것을 통해 각기둥에 대한 이해를 깊게 하며, 꼭짓점, 모서리, 밑면의 모양 등의 특징을 알아보는 것을 통해 각뿔의 성질을 알게 한다. 각기둥의 모서리를 잘라 펼쳐보는 활동을 통해 각기둥의 전개도를 이해하고, 그릴 수 있게 한다. 전개도에서 평행인 면, 수직인 면, 맞닿은 면을 찾고, 전개도를 접어서 각기둥을 만들어 보는 활동을 통해 각기둥에 대한 이해를 깊게 한다.

교과서 속의 수학: 각기둥의 전개도

활동 1 사각기둥 모양인 상자의 모서리를 잘라서 펼쳐 보시오.

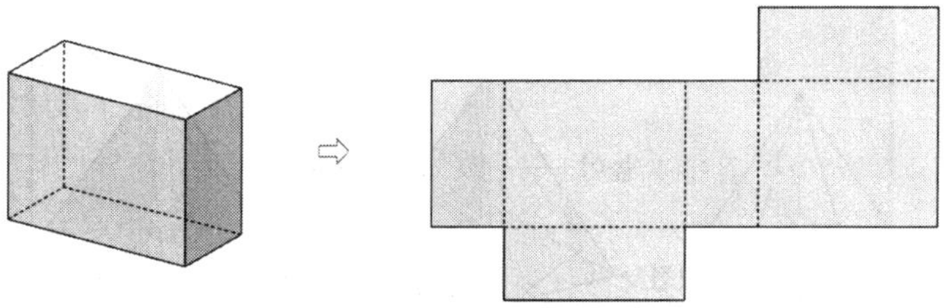

- 상자의 모서리를 잘라서 펼쳐 보시오.
- 상자를 펼쳤을 때의 모양을 살펴보시오.
- 상자를 처음 모양으로 접을 때 서로 만나는 선분끼리 표시하시오.

도형의 이름 각기둥의 모서리를 잘라서 펼쳐 놓은 그림을 각기둥의 전개도라고 합니다.

※원기둥과 원뿔: 실생활에서 쉽게 접할 수 있는 여러 가지 물건, 건축물 등을 관찰하여 원기둥과 원뿔을 직관적으로 인식하고, 여러 가지 입체도형에서 원기둥과 원뿔을 찾아내어 각각의 공통 성질을 알아봄으로써 원기둥과 원뿔의 의미를 이해하게 하고, 원기둥의 밑면, 옆면, 높이와 원뿔의 꼭짓점, 옆면, 밑면, 모선, 높이 등 구성요소를 알게 하며, 원기둥과 원뿔의 여러 가지 성질을 찾아보게 한다. 원기둥의 모형을 잘라 펼쳐보는 활동을 통해 원기둥의 전개도를 이해하고, 원기둥의 전개도를 찾을 수 있게 한다.

※쌓기나무: 입체도형의 구조를 파악하는 활동으로 쌓기나무로 만든 입체도형을 보고 사용된 쌓기나무의 개수를 구하게 한다. 이 때 입체도형을 평면에 나타낸 모양만을 보고 입체도형의 구조를 완전히 파악할 수 없는 경우도 있기 때문에 사용된 쌓기나무의 개수를 구할 때 학생들에게 구조를 추측하게 하고 의사소통하게 한다. 입체도형의 구조를 파악하는 다른 방법

교과서 속의 수학: 쌓기나무로 쌓은 모양을 보고 전체 모양을 알기

쌓기나무로 쌓은 모양을 위, 앞, 옆에서 본 그림입니다. 물음에 답하시오.

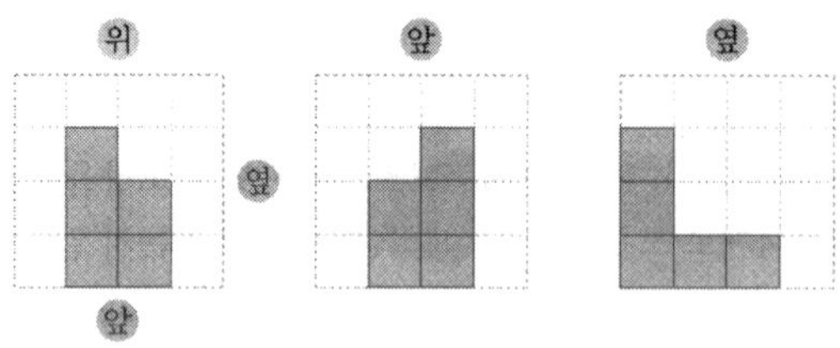

- 위에서 본 그림을 보고 1층을 쌓아 보시오.
- 앞과 옆에서 본 그림을 보고 더 필요한 곳에 쌓기나무를 쌓아 보시오.
- 전체 모양을 쌓기 위해 필요한 쌓기나무는 모두 몇 개입니까?

으로 쌓기나무로 만든 입체도형을 위, 앞, 옆에서 본 모양으로 표현할 수 있게 하고, 위에서 본 모양의 각 칸 위에 쌓여 있는 쌓기나무의 개수를 적는 방법으로 표현할 수 있게 한다. 역으로 어떤 입체도형을 위, 앞, 옆에서 본 모양으로 표현한 것이나 위에서 본 모양의 각 칸 위에 쌓여 있는 쌓기나무의 개수를 적는 방법으로 표현한 것에서 그 입체도형의 모양을 알 수 있게 한다. 이는 입체도형을 평면도형으로 표현하는 것과 평면도형으로 표현된 것을 보고 입체도형의 구조를 파악하는 활동이다.

탐구문제 1

1. (가)는 패턴블록(pattern block)을 설명한 것이고, (나)는 수학 교구 활용과 관련하여 교사들이 나눈 대화의 일부이다. 물음에 답하시오(2017학년도 임용 문제)

(가)

패턴블록은 정삼각형, 정사각형, 평행사변형, 마르모, 사다리꼴, 정육각형 모양의 조각을 모아 놓은 것이다. 사다리꼴의 아랫변을 제외하면 모양의 조각을 모아 놓은 것이다. 사다리꼴의 아랫변을 제외하면 모든 도형의 변의 길이는 동일하고, 사다리꼴의 아랫변의 길이는 다른 변의 길이의 2배이다. 모든 도형의 한 각의 크기는 150°, 120°, 90°, 60°, 30°중 하나이다.

정삼각형	정사각형	평행사변형	마름모	사다리꼴	정육각형
		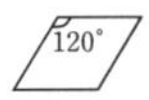		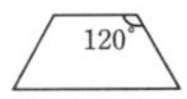	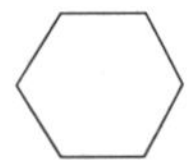

(나)

김 교사: 학교수학은 학생의 발달 수준을 고려하여 지도해야 합니다. 초등학교에서는 개념을 먼저 (㉠)(으)로 이해하도록 지도하지요. 교구를 활용한 구체적 조작 활동은 대상을 보고 (㉠)(으)로 사고하는 데 도움이 됩니다. 교구를 활용한 수업 사례에 대해 이야기해 봅시다.

최 교사: 저는 패턴블록을 사용하여 합동인 모양을 만드는 활동을 하게 했어요. 그런데 한 학생이 [그림 1], [그림 2]와 같이 서로 합동인 두 모양을 만들고 이를 이용해서 ㉡ <u>패턴블록의 정사각형 1개의 넓이에 대한 마름모 1개의 넓이의 비</u>를 바로 구하더군요.

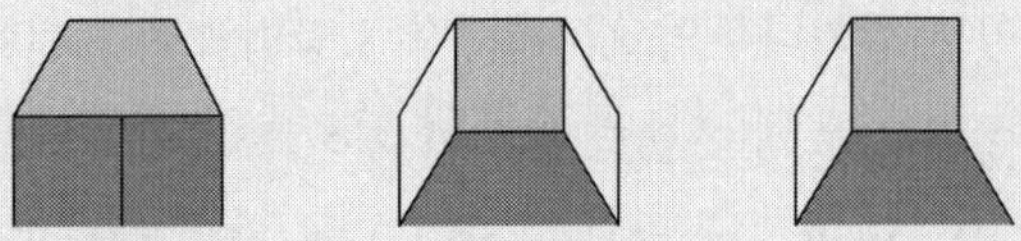

[그림 1]　　　[그림 2]　　　[그림 3]

이 교사: 저는 [그림 2]와 같은 모양을 만들고 이 모양이 육각형임을 설명해 주었는데, 어떤 학생이 ㉢ [그림 2]에서 마름모 1개를 빼낸 [그림 3]과 같은 모양도 육각형인지 묻더군요.

윤 교사: 저는 '(자연수)−(분수)'를 지도하면서 패턴블록을 이용해 보았어요. 평행사변형 1개의 크기를 $\frac{2}{3}$로 하여 [그림 4]의 왼쪽 모양에서 오른쪽 모양을 빼는 것으로 뺄셈식 [　　㉣　　]을/를 설명해 주었더니 학생들이 쉽게 이해하더군요.

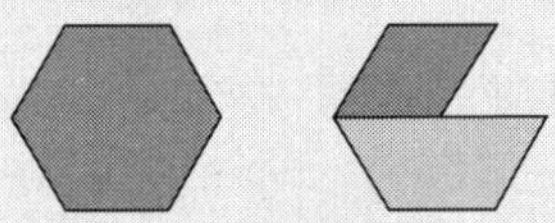

[그림 4]

(1) 다음은 2015 개정 수학과 교육과정 1~2학년군 '도형' 영역의 학습 내용 성취기준의 일부이다. (나)의 ㉠과 다음의 ⓐ에 공통으로 들어갈 말을 쓰시오. [1점]

② 평면도형과 그 구성 요소

[2수 02-03] 교실 및 생활 주변에서 여러 가지 물건을 관찰하여 삼각형, 사각형 원의 모양을 찾고, 그것들을 이용하여 여러 가지 모양을 꾸밀 수 있다.

[2수 02-04] 삼각형, 사각형, 원을 (　　ⓐ　　)(으)로 이해하고, 그 모양을 그릴 수 있다.

(2) (나)의 ① ㉡을 쓰고, ② ㉢이 육각형인지 아닌지를 그 이유와 함께 쓰시오. [2점]

- ㉢의 이유: ______________________

- ㉣의 이유: ______________________

(3) (나)의 ㉣에 들어갈 알맞은 뺄셈식을 쓰시오. [1점]

- ______________________

1. 수학은 예술과 한 가족

인류의 역사를 통해 수학은 인간의 예술적 행위에 많은 영향을 주었다. 아주 오랜 옛날에 구석기인들은 특정 개념을 가지고 있지 않았기 때문에 벽이나 동굴에 매우 사실적인 그림을 그려 '보이는 대로' 표현을 하였다. 목축과 농경의 신석기 시대로 접어들면서 사계절의 구분과 같은 추상적인 개념의 인식으로 인해 그림은 구석기 시대에 비해 추상적이 되었고, '아는 대로' 그리게 되었다(계영희, 2008).

사후 세계에 대해 많은 생각을 하면서 영혼불멸의 사상을 가졌던 이집트인들은 현실의 짧은 순간보다 죽은 후의 영원한 세계를 중시하여 죽은 자를 위한 미술을 추구하였다. 이집트 벽화에 나타난 신과 파라오, 귀족에는 가슴이 정면을 향하는 정면성의 원리를 적용하였는데, 이들은 눈에 보이는 것보다는 몸의 특징을 잘 나타낼 수 있도록 표현함으로써 신체의 각 특징이 나타나도록 그린 것이다.

시간이 흘러 중세의 평면적인 그림에서 벗어나, 사실적이고 입체적인 생동감이 있는 그림을 그리려는 화가들에 의해 사영기하학은 빛을 보게 된다. 르네상스 시대(1350년부터 1550년까지의 시기)의 화가들은 투시화법을 이용하여 새로운 화풍을 만들었는데, 투시화법은 평행한 두 직선이 계속 나아가다가 지평선에서 만나는 소실점을 이용하여 입체감 있고 사실적으로 표현하는 기법이다. 이러한 기법은 미술의 발달만이 아니라 공간에 대한 생각을 바꾸게 해주었고, 17세기 뉴턴의 운동의 문제해결에도 영향을 주었다.

수학적으로 데자르그(Desargues, 1593–1662)는 고정된 위치에서 바라보는 관찰자에게는 하나의 도형으로 나타나지만, 무수히 많은 평면으로 투영하면 다양한 도형으로 나타나는데, 투사의 변화 과정에서 변하지 않는 성질을 연구하는 사영기하학의 이론적 체계를 세웠다. 르네상스 시대에 화가들에 의해 사영기하학이 나타났지만, 기하학적 도형의 사영적 성질이 체계화되지 못하다가 1789년 프랑스 대혁명 이후에 건축과 토목에 활용되는 입면도, 평면도, 측면도와 같은 개념을 다루는 화법기하학이 나타나고, 화법기하학은 19세기에 퐁슬레(Poncelet, 1788–1867)에 의해 사영기하학으로 이론적 체계를 갖추게 되었다.

17세기는 수학사적으로 미적분학의 발명, 해석기하학, 확률론과 같은 새로운 학문이 등장하였다. 특히 운동과 에너지, 힘과 같은 물리학의 문제를 해결하기 위하여 수학을 도구로 활용하다가 미분 개념을 창안한 것과 같이 동적인 수학이 태동하였다. 17세기 미술에서는 자연을 탐구하고 관찰하여 사실적이고 풍요롭게 묘사하였다. 유럽의 17–8세기 미술 사조는 바로크, 로코크 등으로 분류되지만, 모두 활기차고 역동적인 사실주의를 표방하고 있다. 예를 들어 17세기

바로크 미술가 루벤스(Rubens, 1577–1640)의 작품은 감상자의 시선을 고정하지 않고, 대각선을 따라 움직이도록 하여 역동적으로 표현하고 있다. 18세기 말의 신고전주의는 이전의 미술에 비해 조화롭고 안정적인 느낌을 주며, 고전주의 양식을 따르고 비례를 중요시하였다.

19세기의 유럽 세계는 전통적인 생각과 관습에 얽매이지 않는 자율성을 추구하였는데, 이것이 수학과 미술에도 영향을 끼쳤다. 19세기 수학은 '수학의 본질은 자유'라는 표현이 걸맞게 무한을 다룬 집합론이 타나나게 되었다. 이러한 수학은 미술에도 영향을 끼쳐 점묘화가 등장하게 되었다. 최초의 점묘화가인 쇠라(Seurat, 1859–1891)는 선으로 긋던 방식에서 벗어나, 점을 찍어 점들의 집합이 사람이나 나무를 표현하였다.

20세기에 수학에는 위상수학(topology)이 나타나는데, 위상수학이란 '고무막 위의 기하학'으로 연속함수에 의해 점이 점으로 옮겨지는가만을 주요 문제로 다룬 기하학이다. 이러한 위상기하학은 미술에 원근법의 부정과 고정관념의 파괴라는 새로운 미술을 만들어 내게 되었다. 대표적으로 피카소를 들 수 있다(계영희, 2008).

탐구문제 2

1. 풍선에 선분을 그리고 바람을 불어 넣으면 선분이 커지게 된다. 풍선에 바람을 불어 넣기 전과 불어 넣은 후에 변한 것과 변하지 않은 것을 도형의 성질 면에서 제시하여라.

2. 황금비와 실용비

황금비는 선분 분할로 정의할 수 있는데, 아래 그림에서 '전체 길이 : 긴 길이=긴 길이 : 짧은 길이'를 만족하는 분할의 비를 황금비라 한다. 그리고 황금비에 의한 분할을 황금분할이라고 한다. 여기서 $x = \frac{\sqrt{5}+1}{2}$ 이고, 약 1.618정도 된다.

피타고라스학파는 정오각형의 한 대각선이 다른 대각선에 의해 분할될 때 생기는 두 부분의 길이의 비가 황금비가 됨을 발견했다고 한다. 그래서 피타고라스학파는 정오각형으로 만들어진 별을 그들의 상징 마크로 만들어 가슴에 달고 다녔다고 한다. 황금비는 아름다움과 조화를 나타내는 것으로 옛날부터 미술, 공예, 건축 등에 널리 활용되어 왔다. 예를 들어, 카드의 가로와 세로의 비는 각각 8.6cm와 5.35cm로 대표적인 황금비를 적용한 예이다. 19세기에 독일의 심리학자인 구스타프 페흐너(Fechner)는 많은 사람들이 의식하지는 못하지만, 황금 직사각형을 좋아한다는 것을 발견하였다고 한다(Bennett, Burton & Nelson, 2012). 또, 사람의 배꼽의 위치가 사람의 몸 전체를 황금분할하고, 어깨의 위치가 배꼽 위의 상반신을, 무릎의 위치가 그 하반신을, 코의 위치가 어깨 위의 부분을 각각 황금 분할할 때 가장 조화롭고 아름답다고 한다.

그런데 종이의 경우에 큰 종이에서 재단을 하여 작은 종이를 만들 때 가로와 세로의 비가 적절하여 보기가 좋아야 하고, 반으로 나누어 가는 과정에서 그 모양이 변하지 않아야 한다. 이러한 조건을 만족하는 비는 얼마일까?

아래 그림과 같이 직사각형의 긴 부분을 반으로 접어도 원래의 직사각형과 모양이 똑같은 직사각형이 되게 하려고 한다. '큰 변의 길이:짧은 변의 길이'는 얼마로 해야 하는가? 두 직사각형 중 짧은 변의 길이를 세로라고 하고 그 길이를 1이라고 하자. 그리고 긴 변의 길이를 가로로 하고, 가로의 길이를 x라 하자. 그러면 $x : 1 = 1 : \frac{x}{2}$에서 $x = \sqrt{2}$ 이다.

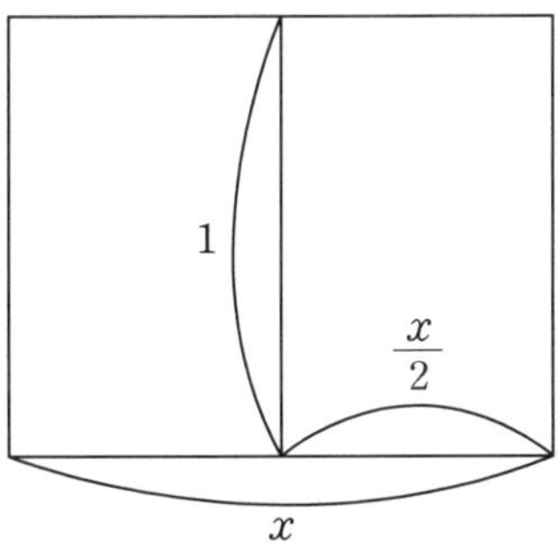

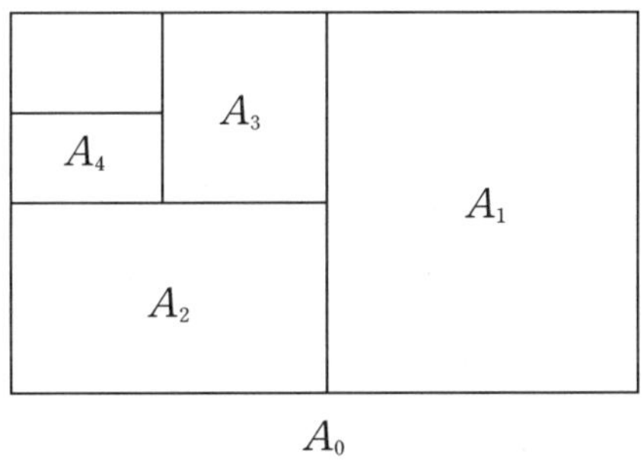

우리가 자주 이용하는 A_4 용지의 규격은 210mm×297mm로 그 비는 약 $\sqrt{2}$가 된다. $\sqrt{2}$는 황금비가 아니므로 보기에 아름답게 보이지는 않을지라도 종이를 경제적으로 시용하는 비가 된다. 종이는 큰 종이(전지)를 반으로 자르고, 다시 반으로 자르는 과정을 통하여 새로운 종이를 만들어 감으로써 종이가 잘려 버려지는 부분이 없게 하여 경제적으로 이용하게 된다. 예를 들어 A_0 용지의 규격은 1189×841로 두 변의 비가 약 1.4138이고, 그 넓이는 약 1 m^2이다. 이 종이를 반으로 자르는 과정을 통해 A_1, A_2, A_3, A_4가 만들어진다. A_4 용지는 전지를 16등분한 16절지이다.

한편 B_0 용지는 가로와 세로의 비가 $\sqrt{2}$ 이지만, 넓이가 1.5 m^2이다. 따라서 A판과 B판은 전지의 비가 $\sqrt{2}$ 이므로 닮은꼴이 되어 적절한 비율로 확대하거나 축소해서 다른 용지에 복사해서 쓸 수 있는 것이다. 이와 같이 황금비는 아름다운 비이나, 실용적으로 활용하기 위해서는 $\sqrt{2}$ 인 실용비를 이용하는 것이다.

탐구문제 3

1. 아래 그림에서 황금비를 만족하도록 x를 구하여라.

3. 황금직사각형과 앵무조개 나선

황금직사각형은 '짧은 변의 길이 : 긴 변의 길이=긴 변의 길이 : 짧은 변과 긴 변의 길이의 합'이 황금비를 이루는 직사각형을 의미한다. 황금직사각형을 다음 순서대로 작도해 보도록 하자.

① $\overline{AB}$를 한 변으로 하는 정사각형 ABCD를 그린다.
② 정사각형 ABCD에서 $\overline{AB}$의 중점 O를 잡는다.
③ 점 O를 중심, $\overline{OC}$ 를 반지름으로 하는 원을 그려 $\overline{AB}$의 연장선과의 교점 E를 잡는다.
④ 점 E에서 $\overline{AE}$ 에 수선을 그어 $\overline{DC}$ 의 연장선과 만나는 점을 F로 잡는다. 여기서 직사각형 AEFD가 황금직사각형이다.

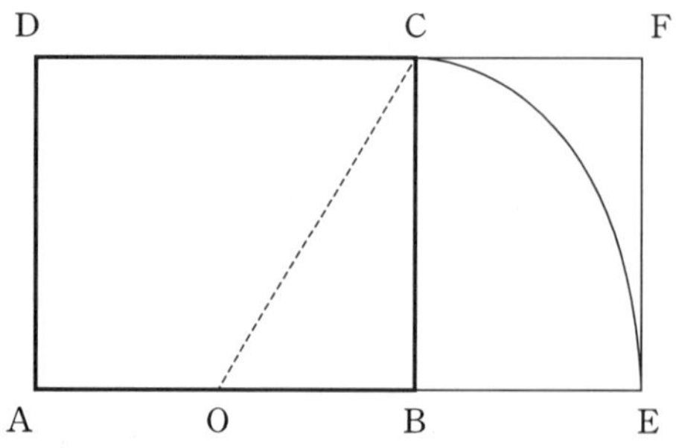

황금 직사각형을 그리고 그 변들의 비를 확인해 보아라. 정사각형의 한 변의 길이를 2라고 하면 선분 $AE = 1+\sqrt{5}$ 이다. 계산기를 이용하여 새로 만들어진 직사각형의 변들의 비 AE : EF를 계산하면 $\frac{\sqrt{5}+1}{2}$ 은 약 1.6 이 된다. 그런데 피보나치 수열 1, 1, 2, 3, 5, 8, 13, 21, 34, …에서 이웃하는 항들 간의 비율 $\frac{1}{1}$, $\frac{2}{1}$, $\frac{3}{2}$, $\frac{5}{3}$, $\frac{8}{5}$, $\frac{13}{8}$, …은 점점 황금비에 가까워짐을 알 수 있으며, 짝수 항과 홀수 항이 황금비를 기준으로 증가와 감소를 반복함을 알 수 있다. 이를 응용하여 황금 직사각형에 그림과 같은 수치를 부여하여 황금 직사각형을 반복하여 그릴 수 있다.

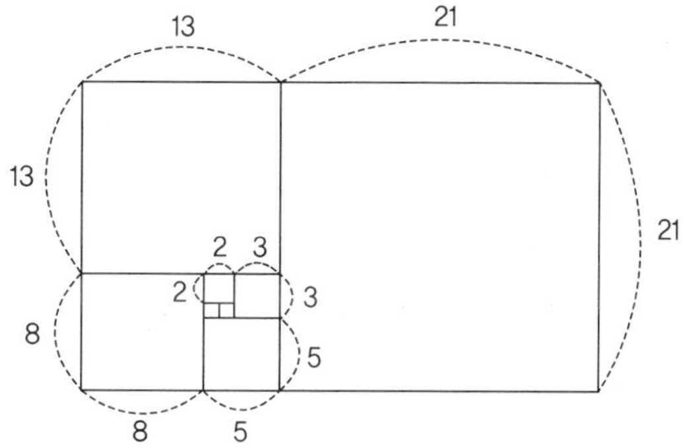

황금나선은 여러 개의 정사각형을 이용하여 가로와 세로의 비가 황금비인 직사각형 안에서 만들어지는 나선이다. 이 소용돌이 곡선은 앵무조개에서 볼 수 있는데, 17세기 유럽의 조개 수집가들은 앵무조개의 껍질에 매료되었다고 한다. 이것은 조개껍질의 나선이 지니는 형태적 완전성이 창조주의의 정신을 담고 있다고 보았기 때문으로 해석된다. 황금나선의 작도는 정사각형을 이용하여 다음과 같은 순서로 그릴 수 있다.[5]

[그림] 앵무조개의 황금나선

5 앵무조개의 나선은 미국수학자 클레멘트 팔보에 의해 황금비와 차이가 있음이 밝혀지기도 하였다.

① 황금직사각형 ABCD를 그린다.

② F를 중심으로 $\overline{FD}$ 를 반지름으로 하는 사분원을 그려 황금직사각형의 짧은 변을 한 변으로 하는 정사각형 FDAE를 그린다. 이때 직사각형 BCFE는 황금직사각형이 된다.

③ 마찬가지 방법으로 $\overline{HE}$ 를 반지름으로 하는 사분원을 그려서 정사각형을 그려나가면 황금직사각형 CFHG를 얻을 수 있다.

④ 이러한 방법으로 정사각형을 그리는 과정을 반복하면 무한히 많은 황금직사각형을 만들 수 있다. 이 때 D에서 중심점까지의 길이는 유한하지만, 곡선의 길이는 무한하게 된다.

⑤ 이제 각각의 정사각형 안에 사분원을 하나의 곡선으로 연결하여 그리면 황금나선을 얻을 수 있다.

탐구문제 4

1. 황금나선을 그려 보아라.

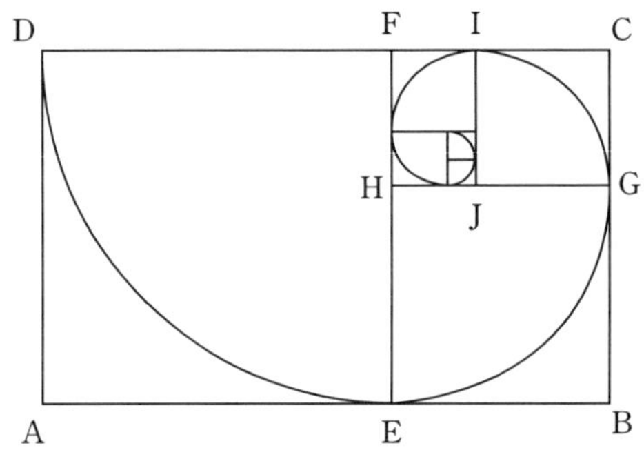

4. 생각의 관점을 바꾸자: 동전 돌리기

망치를 생각하면 못을 박는 도구로만 생각하듯이, 학생들은 문제를 해결할 때 어떤 특정한 관점이나 특정한 가정에 얽매이는 경향이 있다. 이러한 생각은 수학 문제를 해결할 때 '기능적 고착화(functional fixedness)' 현상을 야기하여 문제해결에 오류를 일으키기도 한다. 기능적 고착화란 문제를 해결하는 사고 과정에서 기존의 관습이나 판단 등에 의해 형성된 틀에 확고하게 의존하여 새로운 기능을 창안해 내는데 방해가 되는 현상을 의미한다. 이것은 사전학습이 다음 과제의 학습에 방해가 되는 부정적 전이의 예이다.

이 경우에 학생들은 문제에 대한 관점을 바꾸어 문제를 다시 읽고, 이전과는 다른 방식으로 접근할 필요가 있다. 예를 들어, 종이에서 연필을 떼지 않고 3×3꼴의 정사각형 모양으로 배열된 9개의 점을 통과하는 4개의 선분을 그리도록 할 때, 9개의 점 안에 4개의 선분을 그리려 한다면 어려움을 갖게 된다. 이러한 제한을 버리고 다르게 생각하면 아래 그림과 같이 문제를 쉽게 해결할 수 있다.

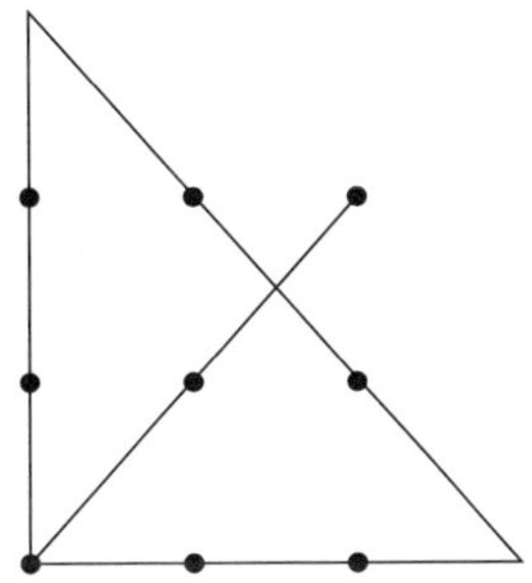

이번에는 책상 위에 한 개의 동전을 고정시켜 놓고, 고정시킨 동전의 둘레를 따라 같은 크기의 동전을 한 바퀴 돌릴 때, 움직인 동전은 몇 바퀴를 돌았는지 알아보자. 간단히 생각하면 한 바퀴를 돌렸기 때문에 움직인 동전도 한 바퀴를 돌았을 것으로 생각하기 쉽다. 그렇지만 실제로 실험을 해 보면 고정된 동전을 따라 움직이는 동전은 두 바퀴를 돌게 된다.

왜 그런 결과가 나오는가를 살펴보면 다음과 같다. 원의 둘레의 길이는 $2\pi r$이므로 직선을 따라 굴러가면 원은 한 바퀴 돌게 된다. 그런데 아래 그림과 같이 움직이는 동전이 꺾여서 움직이게 되면 꺾여서 돌아간 각도만큼 돌아가게 된다. 만약 한 점에서 a만큼 꺾이면 동전은 a만큼 더 돌아간다. 고정되어 있는 동전을 한 바퀴 도는 것은 변의 숫자가 무한히 많은 다각형을 도는 것과 같으므로 움직이는 동전은 실제로 두 바퀴를 돌게 되는 것이다. 아래 그림에서 보면

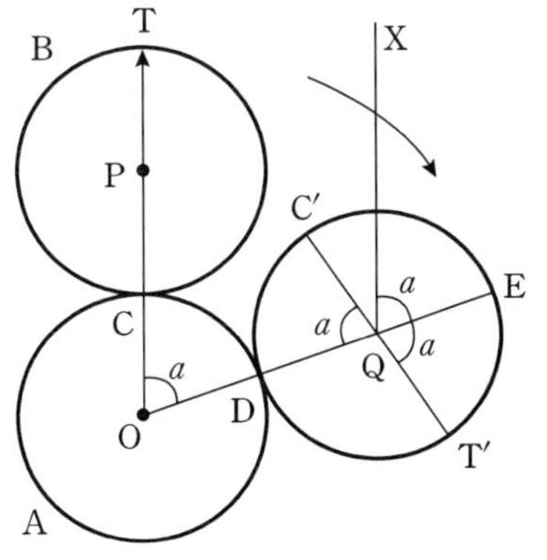

동전이 고정된 동전을 a만큼 회전하면 돌아가는 동전 자체는 $2a$만큼 회전하고 있음을 알 수 있다(한명수 역, 1994).

탐구문제 5

1. 크기가 같은 두 개의 동전을 붙인 채로 고정해 놓고, 이 두 개의 동전 주위를 같은 크기의 동전으로 한 바퀴 돌리면 움직인 동전은 몇 도를 돌았는지 구하여라.

2. 크기가 같은 세 개의 동전을 정삼각형 모양으로 붙인 채로 고정해 놓고, 이 세 개의 동전 주위를 같은 크기의 동전으로 한 바퀴 돌리면 움직인 동전은 몇 도를 돌았는지 구하여라.

5. 도형의 구성 요소의 개수

도형의 기본 요소는 점, 선, 면으로, 이들 몇 개의 조합으로 도형은 구성되어진다. 예를 들어 1차원 입방체인 선분에는 0차원 요소인 점 2개와 1차원 요소인 선 1개로 구성되어 있다. 2차원 입방체인 정사각형에는 0차원 요소인 점 4개와 1차원 요소인 선 4개, 그리고 2차원 요소인 면 1개로 구성되어 있다. 3차원 입방체인 정육면체에는 0차원 요소인 점 8개와 1차원 요소인 선 12개, 그리고 2차원 요소인 면 6개, 3차원 요소인 공간 1개로 구성되어 있다. 그러면 다음과 같은 질문이 제기될 수 있다.

■**문제:** 4차원 입방체에는 얼마나 많은 구성 요소가 있을까?

이 문제는 4차원 입방체의 존재와 그 모형을 상상하기 어려워 답을 구하기가 쉽지 않다. 이때 다음과 같은 폴리아(Polya)의 문제 풀이 원리를 적용하는 것이 좋다.

■ 만약 주어진 문제를 풀 수 없다면, 스스로 풀 수 있는 관련된 문제를 생각하자.

이 경우에 더 쉬운 관련된 문제는 무엇인가? 앞에서 이미 알아보았듯이, 통상적인 입방체인 3차원 입방체에는 얼마나 많은 요소가 있는가? 3차원 입방체에는 한 개의 내부(3차원 요소), 몇 개의 면(2차원 요소), 몇 개의 모서리(1차원 요소), 몇 개의 꼭짓점(0차원 요소)이 있다.

이제 각 요소의 개수를 구할 수 있다. 0차원 요소의 개수부터 3차원 요소의 개수까지 4유형의 수를 구해보면 3차원 입방체에는 모두 27개의 요소가 있다.

아직 4차원 입방체의 요소의 개수를 구할 수 없다면, 2차원 입방체인 정사각형에는 몇 종류의 요소와 각 요소의 개수를 구해보는 것이 도움이 된다. 2차원 입방체에는 3가지 종류의 입방체가 있고, 답은 4+4+1=9로, 모두 9개의 요소가 있다. 1차원 입방체는 몇 종류의 요소가 있을까? 각 요소는 몇 개일까? 답은 2+1=3이다.

이제 4차원 입방체의 요소의 개수를 구하기 위하여 1, 2, 3 차원의 입방체에 대한 정보를 나타내는 표를 만들고, 조사해 보자.

2, 4, 8의 밑인 넷째 행에 처음 적을 수는 즉시 알 수 있다. 이미 4차원 입방체에 있는 꼭짓점의 개수를 알게 됐다! 4차원 입방체의 1차원, 2차원, 3차원 요소를 위한 장소에 써넣을 수를 찾아낼 때까지 표를 자세히 관찰하자. 표에 있는 각 수와 그 수의 대각선으로 위에 있는 한 쌍의 수 사이에는 간단한 관계가 있다. 즉, 각 수는 대각선 방향으로 왼쪽 위에 있는 수와 바로 위에 있는 수의 두 배를 더한 합과 같다.

	0차원	1차원	2차원	3차원	4차원	합
1차원	2	1				$3=3^1$
2차원	4	4	1			$9=3^2$
3차원	8	12	6	1		$27=3^3$
4차원	16	32	24	8	1	$81=3^4$

이와 같이 각 입방체를 구성하는 입방체들의 구성 요소의 개수를 구해보면 우리가 상상하기 어려운 4차원 입방체의 구성 요소의 개수도 쉽게 구할 수 있다(Polya, 1990).

탐구문제 6

1. 5차원 입방체를 구성하는 입방체들의 구성 요소의 개수를 구하여라.

6. 공간의 분할

도형의 성질을 밝히기 위하여 귀납적으로 탐구하는 방법은 유용하다. 예를 들어 일반적인 위치에 있는 5개의 평면이 공간을 몇 개의 부분으로 분할하는가를 알아보자. 여기서 일반적인 위치에 있다는 것은 어떠한 두 개의 평면도 평행하지 않다는 것을 의미한다. 5개의 평면이 공간을 분할하는 장면을 상상하기란 쉽지 않다. 따라서 우리는 평면이 1개인 경우에서 출발하는 것이 좋다.

1개의 평면은 공간을 2개의 부분으로 나눈다는 것이 확실하다. 2개의 평면은 공간을 4개의 부분으로 나눈다는 것도 확실하다. 3개의 평면은 공간을 8개의 부분으로 나눈다는 것도 확실하다. 4개의 평면의 경우는 어떠한가? 일반적인 위치에 있는 4개의 평면이 공간을 다양한 부분으로 분할하는 방법으로 4개의 삼각형 면들에 의해 둘러싸인 사면체 분할 공간이 있다. 이렇게 분할된 공간의 부분의 수는 몇 개인가?

답을 구하기 위하여 좀 더 단순한 유사한 문제의 해를 구해 보는 것이 유용하다. 즉, 평면을 3개의 직선에 의해 분할되는 평면의 수를 구해 보자. 분할된 평면들 중의 한 영역은 유한하며, 그것은 삼각형의 내부이다. 그리고 무한한 영역들은 삼각형과 공통인 한 변을 가지거나(영역의 수는 3개이다.), 공통인 꼭짓점을 가진다(영역의 수는 3개이다.). 따라서 모든 분할 영역의 수는 1+3+3=7이 된다.

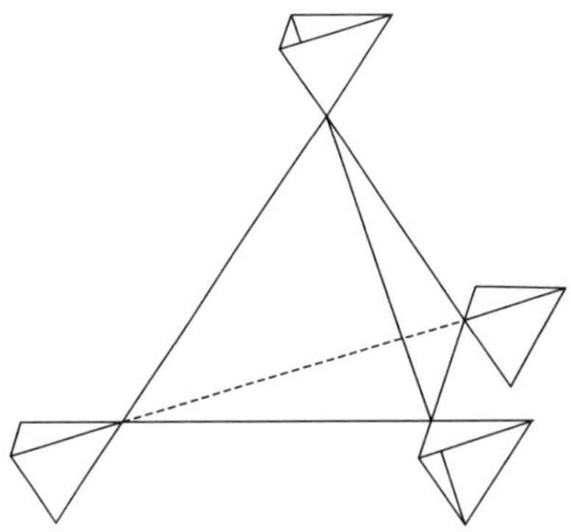

이제 사면체의 경계를 이루고 있는 4개의 평면에 의해 분할된 공간의 수를 구해보자(그림 참고). 분할된 공간 중에 한 영역은 유한하며, 그것은 사면체의 내부이다. 무한한 영역은 사면체와 공통인 면을 가지거나(영역의 수는 4개이다.), 공통의 모서리를 가지거나(영역의 수는 6개이다.), 공통인 꼭짓점을 가진다(영역의 수는 4개이다.). 따라서 모든 분할 영역의 수는 1+4+6+4=15이다. 여기서는 평면에 의해 분할되는 공간의 수를 구하기 위하여 직선에 의해 분할되는 평면의 수를 구하는 방법으로 유추적 방법을 이용하였다.

아직도 원래의 문제인 5개의 평면이 공간을 몇 개의 부분으로 분할하는가에 대해서는 답을 얻지 못하였다. 만약 5개의 평면이 공간을 분할하는 수를 구하면 이 문제를 확장하여 6, 7, 8, …, 그리고 n개의 평면에 의한 공간 분할의 수를 구하는 것으로 일반화를 해 보는 것이 유용할 것이다. 이를 위해 먼저 기하학적 유추를 활용하도록 n개의 직선에 의한 평면의 분할의 수, n개의 점에 의한 직선의 분할의 수를 구해 보도록 하자.

직선은 1개의 점에 의해 2개로, 2개의 점에 의해 3개로, 3개의 점에 의해 4개로, n개의 점에 의해 $n+1$개로 분할되는 것을 알 수 있다. 평면은 1개의 직선에 의해 2개로, 2개의 직선에 의해 4개로, 3개의 직선에 의해 7개로 분할되는 것을 알 수 있다. 이러한 결과를 표로 나타내어보자.

분할 요소의 개수	분할된 개수		
	평면에 의해 분할된 공간	직선에 의해 분할된 평면	점들에 의해 분할된 직선
0	1	1	1
1	2	2	2
2	4	4	3
3	8	7	4
4	15	…	5
…	…		…
n			$n+1$

위의 표를 잘 관찰하면 어떠한 규칙과 연결고리를 발견할 수 있다. 두 번째 열에 나열된 수들은 1, 2, 4, 8, 15,…이다. 5번째 수인 15는 16이길 바라는 우리의 기대를 무너트린다. 그럼 15는 어떠한 수인가? 바로 위의 수와 그 오른쪽 수의 합 8+7=15이다. 그러면 그 위의 수도 그런가? 그렇다. 4+4=8임을 알 수 있다. 이러한 규칙이 다음 열에도 성립하는가를 확인해 볼 필요가 있다. 우리의 추측이 옳다는 것은 확실하다. 그렇다면 5개의 평면이 공간을 몇 개의 부분으로 분할하는가에 대해서는 답을 얻은 것 같다. 15+11=26이다.

우리의 추측이 옳다고 확신할 수 있는가? 한 가지 예를 들어 보자. 4개의 직선으로 평면을 분할하는 수는 11이다. 3개의 직선은 명확히 7개의 평면을 결정한다. 여기에 하나의 직선을 추가하여 4개의 새로운 영역을 얻을 수 있는가를 확인해 보자.

아래 그림에서 임의로 그려진 새로운 선은 기존의 선과 3개의 교점을 만들고, 3개의 교점은 새로운 선을 4개의 요소로 나눈다. 이 때 각 선분은 기존의 선으로 분할된 영역을 양분한다. 전체적으로 새로운 직선의 4개의 선분은 8개의 새로운 영역을 만들고, 각각 4개의 기존의 영역을 없앤다. 따라서 영역의 수는 4개 증가한다. 증가하는 영역의 개수 4는 교점 3개에 의해 분할된 선의 수 4와 같다.

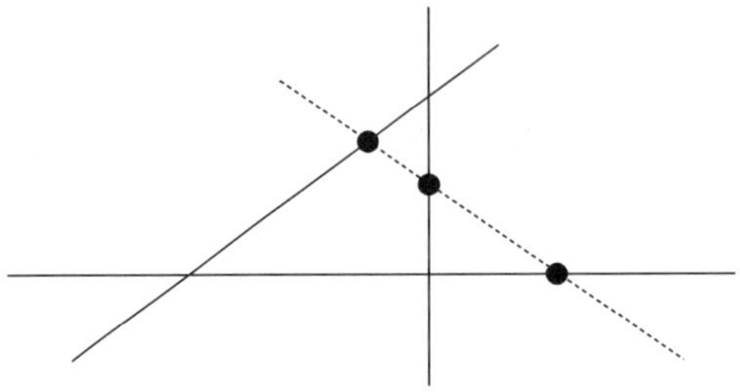

우리는 귀납적 추론을 통해 답을 구할 수 있었다. n개의 서로 다른 점들은 한 직선을 $n+1$개로 분할한다. 이것은 분할된 직선의 수는 $a_n = 1+$(점의 개수)이다. 그러면 n개의 서로 다른 직선으로 분할된 평면의 수는 $b_n = 1+$(직선의 개수)+(교점의 개수)이다. 즉 $b_n = 1+{}_nC_1+{}_nC_2$이다. 끝으로 n개의 서로 다른 평면으로 분할된 공간의 수는 $c_n = 1+$(면의 개수)+(교선의 개수)+(교점의 개수)이다. 즉 $c_n = 1+{}_nC_1+{}_nC_2+{}_nC_3$이 되는 것이다(Polya, 1990).

탐구문제 7

1. n차원 공간의 최대 분할의 개수 d_n을 구하여라.

7. 칠교판으로 도형을 꾸미자.

칠교판(tangram)은 정사각형을 일곱 조각으로 나누어, 크고 작은 삼각형 다섯 개, 그리고 정사각형 한 개와 평행사변형 한 개로 구성되어 있는 교구이다. 칠교판의 기원은 정확히 알 수 없으나, 중국으로부터 전래되었을 것으로 추정되는데, 청나라 시대인 1813년에 처음으로 칠교판을 이용한 놀이에 관한 책이 출간되었으며, 유럽으로도 전래되어 이와 비슷한 놀이가 많이 생겨났다고 한다.

칠교판은 7개의 조각을 이용하여 수 천 가지의 여러 가지 모양을 만들 수 있는데, 주변에서 널리 쓰는 생활용품부터 사물의 이치와 우주의 원리 같은 추상적인 것까지 형상화할 수 있다. 따라서 중국에서는 칠교판을 '지혜판'으로 불렀으며, 탱그램이란 이름으로 세계에 퍼졌다. 최근에는 사교판, 오교판, 육교판 등 다양한 유형의 다각형 모형과 원과 타원 모양, 하트 모양 등이 개발되고 있다. 칠교판은 상업용으로 제작되어 판매되기도 하지만, 다음과 같이 쉽게 만들 수 있다.

① 두꺼운 종이 위에 가로, 세로의 길이가 12cm인 정사각형을 그린다.
② 3cm간격으로 선을 그으면, 한 변의 길이가 3cm인 정사각형 16개가 만들어진다.
③ 큰 삼각형 두 개, 중간 삼각형 한 개, 작은 삼각형 두 개, 평행사변형 한 개, 정사각형 한 개로 일곱 조각을 낸다.
④ 조각판에 예쁜 색이나 무늬를 그려 장식해도 된다.

[그림] 칠교판

칠교판을 이용하여 다음 그림을 만들어 보자.

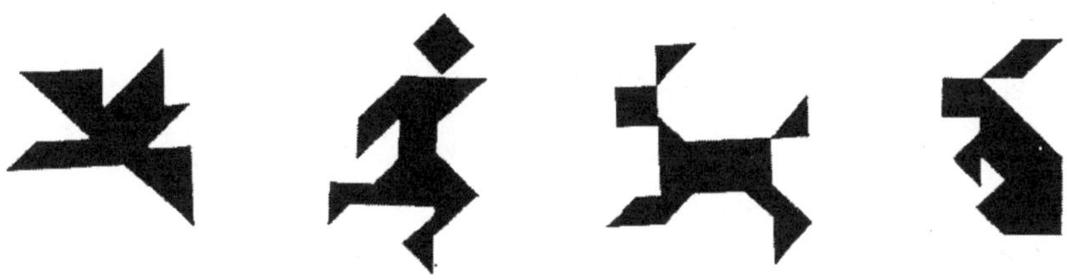

탐구문제 8

1. 칠교판 조각들을 1가지 이상 사용하여 만들 수 있는 모든 삼각형을 찾아보아라.

2. 칠교판 조각들로 만든 삼각형에서 닮음도형을 찾아 그려보고, 닮음비를 구하여라.

3. 칠교조각 2, 3, 4, 5, 6개를 이용하여 도형을 만들고 이름을 붙여보아라.

8. 라인디자인(Line Design)으로 꾸미기

라인디자인 작품을 보면 컴퍼스를 이용하여 그린 곡선 모양으로 착각하지만, 곧은 선만을 이용하여 그린 것으로 라인디자인의 매력이 여기에 있다. 라인디자인을 그리기 위한 한 가지 방법으로 각 변에 똑같은 개수의 점을 찍고, 점들을 이은 선분이 최대로 만나도록 계속해서 선분을 긋는다. 즉, 새로 긋는 선분이 이미 그려진 선분과 최대한 많이 만나도록 선분을 긋는 것이다. 라인디자인 활동은 다양한 기하학적 모양을 만들고, 규칙을 찾고 그 속에서 수학의 아름다움을 느낄 수 있는 활동으로 창의적 산출물을 만들기 위해 할 수 있다. 아래의 여러 가지 모양을 보고 라인디자인의 아름다움을 감상해 보도록 하자.

이제 다음과 같은 순서로 라인디자인을 직접 그려보도록 하자.

① 두 선분을 긋는다.
② 각 변을 같은 수의 점으로 등분한다.
③ 점 가, 점 나, …, 점 바끼리 선분으로 잇는다.

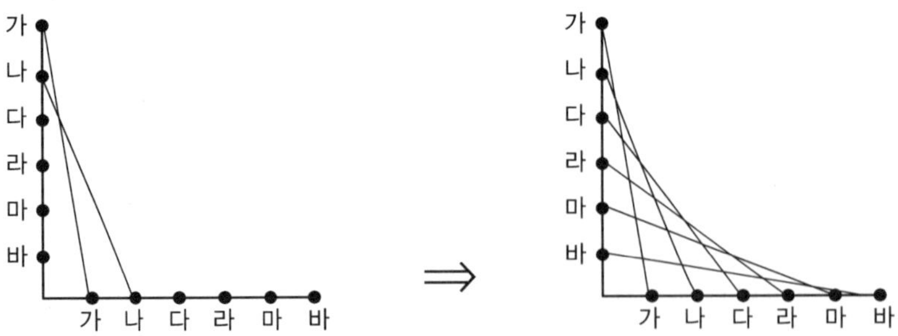

이 과정을 계속하면 선분들이 만나는 점들이 아름다운 곡선을 만들어 준다.

탐구문제 9

1. 다음 도형을 이용하여 라인디자인을 해 보아라.

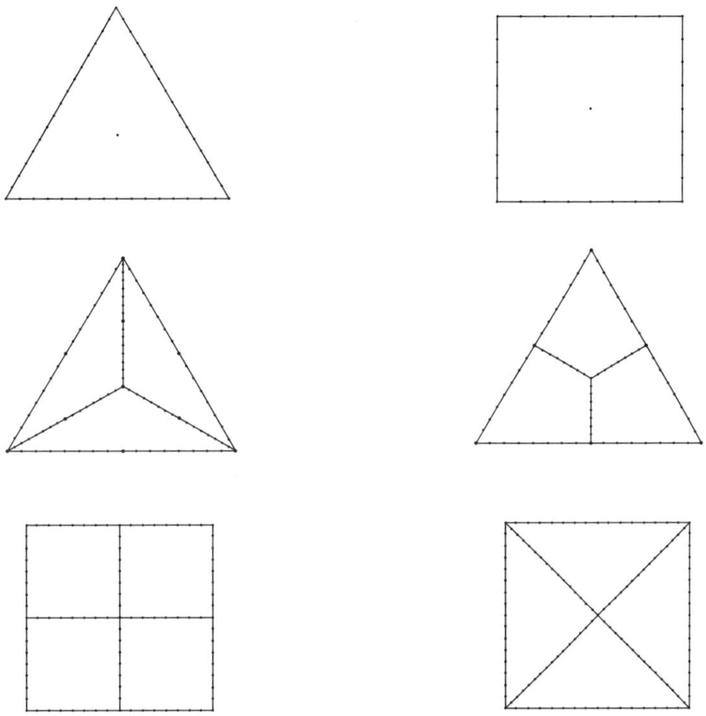

9. 닮음의 세계와 프랙탈

아래 그림은 한 변의 길이가 12cm인 정사각형 속에 같은 크기의 원을 1개, 4개, 9개를 각각 그린 것이다. 이 때 각 정사각형에 들어 있는 원의 넓이의 합을 구해보자.

[그림 1]

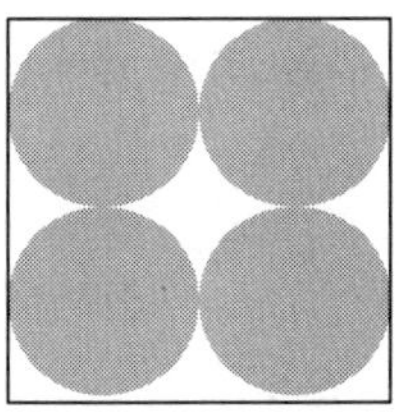

[그림 2]

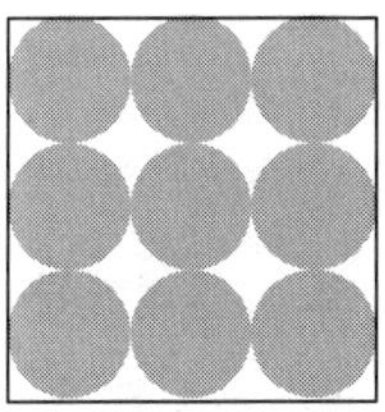

[그림 3]

[그림 1]의 원의 넓이 $= 6\times6\times\pi = 36\pi$

[그림 2]의 원의 넓이 $= 3\times3\times\pi\times4 = 36\pi$

[그림 3]의 원의 넓이 $= 2\times2\times\pi\times9 = 36\pi$

세 정사각형에 들어 있는 원들의 넓이는 모두 같다는 것을 알 수 있다. 이것은 우연일까? 이 그림 안에는 '닮음'이라는 수학적 현상이 내재되어 있다.

생활 속에서 닮음은 아주 많이 이용된다. 가장 쉽게 찾을 수 있는 예가 지도이다. 건축에도 활용이 된다. 건축가는 건물을 설계할 때 실물과 유사한 축소 모형을 만들어 이용한다. 놀이 공원에 있는 미니어처도 닮음을 이용한 좋은 예이다.

닮음 도형의 예로 '자기 내부에 자신과 똑같이 닮은 도형이 있다'는 성질을 보여주는 코흐곡선이 있다. 이 코흐곡선은 아래 그림과 같이 일부를 잘라내어 살펴보면 전체 모양과 같다는 특징을 발견할 수 있다. 이러한 자기 유사성을 지닌 도형을 프랙탈 도형이라고 한다. 프랙탈은 수학자 만델브로트(Mandelbrot)가 1967년 '사이언스'지에 '영국을 둘러싸고 있는 해안선의 총 길이는 얼마인가?'라는 논문을 발표하면서 소개되었다. 영국 해안선의 길이는 1m자로 재는가, 1cm자로 재는가에 따라 크게 달라지는데, 그 이유는 해안선은 큰 단위로 보면 직선 모양이지만, 작은 단위로 보면 구불구불한 모양을 가지는 프랙탈 구조를 이루고 있기 때문이다.

[그림] 코흐눈송이

프랙탈 구조는 물리학에서도 만날 수 있다. 예를 들어 물을 흡수하여 부풀어 오른 꽃가루 입자가 불규칙한 운동을 한다는 브라운 운동에도 프랙탈이 있다. 입자의 위치를 60초 단위로 여러 번 관찰하여 움직인 경로를 그려보자. 이것은 여기저기를 이무렇게나 움직이는 꺾은 선

모양이 된다. 다시 1초 단위로 여러 번 관찰하여 움직인 경로를 그려보자. 이것은 처음 그림을 축소한 모양이 되는데, 이것이 자기유사성을 가진 프랙탈 구조인 것이다.

그렇다면 프랙탈 구조의 차원은 어떻게 될까? 프랙탈 구조의 차원을 구하는 간단한 방법은 다음과 같다. d차원 공간에서 각 변의 길이가 1인 d차원 도형을 덮기 위해서 1인 한 변을 m등분하면 도형은 $N = m^d$개가 필요하다. 따라서 $N = m^d$을 다음과 같이 나타낼 수 있다.

$$d = \frac{\log N}{\log m}$$ (m은 각 단계에서 조각의 축소율의 역수, N은 새로 생기는 조각의 개수)

이를 이용하여 2차원 평면의 차원에 적용해 보면 길이가 1인 한 변을 m등분하면 도형은 $N = m^2$개가 된다. 따라서 $D = \frac{\log m^2}{\log m} = 2$이다.

탐구문제 10

1. 코흐곡선의 차원을 구하여라.

10. 쌓기나무로 큐브를 만들자.

정육면체 모양의 쌓기나무를 큐브(cube)라고 하는데, 1개일 때는 모노큐브(monocube), 2개의 면과 면을 붙여서 연결한 것을 디큐브(dicube), 3개의 면과 면을 붙여서 연결한 것을 트리큐브(tricube), 4개의 면과 면을 붙여서 연결한 것을 테트라큐브(tetracube), 5개의 면과 면을 붙여서 연결한 것을 펜타큐브(pentacube)라고 한다. 이와 같이 여러 개의 큐브를 면과 면을 붙여서 연결한 것을 폴리큐브(polycube)라고 한다. 모노큐브와 디큐브는 한 종류만 존재하고, 트리큐브는 다음과 같이 2종류가 존재한다.

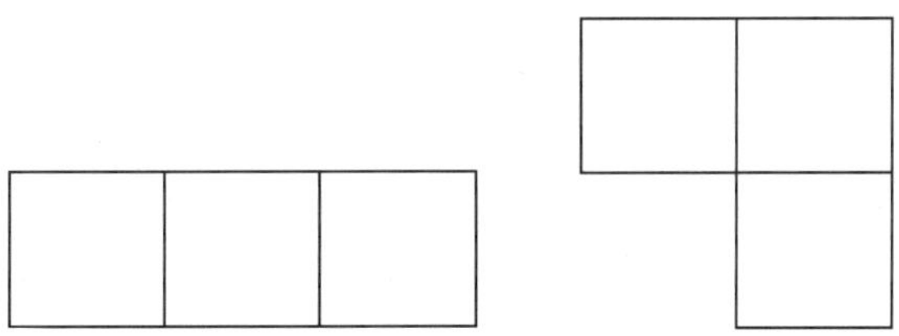

탐구문제 11

1. 테트라큐브는 모두 몇 종류인지 구하여라. 단, 돌리거나 뒤집어서 같은 모양은 한 가지로 생각한다.

2. 펜타큐브는 모두 몇 종류인지 구하여라. 단, 돌리거나 뒤집어서 같은 모양은 한가지로 생각한다.

쌓기나무를 이용하여 쌓은 모양을 위, 앞, 옆에서 보았을 때 모양을 보고 이용된 개수를 구해보자. 먼저 쌓은 모양을 위, 앞, 옆에서 보았을 때 다음 그림과 같았다고 하자.

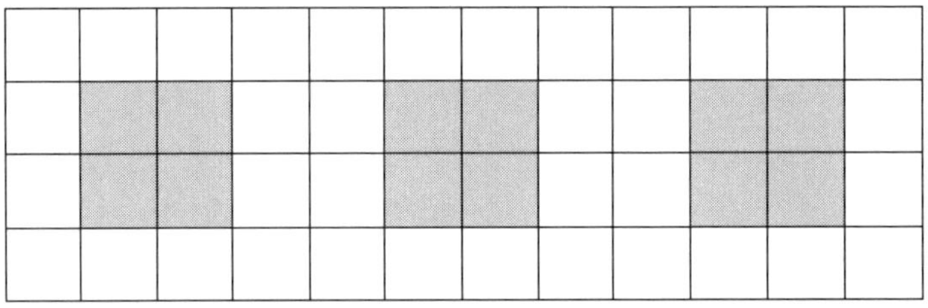

(위) (앞) (옆)

이 조건을 만족하는 입체도형을 만들 때 서로 다른 모양은 3가지가 존재할 것이다. 그리고 이렇게 쌓을 때 필요한 쌓기나무의 최대의 개수와 최소의 개수의 차는 2가 된다.

2	2
2	2

2	1
2	2

=

2	2
1	2

2	1
1	2

마찬가지로 위, 앞, 옆에서 보았을 때 다음 그림과 같았다고 하자. 이렇게 쌓을 때 필요한 쌓기나무의 최대의 개수와 최소의 개수의 차는 12가 된다.

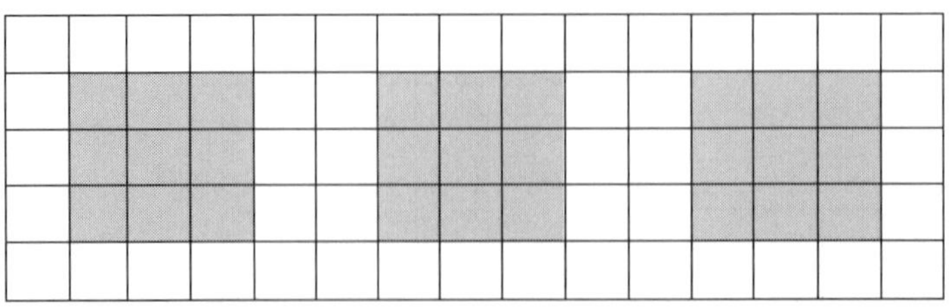

(위) (앞) (옆)

3	3	3
3	3	3
3	3	3

3	1	1
1	3	1
1	1	3

탐구문제 12

1. 위의 문제에서 발견한 규칙을 이용하여 위, 앞, 옆에서 바라본 모양이 $n \times n$형태의 정사각형이면 필요한 쌓기나무의 최대의 개수와 최소의 개수를 구하여라.

이번에는 트리큐브 1개와 테트라큐브 6개로 이루어진 소마큐브(somacube)에 대해 알아보자. 소마큐브는 덴마크 출신 피에트 하인(Piet Hien)이 만든 것으로 4개 이하의 정육면체를 연결하여 만든 조각들로 가장 큰 정육면체를 만들 수 있는 7가지 조각을 가리키며, 27개의 작은 정육면체로 이루어져 있다. 이들 조각은 보통 일정한 번호와 색으로 구별하여 사용하는데, 7가지 조각들은 다음과 같다.

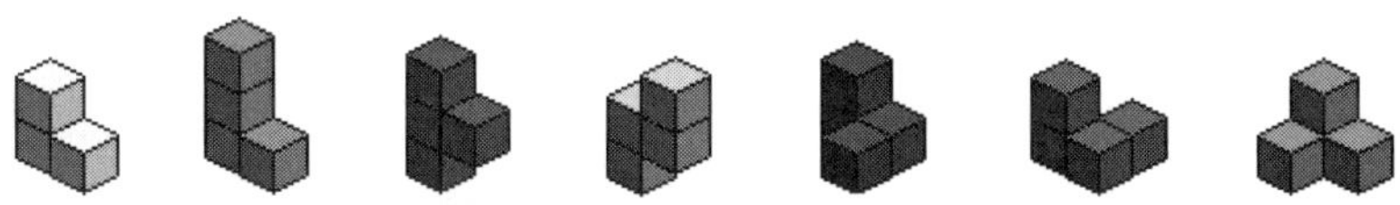

1 2 3 4 5 6 7

아래 그림에 있는 숫자는 소마큐브의 번호를 나타낸다고 하자. 그러면 4번 조각은 1층에 2개, 2층에 2개가 있고, 2번 조각은 1층에만 4개가 있고, 7번 조각은 1층에 3개 2층에 1개 있는 것을 나타낸 것이다. 그리고 그 모양은 오른쪽 그림과 같다.

4	4	7
2	7	7
2	2	2

(1층)

	4	4
		7

(2층)

그러면 소마큐브 7개의 조각으로 정육면체를 만들어 보자. 소마큐브를 7개의 조각으로 정육면체를 만들기 위해서는 아래 그림과 같은 배열이면 된다는 것을 알 수 있다.

7	7	2
7	6	2
6	6	2

(1층)

7	5	2
5	5	3
6	4	4

(2층)

1	5	3
1	1	3
4	4	3

(3층)

탐구문제 13

1. 소마큐브 조각에 번호를 적어 $3\times3\times3$인 정육면체를 만들었을 때 모든 숫자의 합을 구하여라.

2. 소마큐브에서 어느 한 층에 적힌 9개의 숫자의 합이 최소 18이 되도록 $3\times3\times3$인 정육면체를 만들었을 때 각 층의 숫자 배열을 그려라.

3. 소마큐브에서 어느 한 층에 적힌 9개의 숫자의 합이 최소 19가 되도록 $3\times3\times3$인 정육면체를 만들었을 때 각 층의 숫자 배열을 그려라.

이번에는 소마큐브 7개의 조각으로 여러 가지 입체도형을 만들어 보자. 이를 위해 입체도형을 만들고 각 층에 위치한 소마큐브의 번호를 활용하여 설계도를 그릴 수 있고, 반대로 설계도에 맞는 입체도형을 구성할 수도 있다. 예를 들어, 다음 그림은 소마큐브로 만든 입체도형과 그 입체도형의 1층 설계도이다. 이 입체의 부피는 27cm^{3}이고, 겉넓이는 72cm^{2}이다.

7	7	3	3	3	6	6
7	4	4	3	2	6	1
5	5	4	4	2	2	2

탐구문제 14

1. 소마큐브의 한 큐브의 모서리의 길이를 1cm라고 할 때 다음 입체도형의 부피와 겉넓이를 각각 구하여라.

(1)

(2)

2. 7개의 소마 큐브로 만든 입체 도형이다. 직접 만들어 보아라.

(우물)

(비행기)

(의자)

11. 점판(Geoboard)을 똑같이 나누기

점판은 영국의 수학교육자 가테뇨(Gattegno)가 개발한 판으로, 판자 위에 일정한 간격의 격자점에 못을 박아 놓은 판을 말한다. 점판은 모눈종이와 유사하지만, 고무줄이나 실을 못에 걸어 다양한 도형을 구성하거나 수정할 수 있어 도형의 성질을 탐구하는데 유용하다.

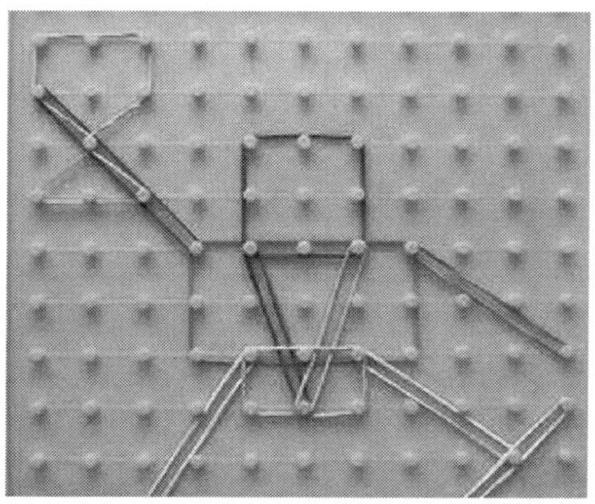

[그림] 점판

점판은 도형을 만드는 과정에서 도형을 구체적으로 표현할 수 있으며, 쉽게 수정할 수 있기 때문에 자신의 사고 과정을 표현할 수 있으며, 창의적인 탐구가 가능하다. 이를 위한 활동으로 점판을 합동이 되도록 둘로 나누어 보자. 합동이 되도록 나누기 위해 고무줄을 이용해 보자. 간단히 생각할 수 있는 것으로 아래 그림을 들 수 있을 것이다.

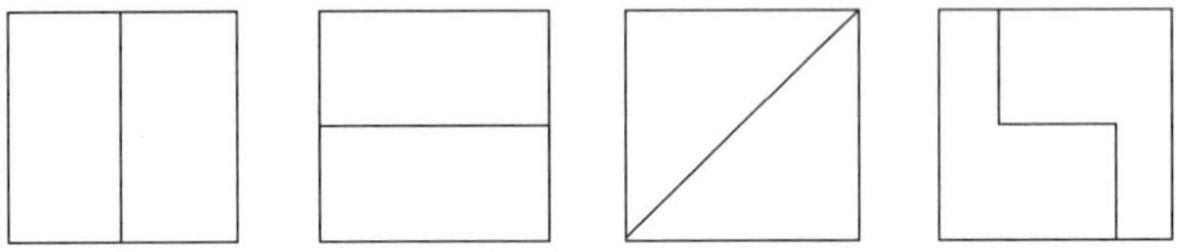

탐구문제 15

1. 다음 정사각형을 합동이 되도록 둘로 가능한 많이 나누어라.

2. 다음 정사각형을 합동이 되도록 넷으로 가능한 많이 나누어라.

12. 점판(Geoboard)위에서 도형의 넓이 구하기

점판 위에 만들어진 도형의 넓이를 구하여 보자. 점판 위에 만들 수 있는 도형은 삼각형, 직사각형, 평행사변형, 마름모와 같이 우리에게 친숙한 다각형도 있지만, 아래 그림과 같이 여러 가지 도형을 만들 수 있다.

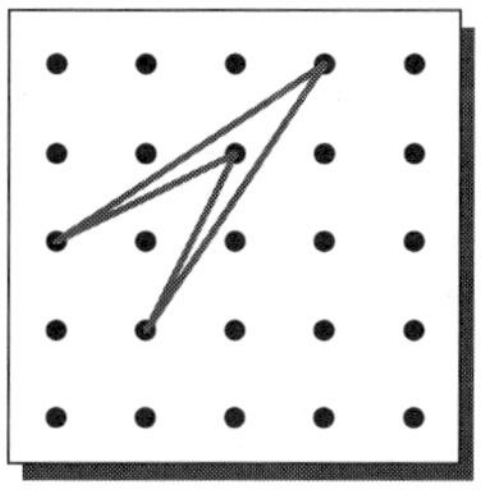

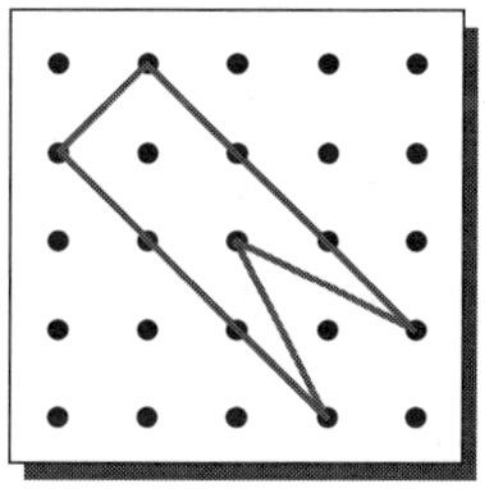

먼저 평행사변형의 넓이를 구해 보자. 점판에서 평행사변형의 밑변과 높이를 구하면 넓이를 쉽게 구할 수 있다. 아래에 제시된 4개의 평행사변형의 넓이는 밑변이 2이고, 높이가 4이므로 넓이가 모두 8이다.

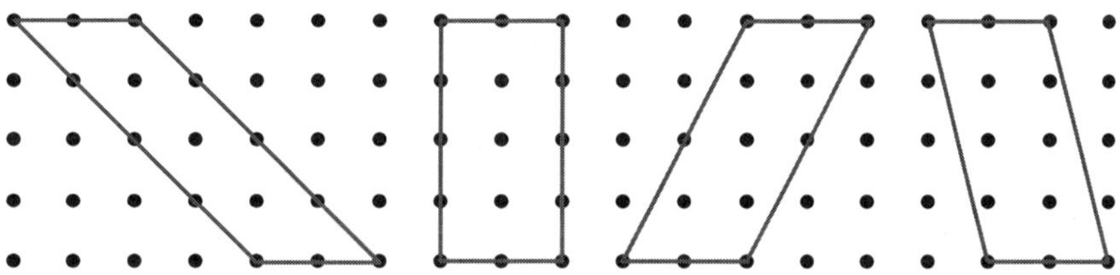

탐구문제 16

1. 다음 그림에서 점판 위에 만들어진 삼각형의 넓이를 각각 구하여라.

(1) (2) (3)

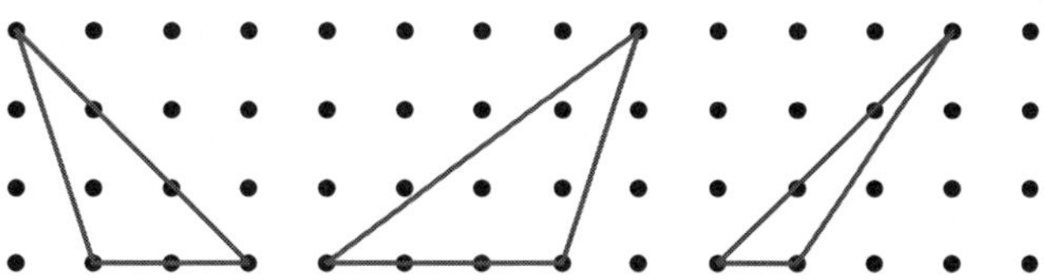

다음으로 점판 위에 만들어진 도형의 넓이를 고무줄이 지나는 못의 수와 고무줄 안의 못의 수를 이용하여 구해 보자. 다음 그림과 같이 점판 위에 여러 개의 다각형을 그려 보고, 각 도형의 넓이를 구해 보자.

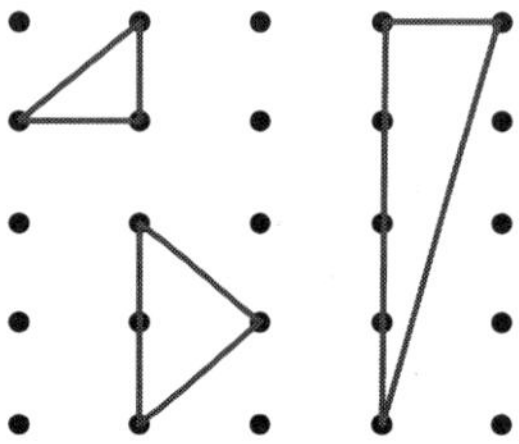

[그림 1]

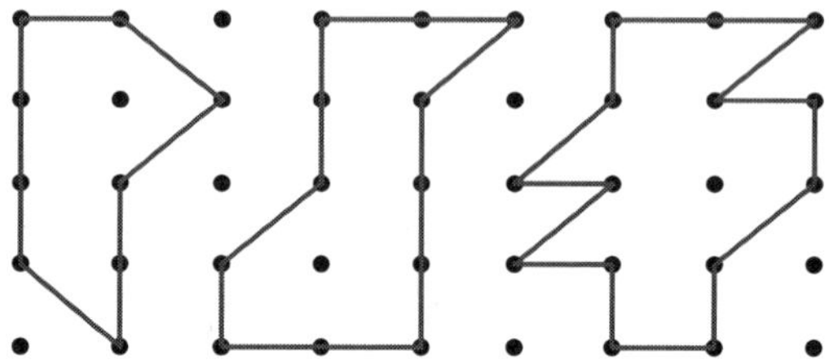

[그림 2]

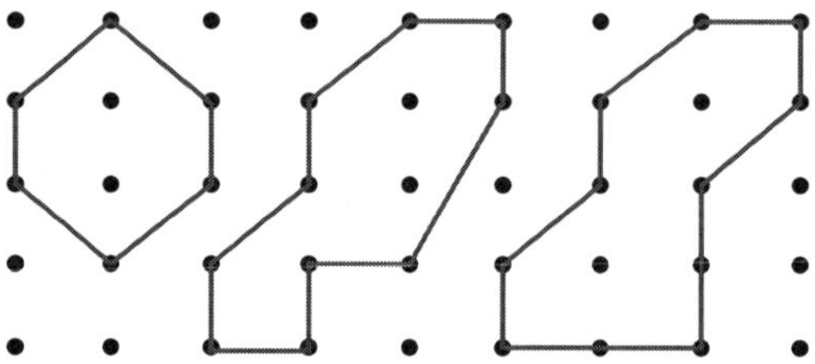

[그림 3]

[그림 1], [그림 2], [그림 3]에 있는 다각형들의 공통점은 다각형 내부에 못의 수가 0개, 1개, 2개인 것이다. 점판을 이용하여 다음과 같은 도형을 점판 위에 만들어 보고, 각각의 넓이를 못의 수를 이용하여 구할 수 있는 방법을 생각해 보자.

구분	넓이
3개의 점을 지나고 내부에 점이 없는 도형	$\frac{1}{2}$ cm^2
4개의 점을 지나고 내부에 점이 없는 도형	1 cm^2
B개의 점을 지나고 내부에 점이 없는 도형	$(\frac{B}{2}-1)$cm^2

위의 표에서 못의 수와 도형의 넓이 사이에 어떤 관계를 발견할 수 있는가? 계속하여 내부에 못의 수가 1개, 2개인 경우에 각각의 넓이를 못의 수를 이용하여 구할 수 있는 방법을 생각해 보자.

구분	넓이
4개의 점을 지나고 내부에 점이 1개 있는 도형	$2\ cm^2$
6개의 점을 지나고 내부에 점이 1개 있는 도형	$3\ cm^2$
B개의 점을 지나고 내부에 점이 1개 있는 도형	$(\frac{B}{2}+1-1)cm^2$
6개의 점을 지나고 내부에 점이 2개 있는 도형	$4\ cm^2$
B개의 점을 지나고 내부에 점이 2개 있는 도형	$(\frac{B}{2}+2-1)cm^2$

위의 문제해결을 통하여 둘레에 있는 못의 수(B)와 내부에 있는 점의 수(I)를 이용하여 도형의 넓이를 구하는 방법을 발견해 보자. 이들 관계를 정리해 보면 점판 위의 도형의 넓이는 $S=\left(\frac{B}{2}+I-1\right)cm^2$임을 알 수 있다. 이 식을 픽(Pick)의 정리라고 한다.

탐구문제 17

1. 다음 그림에서 점판 위에 만들어진 도형의 넓이를 구하여라.

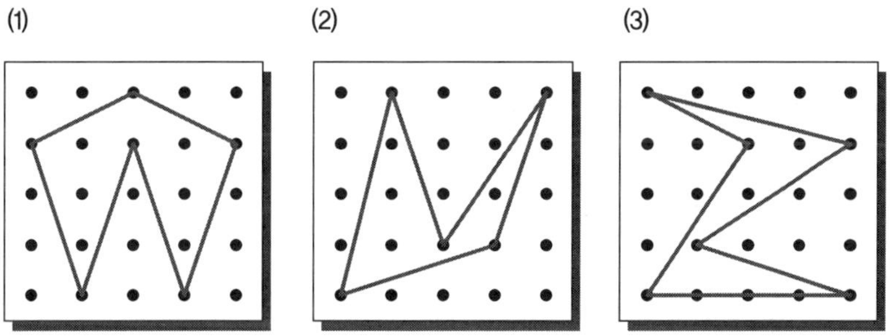

13. 정다면체 탐구

기하학(도형)은 주변의 여러 가지 사물에서 도형을 발견하고, 그 도형의 성질을 탐구하는 학문이다. 이를 통해 학생들은 공간에 대한 감각과 불변의 성질을 파악하고 주변 사물을 기하학적으로 해석하는 능력을 기르도록 한다. 예를 들어, 다면체에는 세상에서 수없이 변하는 과정에도 결코 변치 않는 진리가 있다는 사실을 알려준다. 굴러 떨어지며 깎이고 깎이는 돌에서도 수학의 진리를 찾을 수 있다. 이제 정다면체와 그 성질을 탐구해 보자.

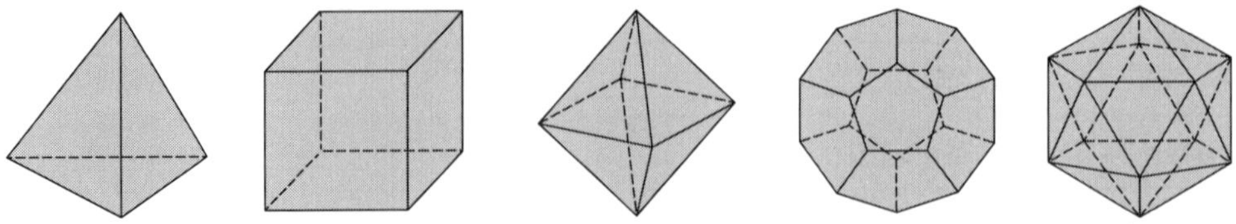

정사면체 정육면체 정팔면체 정십이면체 정이십면체

정다면체는 한 종류의 정다각형으로 이루어지고 한 꼭짓점에 모이는 모서리의 수가 같은 다면체를 의미하며, 정사면체, 정육면체, 정팔면체, 정십이면체, 정이십면체로 5가지만 존재한다. 그리고 이들의 면을 구성하는 정다각형은 정삼각형, 정사각형, 정오각형뿐이다. 그런 이유로 고대 철학자인 플라톤은 그의 저서 Timaeus에서 다섯 가지 정다면체를 우주의 근원으로 삼아, '정사면체–불, 정육면체–흙, 정팔면체–공기, 정십이면체–우주, 정이십면체–물'과 같이 우주의 기본 원소와 정다면체를 연결시켜 의미를 부여하였다고 한다.

탐구문제 18

1. 정다면체가 5개뿐임을 증명하여라.

모든 정다면체의 꼭짓점의 수, 모서리의 수, 면의 수를 나타낸 표에 제시된 수들의 관계를 탐구해 보고, 이 들 사이에 어떤 규칙이 있는지 탐구해 보자. 이를 위해 먼저 정다면체를 관찰하면서 모든 정다면체의 꼭짓점의 수, 모서리의 수, 면의 수를 각각 구하여 표로 나타내면 아래와 같다.

모든 정다면체의 '꼭짓점의 수–모서리의 수+면의 수=2'임을 알 수 있다. 이것이 정다면체를 포함하여 산 위에서 굴러 떨어지며 깎이고 깎이는 돌에서도 변하지 않는 다면체의 성질(오일러

정다면체	꼭짓점의 수	모서리의 수	면의 수	꼭짓점의 수–모서리의 수+면의 수
정사면체	4	6	4	2
정육면체	6	12	6	2
정팔면체	6	12	6	2
정십이면체	20	30	12	2
정이십면체	12	30	20	2

공식)인 것이다.

탐구문제 19

1. 정다면체의 각 면의 중점을 연결하여 만든 새로운 다면체는 어떤 다면체인지 써라.

참고 탐구 문제와 같이 쌍대다면체(dual polyhedron)는 주어진 다면체의 각 면의 중점을 연결하여 만들어낸 새로운 다면체를 의미한다. 쌍대다면체의 특징은 모서리의 개수는 같으나, 꼭짓점과 면의 개수가 각각 서로 반대가 되는 것이다. 다음 표를 보면 각 정다면체의 쌍대다면체를 알 수 있다.

쌍대다면체	면의 개수	꼭짓점의 개수	모서리의 개수
정육면체	6	8	12
정팔면체	8	6	12

쌍대다면체	면의 개수	꼭짓점의 개수	모서리의 개수
정십이면체	12	20	30
정이십면체	20	12	30

쌍대다면체	면의 개수	꼭짓점의 개수	모서리의 개수
정사면체	4	4	6

14. 준정다면체 탐구

준정다면체(Semi-Regular Polyhedra)는 각 모서리에 모인 면의 배치가 모두 같은 볼록 다면체이다. 헤론은 아르키메데스가 13종류의 준정다면체를 발견했다고 밝혔으며, 아르키메데스에 의해 처음으로 언급되었기 때문에 이들 다면체들을 '아르키메데스의 다면체'라고 부른다. 그러나 아르키메데스의 원 저서가 소실되어 아르키메데스의 다면체는 그 구체적인 모양을 알 수 없었다.

르네상스 시대를 거치면서 점차 이들 입체를 복원하였는데, 1619년 케플러에 의해 완전하게 복구되었다. 준정다면체는 정다면체를 어떤 방법으로 변형시켜 만들었는가에 따라 깎은 정다면체 (1), (2), 부풀려서 만든 준정다면체, 부풀려서 회전한 준정다면체로 분류할 수 있다. 이 도형들은 '각 꼭짓점에서 만드는 도형들의 변의 수'를 따서 세 개 또는 네 개의 숫자로 표현되기도 한다. 준정다면체는 정다각형으로 구성된 교구나 4D프레임을 이용하여 만들어 볼 수도 있다.

깎은 정다면체(1): 깎은 정다면체(1)은 정다면체를 각 꼭짓점으로부터 중점이 아닌 일정한 거리에 있는 지점을 지나는 평면으로 잘랐을 때 만들어지는 도형이다. 즉 정사면체, 정육면체, 정팔면체, 정십이면체, 정이십면체의 각 꼭짓점으로부터 일정한 지점(예: $\frac{1}{3}$ 지점)을 지나는 평면으로 잘랐을 때 만들어진다.

① 정사면체 → 깎은 정사면체(3, 6, 6): 삼각형 4개, 육각형 4개
② 정육면체 → 깎은 정육면체(3, 8, 8): 삼각형 8개, 팔각형 6개
③ 정팔면체 → 깎은 정팔면체(4, 6, 6): 사각형 6개, 육각형 8개
④ 정십이면체 → 깎은 정십이면체(3, 10, 10): 삼각형 20개, 십각형 12개
⑤ 정이십면체 → 깎은 정이십면체(5, 6, 6): 오각형 12개, 육각형 20개(축구공다면체)

깎은 정다면체(2): 깎은 정다면체(2)는 정사면체를 제외한 정다면체를 각 모서리의 중점을 지나는 평면으로 잘랐을 때 만들어지는 도형이다. 즉, 정육면체, 정팔면체, 정십이면체, 정이십면체를 각 모서리의 중점을 지나는 평면으로 잘랐을 때 만들어지는 준정다면체를 의미한다. 다음은 정육면체, 정팔면체, 정십이면체, 정이십면체를 각 모서리의 중점을 지나는 평면으로 잘랐을 때 만들어지는 4개의 준정다면체이다.

⑥ 정육면체, 정팔면체 → 육팔면체(3, 4, 3, 4): 정삼각형 8개, 정사각형 6개
⑦ 정십이면체, 정이십면체 → 십이이십면체(3, 5, 3, 5): 정삼각형 20개, 정오각형 12개

정육면체와 정팔면체를 모서리의 중점을 지나는 평면으로 잘랐을 때 만들어진 두 도형의 모양은 어떤지 살펴보자. 정십이면체와 정이십면체의 경우에도 같은 결과를 얻을 수 있는가? 이들 두 도형은 쌍대성 관계에 있음을 생각하자.

탐구문제 20

1. 정사면체를 각 모서리의 중점을 지나는 평면으로 잘랐을 때 만들어지는 도형은 무엇인가?

부풀려서 만든 준정다면체: 부풀려서 만든 준정다면체는 정다면체 안에 풍선을 넣고 불었을 때 모서리와 꼭짓점이 벌어지면서 그곳에 정사각형과 정삼각형이 채워지면서 만들어진다. 예를 들어, 정육면체 안에 풍선을 넣고 불었다고 생각하자. 정육면체에는 세 모서리가 만나는 꼭짓점 8개와 모서리 12개가 있다. 세 모서리가 만나기 때문에 꼭짓점 8개가 벌어지며 정삼각형 8개가 채워지고, 모서리 12개가 벌어지며 정사각형 12개가 채워진다. 원래 있던 정사각형 6개와 더하면 정사각형 18개, 정삼각형 8개로 부풀린 육팔면체가 만들어진다.

정팔면체는 모서리 4개가 모이는 꼭짓점 6개와 모서리 12개가 있다. 정팔면체를 부풀려 모서리와 꼭짓점이 모두 벌어지면 정사각형 18개가 채워진다. 정사각형 18개와 원래 있던 정삼각형 8개로 부풀린 육팔면체가 된다. 즉, 정육면체와 정팔면체를 부풀렸을 때 같은 입체도형이 만들어진다.

부풀린 십이이십면체는 부풀린 육팔면체와 같은 방법으로 만들어지며, 정십이면체와 정이십면체를 부풀렸을 때 만들어지는 입체이다. 즉, 정십이면체와 정이십면체를 부풀렸을 때 같은 입체도형이 만들어진다.

한편, 육팔면체와 십이이십면체에서 모든 모서리의 중점을 지나는 평면으로 자르면 부풀린 육팔면체와 부풀린 십이이십면체가 만들어진다.

부풀려 깎은 육팔면체를 만들 때는 정삼각형 8개, 정사각형 6개로 이루어진 육팔면체에서 모든 모서리를 3등분하고 꼭짓점에서 $\frac{1}{3}$ 지점을 지나는 평면으로 자르면 부풀려 깎은 육팔면체가 만들어진다. 육팔면체에서 모서리 4개가 모이는 12개의 꼭짓점에는 12개의 정사각형이 만들어지고, 6개의 정사각형은 6개의 정팔각형으로, 8개의 정삼각형은 8개의 정육각형으로 된다.

같은 방법으로 부풀려 깎은 십이이십면체를 만들 때는 정삼각형 20개, 정오각형 12개로 이루어진 십이이십면체에서는 4개의 모서리가 만나는 30개의 꼭짓점에서 30개의 정사각형이 만들어지고, 20개의 정삼각형에서 20개의 정육각형으로, 12개의 정오각형에서 12개의 정십각형이 만들어진다.

⑧ 정육면체, 정팔면체 → 부풀린 육팔면체(3, 4, 4, 4): 정삼각형 8개, 사각형 18개

⑨ 육팔면체 → 부풀려 깎은 육팔면체(4, 6, 8): 정사각형 12개, 정육각형 8개, 정팔각형 6개

⑩ 정이십면체, 정이십면체 → 부풀린 십이이십면체(3, 4, 5, 4): 정삼각형 20개, 정사각형 30개, 정오각형 12개

⑪ 십이이십면체 → 부풀려 깍은 십이이십면체(4, 6, 10): 정사각형 30개, 정육각형 20개, 정십각형 12개

> **탐구문제 21**
>
> 1. 4D프레임으로 부풀린 육팔면체, 부풀려 깍은 육팔면체, 부풀린 십이이십면체, 부풀려 깍은 십이이십면체를 만들어 보아라.

부풀려서 회전한 준정다면체: 부풀려서 회전한 준정다면체는 정육면체와 정십이면체의 각 면을 떼어내어 적당한 간격을 두고 떨어지게 한 후, 두 면 중 한 면을 회전축으로 하여 다른 면들을 약간 회전시킨 후 그 사이를 정삼각형으로 메웠을 때 만들어지는 도형이다.

먼저 다듬은 육팔면체는 정육면체에서 출발한다. 부풀린 육팔면체를 만들 때와 같이 정육면체에 풍선을 넣어 바람을 불어넣으면 모서리와 꼭짓점 사이가 벌어져 공간이 생긴다. 아래 그림과 같이 두 면 중 한 면에 회전축이 있다고 생각하고, 다른 면을 회전시킨 후 공간을 정삼각형으로 채우면 만들어진다. 모서리 사이는 정삼각형이 2개로 채워지고, 꼭짓점 사이는 삼각형 1개로 채워지기 때문에 벌어진 공간 사이는 모두 32개(12×2+8)의 정삼각형으로 채워진다. 그러므로 다듬은 육팔면체는 32개의 정삼각형과 6개의 정사각형으로 만들어진다.

다듬은 십이이십면체는 정십이면체를 부풀린 후 다듬은 육팔면체와 같은 방법으로 하면 만들어진다. 정이십면체를 부풀렸을 때 벌어진 공간 사이는 모두 80개(30×2+20)의 정삼각형으로 채워지기 때문에 다듬은 십이이십면체는 80개의 정삼각형과 12개의 오각형으로 만들어진다.

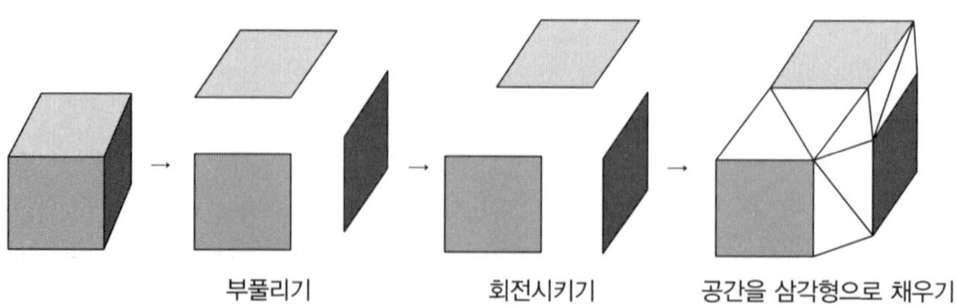

⑫ 정육면체 → 다듬은 육팔면체(3, 3, 3, 3, 4): 삼각형 32개, 사각형 6개

⑬ 정십이면체 → 다듬은 십이이십면체(3, 3, 3 ,3, 5): 삼각형 80개, 오각형 12개

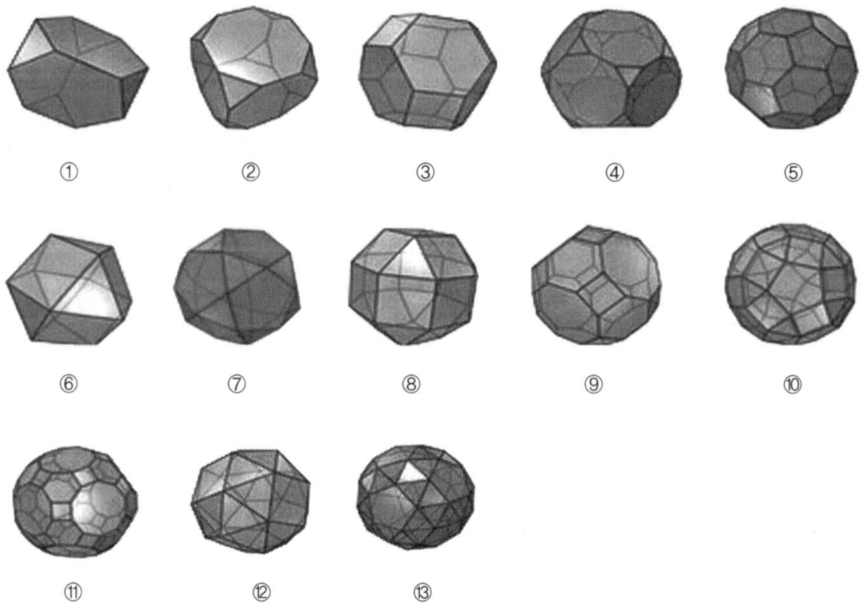

탐구문제 22

1. 4D프레임으로 다듬은 육팔면체, 다듬은 십이이십면체를 만들어 보아라.

탐구문제 정답

∴ 탐구문제 1

1. (1) 직관적

   (2) ① 1:2 ② 변이 6개이므로 육각형이 맞다.

   (3) $2-\frac{5}{3}$

∴ 탐구문제 2

1. 변하지 않은 것: 선분의 끊어짐 정도, 선분을 유지 등
   변한 것: 길이, 굽은 정도 등

∴ 탐구문제 3

1. 전체 길이:긴 길이=긴 길이:짧은 길이'에서 $(x+1) : x = x : 1$에서 $x^2 = x+1$이므로 $x^2-x-1 = 0$을 풀면 $x = \frac{1+\sqrt{5}}{2}$ 이다.

∴ 탐구문제 4

1. 생략

∴ 탐구문제 5

1. 960°
2. 1080°

∴ 탐구문제 6

1. 243=3^5개가 된다. 이것은 0차원이 32개, 1차원이 80개, 2차원이 80개, 3차원이 40개, 4차원이 10개, 5차원이 1개의 합이다.

∴ 탐구문제 7

1. $d_n = 1+{}_nC_1+{}_nC_2+{}_nC_3+\cdots+{}_nC_{n-1}+{}_nC_n$이다. 따라서 d_n은 이항계수의 합과 같다는 것을 알 수 있으며, $d_n=2^n$이다.

∴ 탐구문제 8

1. 6개

2.

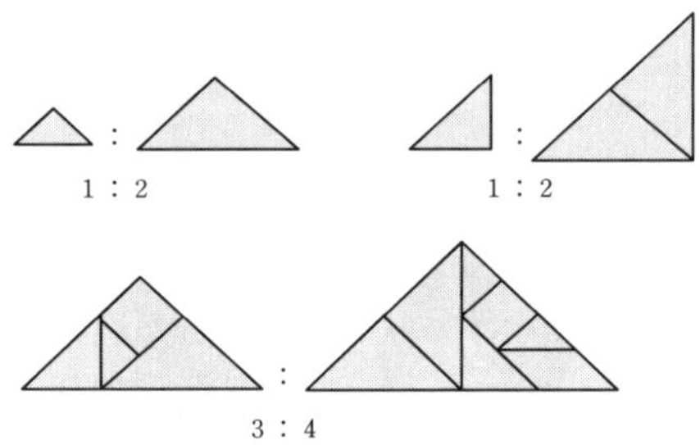

3. 2개: 이등변삼각형, 사다리꼴, 평행사변형, 정사각형
   3개: 이등변삼각형, 사다리꼴, 평행사변형, 가로와 세로의 길이가 다른 직사각형, 정사각형, 오각형
   4개: 이등변삼각형, 사다리꼴, 평행사변형, 가로와 세로의 길이가 다른 직사각형, 정사각형, 오각형, 육각형, 칠각형, 십각형
   5개: 이등변삼각형, 사다리꼴, 평행사변형, 가로와 세로의 길이가 다른 직사각형, 정사각형, 오각형, 육각형, 칠각형, 팔각형, 구각형
   6개: 사다리꼴, 가로와 세로의 길이가 다른 직사각형, 오각형, 육각형, 칠각형, 팔각형, 구각형, 십각형, 십이각형

∴ 탐구문제 9

1. 생략

∴ 탐구문제 10

1. 코흐곡선은 다음 단계에서 한 변의 길이는 3등분되므로 $m = 3$이고, 선분의 수는 $N = 4$이다. 이것을 이용하여 코흐곡선의 차원을 계산하면

$$d = \frac{\log 4}{\log 3} \fallingdotseq 1.26$$

이다.

탐구문제 11

1. 8개

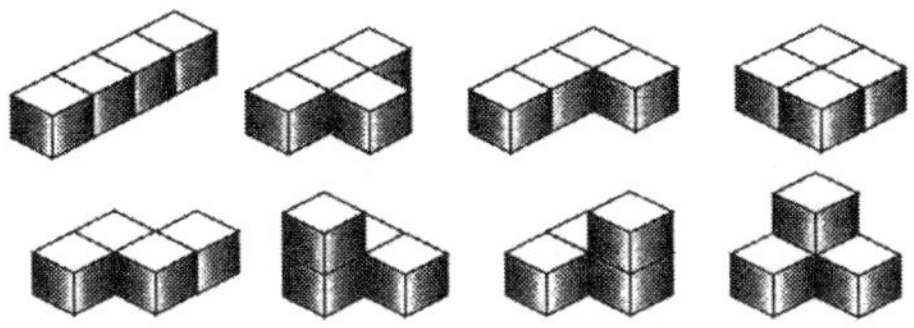

2. 29개

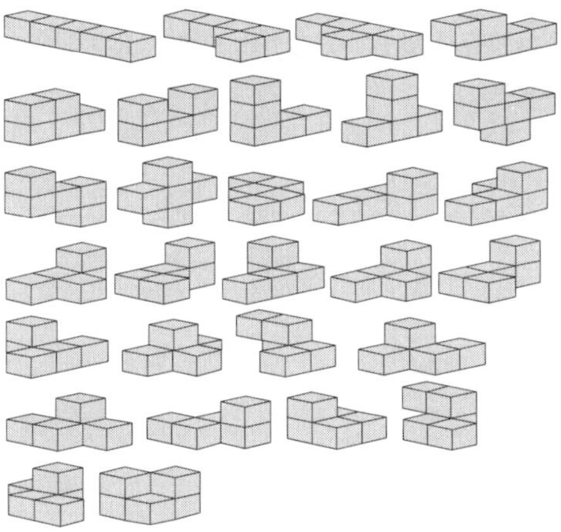

탐구문제 12

1.

구분	최소의 개수	최대의 개수
2×2	6	8
3×3	15	27
4×4	28	64
…		
$n\times n$	$n^2+n^2-n=2n^2-n$	n^3

(참고) $n\times n$에서 n^2은 대각선에 위치한 수의 합을 의미하고, n^2-n은 대각선을 제외한 격자의 수를 의미한다.

탐구문제 13

1. $(1\times3)+(2+3+4+5+6+7)\times4=111$

2.

7	7	5
7	6	6
4	6	3

7	5	5
4	5	6
4	3	3

2	2	2
4	1	2
1	1	3

3.

7	7	4
7	4	4
6	4	3

7	5	5
6	6	5
6	3	3

2	5	1
2	1	1
2	2	3

탐구문제 14

1. (1) 27 cm^3, 82 cm^2 (2) 27 cm^3, 66 cm^2
2. 생략

탐구문제 15

1. 생략
2. 생략

탐구문제 16

1. (1) 3 cm^2 (2) $\frac{9}{2}\text{ cm}^2$ (3) $\frac{3}{2}\text{ cm}^2$

탐구문제 17

1. (1) 8 cm^2 (2) $\frac{11}{2}\text{ cm}^2$ (3) $\frac{11}{2}\text{ cm}^2$

탐구문제 18

1. 정다각형의 한 내각의 크기는 $\frac{(n-2)\pi}{n}$이고, 정다면체가 되려면 한 꼭짓점에 모이는 정다각형 m개의 내각의 크기의 합이 2π보다 작아야 한다. 따라서 $\frac{(n-2)\pi}{n}\times m<2\pi$에서 n이 3, 4, 5, …에 따라 3이상의 자연수 m을 찾으면 부등식을 만족하는 n과 m의 쌍은 5가지 밖에 없음을 알 수 있다.

탐구문제 19

1. 정사면체↔정사면체, 정육면체↔정팔면체, 정십이면체↔정이십면체

탐구문제 20

1. 정팔면체

∷ 탐구문제 21

1. ① **부풀린 육팔면체: 정육면체를 부풀어 만들기**

(a) 정사각형 6개로 정육면체를 만든다.

(b) 그림과 같이 벌리며 그 사이에 정사각형과 정삼각형을 만든다.

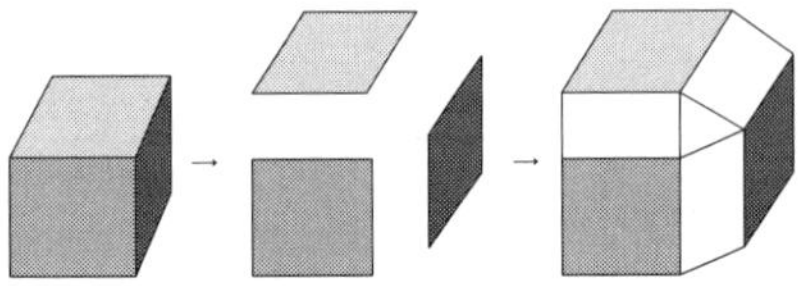

(c) 정육면체의 모서리에는 또 다른 사각형이 만들어지고 꼭짓점에는 삼각형이 만들어지게 되는 것이다. 모든 모서리와 꼭짓점에서 이렇게 만들어주면 삼각형, 사각형, 삼각형, 사각형 등으로 반복된다.

(d) 연결발 위치를 조정하여 모양을 다듬어준다.

② 부풀려 깍은 육팔면체

(a) 육팔면체의 모든 모서리를 3등분한다.

(b) 1개의 꼭짓점에 모인 4개의 모서리에서 꼭짓점에 가까운 $\frac{1}{3}$지점을 잘라서 빼내고 남아 있는 4개의 모서리에 연결발(3)을 끼운다. 연결발 사이를 (조금 전 잘라서 빼낸)모서리 길이의 $\frac{1}{3}$인 연결봉으로 연결하면 정사각형 1개가 새로 만들어진다.

(c) 모든 꼭짓점에서 같은 방법으로 정사각형을 만들어 가면 부풀려 깎은 육팔면체가 완성된다.

③ 부풀린 십이이십면체

(a) 정십이면체 또는 정이십면체를 만든다.

(b) 부풀린 육팔면체와 같은 방법으로 만든다.

④ 부풀려 깍은 십이이십면체

(a) 십이이십면체의 모든 모서리를 3등분한다.

(b) 부풀려 깎은 육팔면체와 같은 방법으로 만든다.

∷ 탐구문제 22

1. ① **다듬은 육팔면체**

(a) 정사각형 6개로 정육면체를 만든다.

(b) 부풀린 정육면체의 각 면의 위치를 생각하자. 한 면을 위에 들고 다른 한 면을 부풀려진 옆면의 위치에 든다. 위에 든 면을 회전축으로 생각하고 시계방향으로(옆면의 꼭짓점이 위에 든 면의 모서리 $\frac{1}{2}$지점에 오도록) 회전시킨다.

(c) 위에 든 면과 회전시킨 옆면을 연결봉으로 연결하면 삼각형이 만들어진다.

(d) 옆 면을 2–3과 같은 방법으로 연결한 후 남아있는 공간을 삼각형으로 메워준다.

(d) 남아있는 한 면도 같은 방법으로 연결하면 부풀려 회전한 정육면체가 만들어진다.

② 다듬은 십이이십면체

(a) 정오각형 12개로 정십이면체를 만든다.

(b) 다듬은 육팔면체를 만드는 방법과 같은 방법으로 만든다.

제5장

측정 영역의 이해와 탐구

나는 천체의 무게를 측정할 수 있어도 미친 사람의 마음은 알 수 없다.

– 뉴턴(Newton)

아무리 추상적인 수학일지라도 언젠가는 생활에 응용되지 않는 분야는 없다.

– 로바체프스키(Lobachevsky)

□ 초등학교에서 측정 지도 내용과 과정

※측정의 의미: 측정이란 '대상 또는 사건의 어떤 속성에 수를 부여하는 것'을 의미하며, 어떤 양을 기준으로 측정 대상이 몇 개분에 해당하는가의 수치를 구하는 과정이다. 이때 기준이 되는 양을 '단위'라 하고, 측정에 의해 얻어진 양을 그 단위에 의한 측도(measure) 또는 측정값이라고 한다. 초등학교에서 측정할 수 있는 속성으로는 시간, 길이, 들이, 무게, 넓이, 부피 등이 있다. 비록 각각의 속성이 다를지라도, 대상을 비교(직관적 비교, 직접비교, 참조물을 이용한 간접비교)함으로써 속성을 알고, 단위를 선정하고, 단위에 의해 대상을 비교하며, 단위의 수를 찾는 과정으로 지도한다.

교과서 속의 수학: 비교활동의 예시(들이)

여러 가지 방법으로 들이를 비교해 봅시다.

- 어느 병에 물이 더 많이 들어갈지 이야기해 보세요.
- 주스병과 물병의 들이는 어떻게 비교할 수 있는지 말해 보세요.

※길이: 길이는 모든 양의 기본이 되는 양이고, 대상의 속성 중에서 쉽게 지각되는 것 중의 하나이다. 거리도 길이에 의해 측정되며, 물체 사이에 적용되는 길이의 개념이다. 둘레는 한 영역을 돌아가는 거리로, 길이의 특수한 형태이다.

※각도: 각도는 각의 두 반직선 사이에 벌어진 정도를 말하는데, 이는 한 반직선의 끝점을 꼭짓점에 고정하고 다른 반직선의 끝점을 꼭짓점을 중심으로 회전시켰을 때 회전한 양으로 볼 수도 있다. 실생활 장면에서 각의 크기를 측정하는 활동을 통하여 1도(°)를 알게 하고, 각도기를 이용하여 각의 크기를 측정할 수 있게 한다. 각도기를 사용하는 방법을 정확히 알고 여러

가지 각의 크기를 재어 각의 크기의 단위인 도(°)로 나타내게 한다. 자와 각도기를 사용하여 주어진 각을 정확하게 그릴 수 있게 한다. 각도기 사용법을 정확하게 알고 여러 가지 각을 그릴 수 있게 한다.

※들이와 무게: 들이는 용기의 내부공간에 들어가는 양을 말한다. 내부의 한 변이 1cm인 정육면체의 내부에 넣을 수 있는 액체의 양을 1mL로 약속하여 들이와 부피를 같은 단위로 통합한다. 무게에서는 어느 쪽이 얼마나 더 무거운가를 알기 위해서는 제3의 물체인 임의단위를 도입하고, 측정값의 객관화라는 관점에서 저울의 눈금과 관련시켜 무게의 보편단위인 1g과 1kg을 도입한다.

※시각과 시간: 시각은 때의 위치(시점)를 나타내는 말이고, 시간은 두 시각 사이의 양을 나타내는 말이다. 실생활에서 아침에 일어나는 시각, 운동하는 시각, 등교하는 시각 등 시각과 관련된 활동을 소재로 시각에 관심을 가지게 하고, 시계 보기를 통하여 '몇 시', '몇 시 30분'으로 시각을 말할 수 있게 한다. 시계 보기는 짧은 시간에 완성되는 것이 아니므로 평소 학교에서 시계 보는 기회를 다양하게 제공하면서 시각을 읽게 한다. 시각을 나타내는 단위로 '1분' 단위까지 시계 눈금을 통해 구체적으로 지도하고 이를 활용하여 시각을 '몇 시 몇 분'까지 읽을 수 있게 한다. 시각 읽기는 실생활 장면에서 지속적으로 시각을 읽는 활동을 통하여 지도하도록 한다. 이 때, 시각을 숫자로 나타낸 시계와 일반 시계 등 다양한 형태의 시계를 제시하여 시각을 읽게 한다.

시각과 시각 사이의 간격을 뜻하는 시간의 의미를 알고, 1시간=60분을 알게 한다. 1시간이 60분임을 이해한 후, 60분이 넘는 시간을 '몇 시간 몇 분'으로 표현할 수 있게 하고, 1일이 24시간임을 알게 하고, 24시간이 넘는 시간을 '며칠 몇 시간'으로 나타낼 수 있도록 한다. 또 달력을 이용하여 1주일, 1개월, 1년 사이의 관계를 알게 한다. '1주일=7일, 1개월=30일(28일, 29일, 31일), 1년=12개월' 사이의 관계를 활용하여 시간 계산을 할 수 있게 한다.

※넓이: 길이가 1차원의 기본량이라면 넓이는 2차원의 기본량이다. 넓이 비교에서는 생활 주변에서 넓적한 부분을 찾아 넓이를 비교하게 하고, '더 넓다', '더 좁다' 등으로 표현할 수 있게 한다. 어떤 도형의 넓이를 측정한다는 것은 그 도형을 완전히 덮을 수 있는 단위 넓이 도형의 개수를 세는 것이다. 다양한 형태와 크기의 임의 단위로 도형을 덮어봄으로써 넓이를 비교하는 데 임의 단위가 불편함을 알게 한다. 임의 단위의 불편함을 깨닫게 한 후에 넓이의 표준

단위로 $1cm^2$를 도입하고, $1cm^2$의 실제 넓이에 대한 양감을 느끼게 한다.

직사각형의 넓이는 직사각형을 완전히 덮을 수 있는 $1cm^2$인 정사각형의 개수를 세는 과정에서 (가로)×(세로)로 구할 수 있다. 특히 넓이를 구하는 공식에 중심을 둘 것이 아니라, 넓이 개념을 충분히 이해한 후에 가로와 세로의 곱으로 넓이를 구하는 일반적인 방법을 활용할 수 있도록 한다.

평행사변형, 삼각형, 사다리꼴, 마름모의 넓이 구하기는 모양은 변하지만 넓이는 변하지 않게 변형하거나 도형을 분할하는 등 다양한 방법을 이해한 후 구하게 한다. 평행사변형의 넓이를 구하기 위해 평행사변형을 직사각형으로 변형하거나, 마름모의 넓이를 구하기 위하여 마름모를 직사각형으로 변형하는 등 다양한 방법으로 평면도형의 넓이를 구해보게 하여 그 방법을 이해하게 한다. 넓이 구하는 방법을 이해한 후 이를 일반화하여 평행사변형, 삼각형, 사다리꼴, 마름모의 넓이를 구할 수 있게 한다. 특히 삼각형의 넓이를 다룰 때는 높이가 삼각형의 내부, 외부에 있는 것을 모두 다룬다.

교과서 속의 수학: 여러 가지 방법으로 사다리꼴의 넓이 구하기

사다리꼴의 넓이를 구하는 여러 가지 방법을 알아보시오.

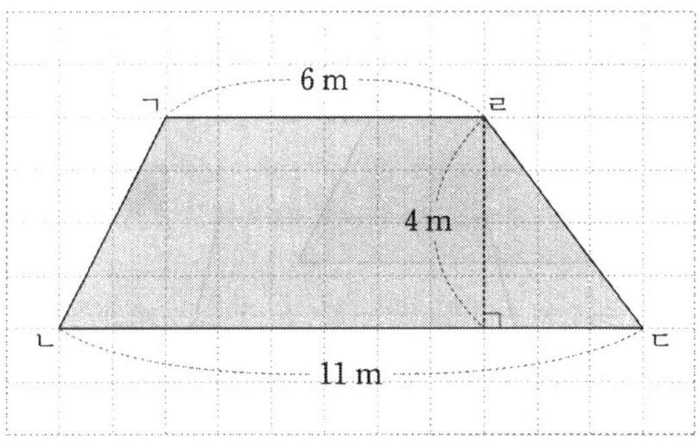

※원주율과 원의 넓이: 둥근 물체의 원주를 여러 가지 방법으로 측정하여 원주와 지름의 비율을 구하는 활동으로 원주율을 이해하게 한다. 둥근 물체의 원주를 여러 가지 방법으로 측정한 결과를 바탕으로 원주율은 일정함을 이해하게 하고, 원주율의 근삿값으로 3.14를 사용하게 한다.

지름과 원주율을 이용하여 원주를 구하는 방법을 알게 하고, 여러 가지 원의 원주를 구할 수 있게 한다. 원의 넓이는 모눈종이 위에 원을 그리고 그 원 안에 있는 모눈의 개수를 세거나 원에 외접하는 정사각형과 내접하는 정사각형 사이의 관계를 이용하여 대략적으로 알아보게 한다. 또 원을 작은 부채꼴로 잘라 붙여 직사각형 모양을 만드는 활동으로 원의 넓이를 구하는 공식을 이해하게 한다. 이런 활동을 바탕으로 원주와 원의 넓이를 구하는 공식을 활용하여 여러 가지 원의 원주와 원의 넓이를 구할 수 있게 한다.

교과서 속의 수학: 원의 넓이 구하기

- 원을 한없이 잘게 잘라 붙이면 [　　　　]이 됩니다.

- 직사각형의 넓이 구하는 방법을 이용하여 원의 넓이 구하는 방법을 알아보시오.

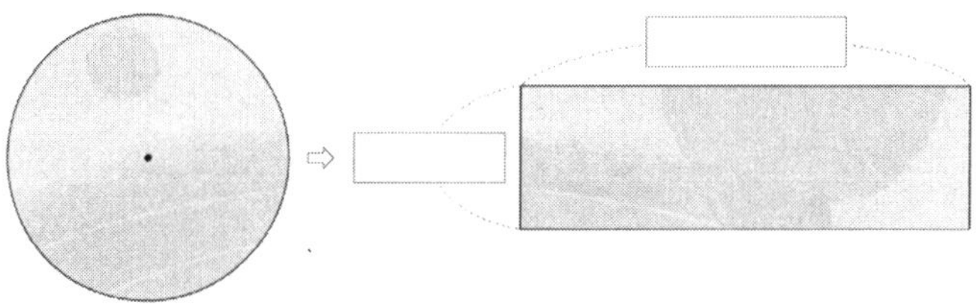

$$(\text{원의 넓이})=(\text{원주의 }\frac{1}{2})\times(\text{반지름})$$
$$=(\text{지름})\times(\text{원주율})\times\frac{1}{2}\times(\text{반지름})$$
$$=(\qquad)\times(\qquad)\times(\text{원주율})$$

※부피: 부피는 입체도형이 차지하는 공간의 크기를 의미한다. 부피에 대한 지각은 넓이에 대한 지각보다 훨씬 어려우므로 생활 주변의 구체적인 사물을 통해 부피 개념을 형성하게 하고, 부피의 임의 단위로 측정하는 것이 불편함을 깨달아 부피의 표준 단위로 $1cm^3$, $1m^3$를 알게 한다. 직육면체와 정육면체의 부피는 단위 부피의 개수를 세는 활동으로 구할 수 있음을 알

고, 그 과정에서 (가로)×(세로)×(높이)로 부피를 구할 수 있음을 알게 한다. 이를 발전시켜 부피는 일반적으로 (밑넓이)×(높이)로 구할 수 있게 한다.

직육면체와 정육면체의 겉넓이는 각 면의 넓이를 각각 구해서 더하는 방법, 넓이가 같은 면을 찾아 더하는 방법, 전개도의 넓이를 구하는 방법 등 다양한 방법으로 겉넓이를 구할 수 있게 한다. 여러 가지 방법으로 겉넓이를 구하는 방법을 이해한 후에는 일반적인 방법으로 직육면체와 정육면체의 겉넓이를 구할 수 있게 한다.

원기둥의 겉넓이는 원기둥의 전개도에서 두 밑면인 두 개의 원과 옆면인 직사각형의 넓이를 구해 더하는 것으로 구할 수 있음을 알게 한다. 따라서 원기둥의 겉넓이는 '(밑면의 넓이)×2+(옆면의 넓이)'로 구할 수 있음을 알고, 이를 활용하여 여러 가지 원기둥의 겉넓이를 구할 수 있게 한다. 또 원기둥의 부피는 원기둥을 한없이 잘게 잘라 직육면체 모양으로 변형하여 그 부피를 구함으로서 원기둥의 부피를 구할 수 있음을 알게 한다. 이런 이해를 바탕으로 원기둥의 부피는 '(원기둥의 밑넓이)×(높이)'로 구할 수 있음을 알고, 여러 가지 원기둥의 부피를 구할 수 있게 한다.

교과서 속의 수학: 원기둥의 부피 구하기

원기둥의 부피 구하는 방법을 알아보시오. (원주율: 3)

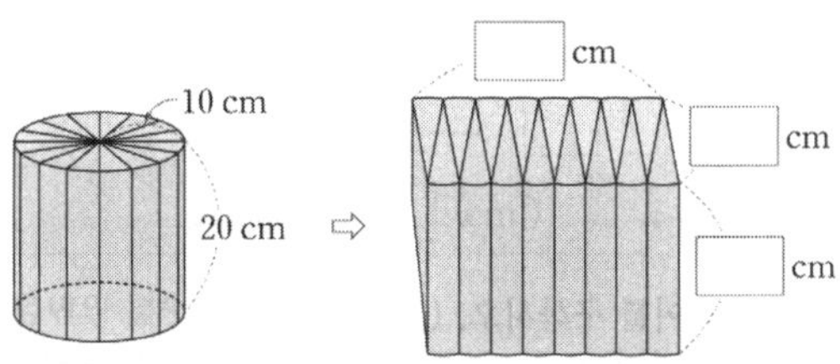

- 원기둥을 위와 같이 수직으로 여러 조각이 되게 자른 다음 엇갈리게 이어 붙이면 어떤 도형과 비슷한 모양이 됩니까?
- 원기둥의 부피 구하는 방법을 이야기해 보시오.
- □ 안에 알맞은 수를 써넣으시오.
- 원기둥의 부피를 구하시오.

(원기둥의 부피)=(반지름)×(반지름)×(원주율)×(높이)

=□×□×3×□

=□ (cm^3)

※수의 범위와 어림하기: 이상은 '크거나 같다'의 의미로, 이하는 '작거나 같다'의 의미로, 초과는 '보다 크다'의 의미로, 미만은 '보다 작다'의 의미로 사용되는 말이다. 실생활에서 사용되는

예를 찾아 그 뜻을 알고, 이상, 이하, 초과, 미만을 사용한 말에서 수의 범위를 나타낼 수 있게 한다. 어림값을 구하기 위한 방법으로서 반올림, 올림, 버림이 쓰이는 예를 통하여 그 의미와 필요성을 알도록 하며, 이를 생활에 활용할 수 있게 한다. 예를 들면 계란이 32개 필요한데 가게에서는 10개씩 묶음으로 팔 경우에는 올림하여 4묶음인 40개를 사야한다거나, 감 489개를 한 상자에 100개씩 담아 팔려고 할 경우에는 버림하여 4상자인 400개만 팔 수 있는 것들이 있다.

교과서 속의 수학: '이상' 개념의 지도

어떤 수보다 크거나 같은 수를 나타내는 방법을 알아보시오.

초등학생들의 키

이름	키(cm)	이름	키(cm)	이름	키(cm)
민수	135	성식	134.7	아름	149
병주	143.5	다운	129	미선	135.2

- 키가 135 cm보다 크거나 같은 학생의 키를 모두 써 보시오.
- 135보다 크거나 같은 수를 어떻게 말하면 좋을지 이야기해 보시오.

135, 135.2, 143.5, 149 등과 같이 135보다 크거나 같은 수를 135 이상인 수라고 합니다.

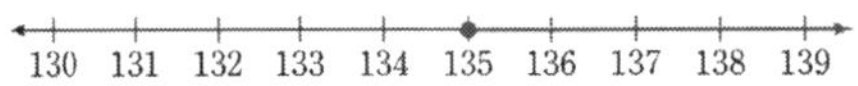

탐구문제 1

1. (가)는 2009 개정 수학과 교육과정 3-4학년군의 각도 관련 성취기준이고, (나)는 ㉠의 성취기준에 도달하기 위한 학습 사례이며, (다)는 (가)의 성취기준 ④와 관련된 수업을 한 후 교사들이 나눈 대화이다. 물음에 답하시오(2015 임용 문제).

(가)

⑤ 각도

① 각의 크기인 단위인 1도(°)를 알고, 각도기를 이용하여 각의 크기를 측정할 수 있다.

② 주어진 각도와 크기가 같은 각을 그릴 수 있다.

③ (㉠   )

④ 여러 가지 방법으로 삼각형과 사각형의 내각의 크기의 합을 추론하고, 자신의 추론 과정을 설명할 수 있다.

(나)

〈활동 1〉
현수: (각을 가리키며) 몇 도쯤 될 것 같아?
정아: 70° 정도? 각도기로 재어 확인해 보자.
〈활동 2〉
현수: 부채 갓대로 50°를 만들어 볼래?
정아: (부채 갓대를 벌리며) 이 정도 될 것 같아.
현수: 각도기로 재어 확인해 보자.

(다)

김 교사: 한 학생이 삼각형의 내각의 크기의 합을 구하기 위해 점종이에 삼각형을 그리고 각도기로 재었는데 180°가 되지 않았다면서 완벽한 삼각형을 그릴 수 있는지 물었습니다.

박 교사: ㉡ 삼각형은 세모 모양인 모든 사물들의 공통적인 속성을 뽑아 개념화한 것이며, ㉢ 현실에서는 아무리 정교하게 그린다 해도 내각의 크기의 합이 180°인 완전한 삼각형을 그릴 수 없고, 완전한 삼각형은 눈으로 보거나 만질 수 있는 것이 아니라 관념의 세계에서만 존재한다는 점을 학생들에게 설명하기는 쉽지 않은 것 같습니다.

이 교사: 도형을 잘라 맞추어보거나 각도기로 재어 보는 조작적 활동을 통해 내각의 크기의 합을 확인하는 방법에 만족하지 못하는 학생들이 있는 것 같아요.

송 교사: 저는 삼각형의 내각의 크기의 합이 180°라는 것을 ㉣ 삼각형의 변을 따라 움직이면서 각각의 내각의 크기만큼 연필을 돌리는 방법으로 설명해주었는데 학생들이 잘 이해하고 만족스러워 하였습니다.

(1) (나)의 〈활동1〉과 〈활동 2〉를 참고하여, (가)의 ㉠에 들어갈 성취기준을 쓰시오. [2점]

• ______

(2) 박 교사가 말한 ㉡과 ㉢이 가장 잘 보여주는 수학의 특성이 무엇인지 각각 한 단어로 쓰시오. [1점]

• ㉡: ______

• ㉢: ______

(3) 송 교사가 말한 ㉣은 아래 그림과 같은 방법으로 이루어진다. 마지막 조작 과정을 추론하고, 그 결과를 바탕으로 삼각형의 내각의 크기의 합이 180°가 되는 이유를 쓰시오.

(단, 연필의 조작을 이용하여 설명한다.) [1점]

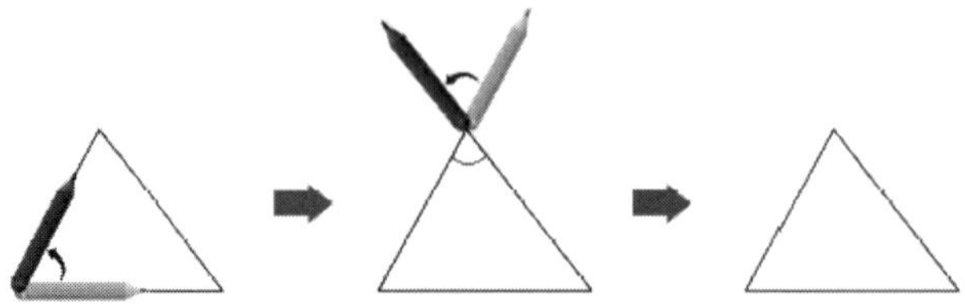

• ______________________________

2. 다음은 길이 비교와 관련된 수업 계획안의 일부이다. 물음에 답하시오. (2014학년도 임용문제)

〈생각열기〉

스토링텔링: 임금님이 바지재단사가 만들어 온 바지를 입어보고는 "바지가 짧잖아!"라고 하며 몹시 화를 냈어요. 윗옷재단사가는 임금님이 벗어 놓은 옷의 소매와 자신이 만들어 온 옷의 소매 길이를 얼른 비교해 보았어요. 어쩌면 좋아요. 윗옷재단사는 만들어 온 옷의 소매가 임금님의 팔보다 너무 길다는 것을 알았어요.

ㅁ위 스토리텔링에서 옷의 길이를 비교한 방법 알아보기

〈활동 1〉

ㅁ직접 비교 활동을 통해 길이 비교하기

ㅁ직접 비교의 장점 말하기

ㅁ㉠ 직접 비교의 단점 말하기

〈활동 2〉

ㅁ간접 비교 활동을 통해 길이 비교하기

ㅁ간접 비교의 장점 말하기

ㅁ간접 비교의 단점 말하기

〈마무리〉

ㅁ차시예고

(1) ㉠을 1가지 쓰시오. [1점]

• ______________________________

(2) 위 스토리텔링에서 간접 비교의 매개물로 사용된 것을 찾아 쓰시오. [1점]

• ______________________________

1. 표준단위가 필요한 이유

측정은 어떤 양을 기준으로 측정 대상이 몇 개분에 해당되는가의 수치를 구하는 과정으로, 기준이 되는 양을 '단위'라 한다. 단위를 선정할 경우에는 주변의 편리한 사물을 이용하면 편리할 수 있는데, 이 때 사용하는 구체물을 '임의 단위'라고 한다. 임의 단위를 사용하여 비교하게 되면 단위의 크기가 일정하지 않으므로 의사소통에 문제가 생길 수 있다. 이러한 임의 단위의 불편성을 알게 됨으로써 보편단위의 필요성을 체득하게 된다. 예를 들어 다음에 제시된 그림을 살펴보자.

교과서 속의 수학: 임의단위가 불편해요.

한 뼘의 길이를 비교해 봅시다.

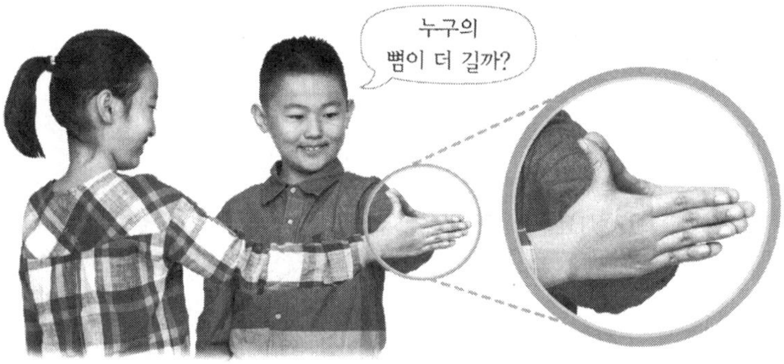

• 뼘이 더 긴 사람은 누구인가요? (짝 , 나)

• 모둠에서 뼘이 가장 긴 친구는 누구인가요?

• 뼘으로 길이를 재면 불편한 점이 무엇인지 말해 보세요.

그림에서 서로 다른 단위(길이가 다른 뼘)를 사용하면 다음과 같은 이유로 불편할 수 있다.

- 같은 크기의 물건의 길이를 다르게 말할 수 있다.
- 단위길이의 몇 배인지를 알아도 물건의 길이를 정확하게 알 수 없다.

따라서 이런 문제를 해결하기 위하여 모든 사람이 알 수 있는 표준단위를 사용하게 되는 것이다. 현재 대부분의 국가에서는 국제단위계를 사용하는데, 국제단위계는 기본단위(mks단위), 보조단위, 유도단위로 구분된다. 우리나라는 1964년에 계량법을 제정하여 미터법의 사용을 제도화하였다. 한편, 측정에 이용되는 단위는 다음과 같은 특성이 있다.

- 측정 단위는 선택한 속성에 적절해야 한다.
- 속성을 여러 가지 단위로 측정할 수 있다.
- 단위는 대상의 크기에 적절해야 한다.
- 단위의 수는 단위의 크기와 반대로 바뀐다.
- 서로 다른 측정 단위를 선택할지라도 측정 과정에서 단위를 바꿀 수는 없다.

탐구문제 2

1. 기본단위에 대하여 조사하여라.

2. 평면도형의 내각과 외각의 크기

평면도형에서 내각의 크기의 합은 삼각형의 내각의 크기의 합을 바탕으로 이끌어 낼 수 있다. 즉, 아래 그림과 같이 모든 다각형은 한 꼭짓점에서 몇 개의 삼각형으로 분할할 수 있다.

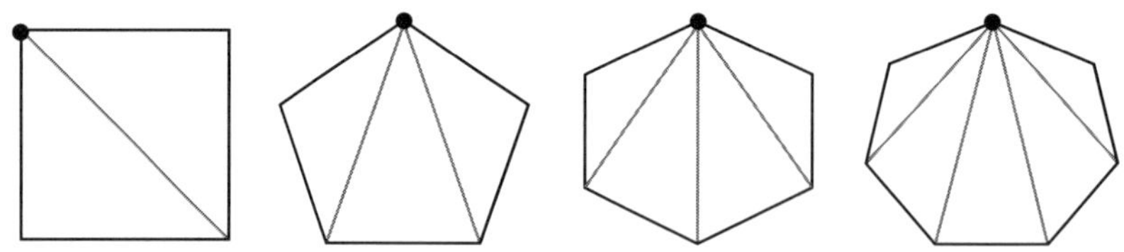

예를 들어 n각형은 $n-2$개의 삼각형으로 나눌 수 있다. 따라서 n각형의 내각의 크기의 합은 $(n-2)\pi$가 됨을 알 수 있다.

평면도형의 외각은 한 내각에 대하여 변의 연장선에 따라 두 군데에 있지만, 서로 맞꼭지각의 위치에 있으므로 외각은 한 꼭짓점마다 한 개만 생각하기로 한다. 그러면 다각형의 외각의

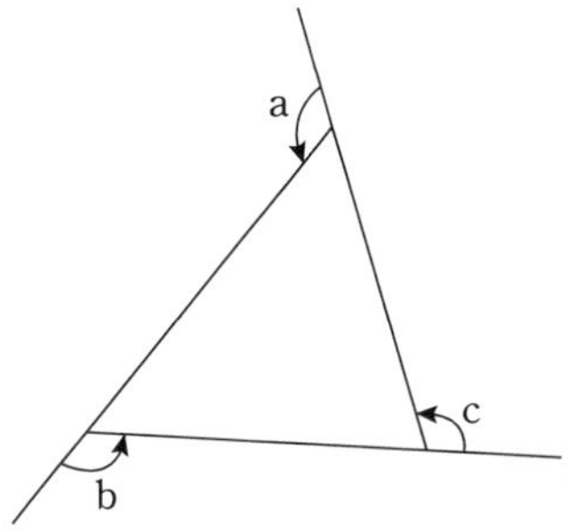

크기의 합은 얼마인가? 삼각형을 예로 들면, 아래 그림과 같이 한 변을 기점으로 한 바퀴를 돌게 되어 360°임을 알 수 있다.

마찬가지로 사각형과 오각형을 예로 하여 다각형을 한 점으로 연속해서 모으는 과정으로 외각의 크기를 생각해 보면 모든 다각형의 외각의 크기의 합은 360°임을 알 수 있다.

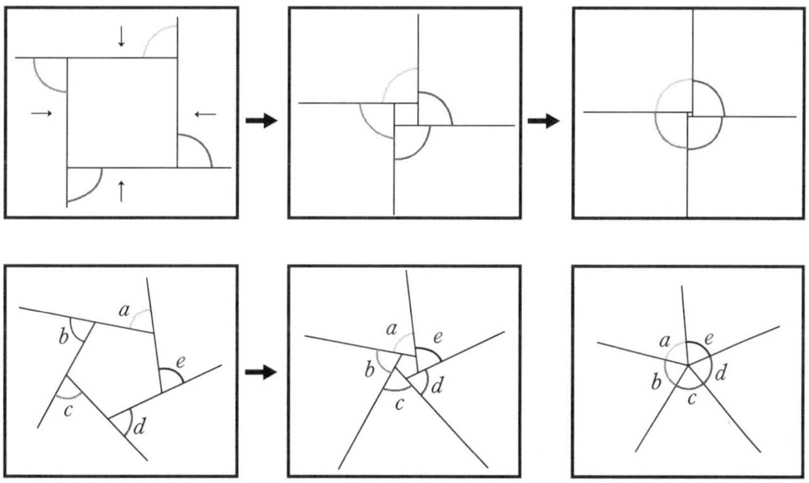

탐구문제 3

1. 정육각형의 대각선의 수를 구하여라. 그리고 그 중 긴 것과 짧은 것의 개수를 각각 구하여라.
2. 합동인 모든 사각형으로 테셀레이션이 되는지 확인하여라.
3. 합동인 모든 육각형으로 테셀레이션이 되는지 확인하여라.

3. 입체도형의 외각의 크기

입체도형에서 외각의 크기의 합은 어떻게 이끌어 낼 수 있을까? 그 실마리는 전개도에서 찾을 수 있다. 아래 그림에 있는 정사면체의 전개도에서 한 꼭짓점을 중심으로 전개도의 외부에 있는 각을 정사면체의 한 꼭짓점에서의 외각이라 정의한다. 그러면 정사면체의 한 꼭짓점에서 외각의 크기는 180°이고, 정사면체에는 4개의 꼭짓점이 있으므로 외각의 크기의 합은 720°가 됨을 알 수 있다. 마찬가지로 정육면체의 한 외각의 크기는 90°이고, 정육면체에는 8개의 꼭짓점이 있으므로 외각의 크기의 합은 720°가 됨을 알 수 있다.

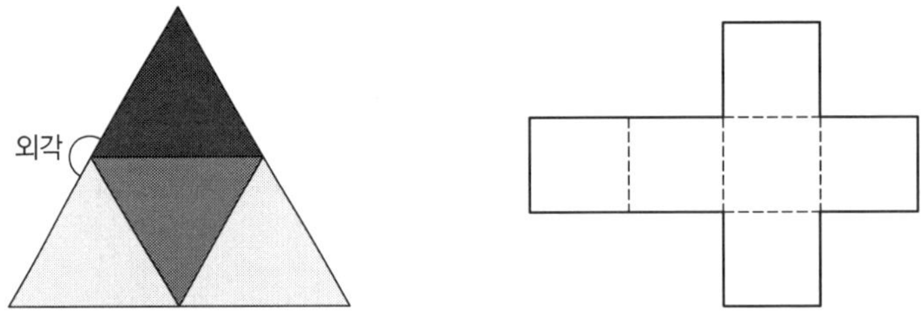

두 입체도형의 외각의 크기의 합이 720°가 된다는 것은 모든 입체도형의 외각의 크기의 합이 720°일거라는 추측을 가능하게 한다. 사실 이 추측은 옳다. 이 사실을 이용하여 입체도형의 꼭짓점의 개수를 알아낼 수 있다. 예를 들어, 정이십면체의 경우에 한 꼭짓점에는 5개의 삼각형이 모이므로 한 꼭짓점에서 외각의 크기는 60°임을 알 수 있다. 그렇다면 720÷60=12가 되므로 정이십면체의 꼭짓점의 개수는 12개가 된다.

탐구문제 4

1. 축구공 다면체는 그림과 같이 한 꼭짓점에 정육각형 2개와 정오각형 1개가 모여서 만들어진다. 축구공 다면체의 꼭짓점의 개수를 구하여라.

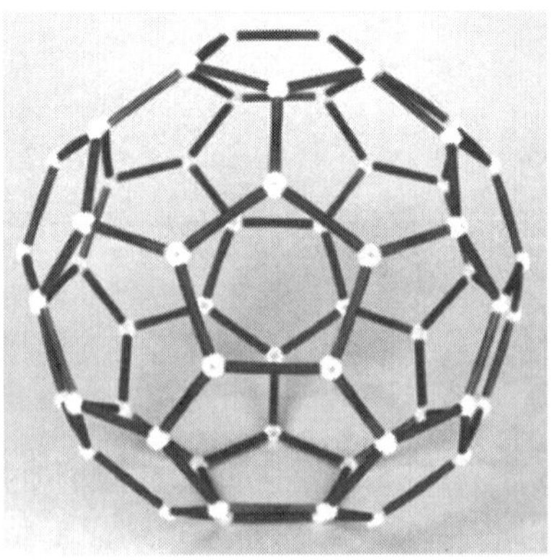

4. 원기둥, 구, 원뿔의 조화

수학자이자 과학자인 아르키메데스(Archimedes)는 원기둥과 구, 원뿔 사이의 아름다운 조화를 발견하고, 자신이 죽으면 묘비에 원기둥에 원뿔과 구가 내접하도록 새긴 묘비를 세워줄 것을 부탁하였다고 한다. 이 소원은 로마의 사령관인 말케르스에 의해 이루어졌다고 하는데, 이에 대한 유명한 일화가 있다.

주변 도시국가들을 대부분 점령한 기세등등한 로마군들은 결국 아르키메데스의 조국인 작은 나라 시라쿠스를 점령하게 된다. 아르키메데스가 연구에 열중하고 있는 곳을 지나가던 병사는 '이 그림을 밟지 마라.'라는 노인의 소리를 듣게 되고, 그는 칼로 노인을 향해 내리치게 된다.

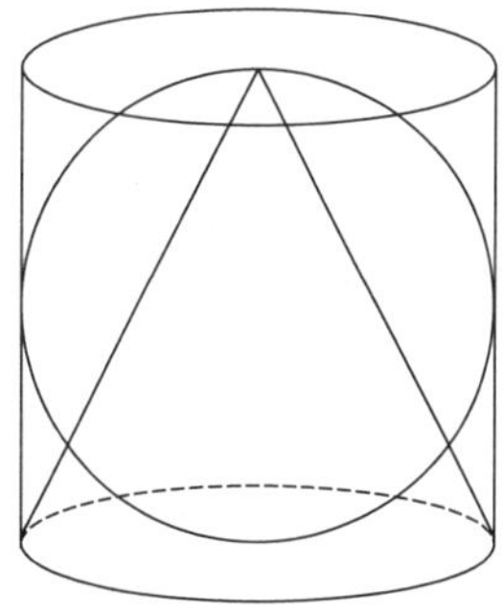

로마가 주변 국가들을 쉽게 점령하고도 작은 나라인 시라쿠스를 점령하는데 어려움을 겪은 것은 아르키메데스 때문이었다. 아르키메데스는 지렛대를 이용하여 돌을 쏘고, 거울을 이용하여 불을 놓는 것과 같은 과학 무기를 이용하여 오랜 기간 동안 조국을 지켜낸 것이다.

비록 적국의 과학자이자 수학자였지만, 말케르스는 그의 업적을 기리며, 그의 소원을 들어주었다고 한다. 그러면 내접하는 원기둥과 구, 원뿔 사이에는 어떤 아름다운 조화가 존재하는가? 원기둥의 밑면의 반지름의 길이를 r, 높이를 h라고 하면, 원뿔의 밑면의 반지름의 길이는 r, 높이는 h이고, 구의 반지름의 길이는 r이 되므로 부피는

$$\text{원기둥의 부피} = \pi r^2 h$$

$$\text{구의 부피} = \frac{4}{3}\pi r^3 = \frac{4}{3}\pi r^2 \times r = \frac{4}{3}\pi r^2 \times \frac{h}{2} = \frac{2}{3}\pi r^2 h$$

$$\text{원뿔의 부피} = \frac{1}{3}\pi r^2 h$$

이다.

따라서 세 입체도형의 부피 사이에는 (원기둥의 부피):(구의 부피):(원뿔의 부피)=3:2:1이 된다. 아르키메데스는 우주는 수학적으로 조화롭게 이루어져 있다고 생각하고, 1, 2, 3, …과 같은 자연수는 그 기본이 된다고 생각하였다.

탐구문제 5

1. 아래 그림과 같이 정육면체를 C를 꼭짓점으로 하는 사각뿔 3개를 만들었을 때 뿔의 부피는 정육면체(사각기둥) 부피의 $\frac{1}{3}$ 임을 보여라(황석근, 이재돈, 2005, p. 192).

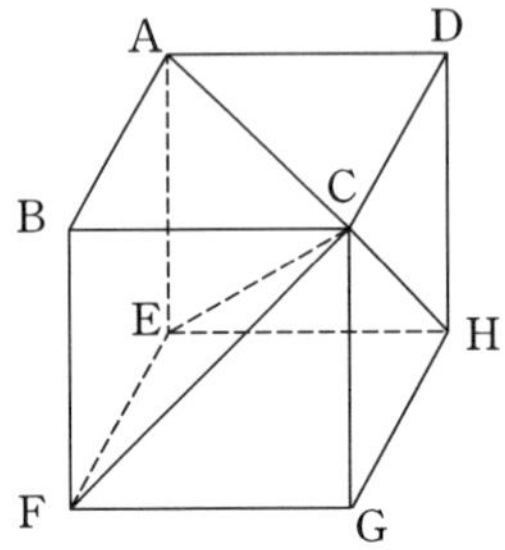

2. 밑면의 반지름의 길이가 r이고, 모선의 길이가 l인 원뿔의 겉넓이를 구하여라(황석근, 이재돈, 2005, p. 192).

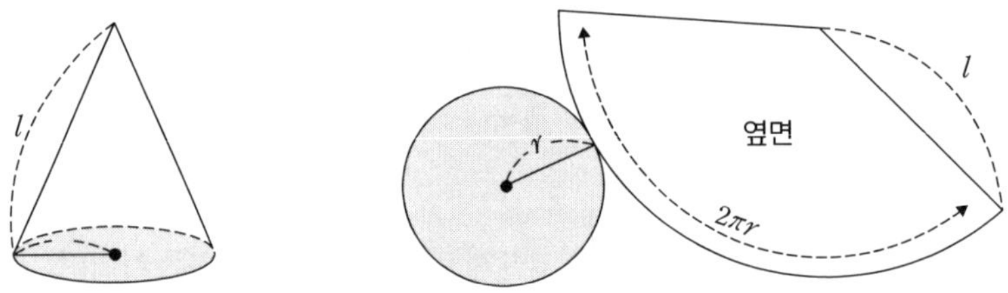

5. 얼음을 잘게 부수면 왜 빨리 녹을까?

여름에 더위를 식히기 위하여 입 안에 얼음을 한 덩이 넣으면 시원함을 느낀다. 입 안에서 오물오물 구슬리다가 깨어서 먹으면 금방 녹고 만다. 얼음을 깨어 작은 얼음으로 만들면 왜 빨리 녹는 것일까? 이것은 얼음이 입 안과 접촉하는 면이 넓어지기 때문에 빨리 녹는 것이다. 우리가 음식을 먹을 때 꼭꼭 씹어 잘게 부수어 먹으면 소화가 잘되는 것과 비슷한 원리이다. 두 가지 현상 모두 부피가 같은 물질의 서로 다른 겉넓이와 관련이 있다.

그러면 같은 양인데도 불구하고, 왜 녹는 시간이 다른 것일까? 한 가지 예를 들어 보자. 반지름의 길이가 R인 구 모양의 얼음이 있다고 하자.

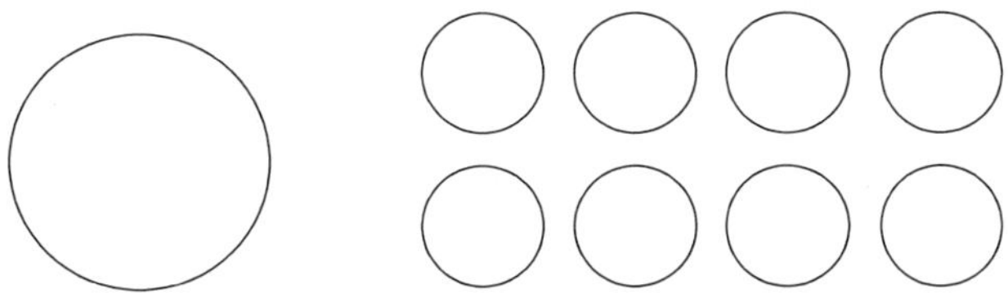

이를 잘게 부수어 8개의 얼음 조각으로 만들었다면 작은 얼음의 반지름의 길이 r는

$$\frac{4}{3}\pi R^3 = 8\times\frac{4}{3}\pi r^3$$

에서 $R^3 = 8\times r^3 = (2r)^3$에서 $R = 2r$임을 알 수 있다. 즉, 작은 얼음의 반지름의 길이는 큰 얼음의 반지름의 길이의 반임을 알 수 있다. 따라서 겉넓이를 구해보면 큰 얼음은 $4\pi R^2$이고 작은 얼음은 $8\times4\pi r^2 = 8\times4\pi(\frac{R}{2})^2 = 2\times4\pi R^2$이 되어 작은 얼음의 겉넓이가 큰 얼음의 겉넓이의 2배가 된다. 그러므로 대략 2배 정도 작은 얼음이 큰 얼음보다 잘 녹는 것이다. 음식을 먹을 때에도 꼭꼭 씹어서 먹으면 잘게 부수어진 음식물들이 겉넓이가 커져서 소화가 잘 되는 것이다.

탐구문제 6

1. 구 모양의 큰 얼음을 잘게 부수어 27개의 작은 구 모양의 얼음으로 만들었다. 작은 얼음은 큰 얼음보다 얼마나 잘 녹을까?

6. 섭씨온도와 화씨온도

일기예보를 접할 때마다 우리는 오늘이나 내일의 기온(지표면으로부터 1.5m 정도의 높이에 있는 대기의 온도)이 얼마인지를 듣게 된다. 세계적으로 주로 사용하는 온도를 나타내는 단위로는 섭씨온도(℃)와 화씨온도(℉)가 있다. 우리나라에서는 온도를 나타내는 단위로 섭씨온도를 사용하지만, 미국과 같은 나라에서는 화씨온도를 사용하고 있다. 섭씨온도와 화씨온도는 물이 어는 온도와 끓는 온도에서 차이가 있는데, 그 구분은 다음과 같다.

	℉	℃
물이 어는 온도 ………	32°	0°
물이 끓는 온도 ………	212°	100°

섭씨온도에서는 물이 0°에 얼고 100°에 끓지만, 화씨온도에서는 물이 32°에 얼고 212°에 끓는 것이다. 그렇다면 섭씨온도와 화씨온도를 어떻게 변환할 수 있을까? 두 온도체계는 각각의 체계 안에서 일정한 비율 간격으로 변하기 때문에 두 온도체계의 어는 온도와 끓는 온도의 순서쌍을 이용하여 구하면 된다. 즉 (0, 32)와 (100, 212)를 지나는 직선의 방정식을 구하면 $F=\frac{9}{5}C+32$, $C=\frac{5}{9}(F-32)$가 된다.

탐구문제 7

1. 영수는 화씨온도 50°F가 섭씨온도로 얼마인가를 구하기 위하여 끓는 온도와 비례식을 사용하여 $\frac{50^{\circ}F}{212^{\circ}F}=\frac{x^{\circ}C}{100}$와 같은 식을 세웠다. 이 식을 풀고, 답이 옳은지 확인하여라.

탐구문제 정답

∴ 탐구문제 1

1. (1) 여러 가지 각도를 어림하고, 직접 재어보는 활동을 통해 각도에 대한 양감을 기른다.
   (2) ㉡: 추상성 ㉢ 이상성 (3) 생략
2. (1) 직접 옮겨서 맞대어 볼 수 없는 상황에서는 직접비교가 어려움
   (2) 임금님이 벗어 놓은 옷의 소매

∴ 탐구문제 2

1. 1960년 프랑스의 국제 도량형 총회에서 결정한 국제단위계 중의 한 가지로, 모두 엄격한 정의와 정밀한 실험에 의해 약속되었다. 기본 단위에는 길이(미터, m), 질량(킬로그램, kg), 시간(초, s) 전류(암페어, A), 온도(켈빈, K), 양(몰, mol), 광도(칸델라, cd)와 같이 7가지가 있다{출처: 네이버 지식 백과}.

∴ 탐구문제 3

1. 대각선의 개수: 9개, 긴 대각선의 개수: 3개, 짧은 대각선의 개수: 6개
2. 가능하다.
3. 불가능하다.

∴ 탐구문제 4

1. 60개(720÷12=60)

∴ 탐구문제 5

1.

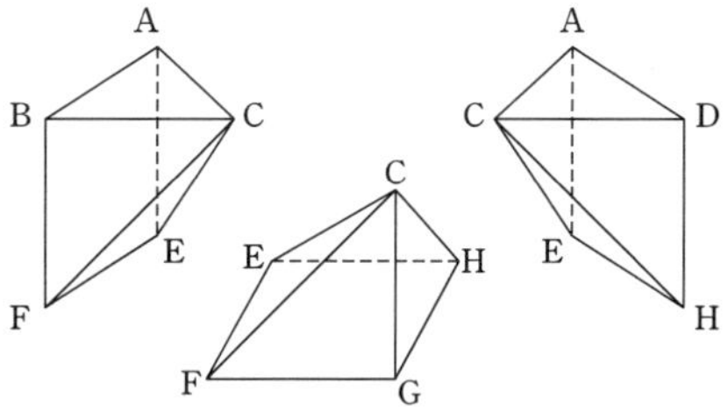

2. $S=$ (원의 넓이)+(부채꼴의 넓이)
   $= \pi r^2 + \frac{1}{2} \times 2\pi r \times l$
   $= \pi r^2 + \pi r l$

∴ 탐구문제 6

1. 3배

∴ 탐구문제 7

1. 23.58로 틀렸다.

제6장

자료와 가능성(확률)의 이해와 탐구

세상에는 세 가지 거짓말이 있다. 거짓말과 새빨간 거짓말, 그리고 통계이다.

– 디즈레일리(Disraeli)

가장 중요한 문제들은 대부분 확률적 선택의 문제이다.

– 라플라스(Laplace)

□ 초등학교에서 자료와 가능성(확률) 지도 내용과 과정

※통계의 의미: 통계는 어떤 집단의 현상구조를 밝히기 위하여 자료의 처리를 논하는 것이다. 통계에서 사용되는 자료는 수량적으로 나타난 것이라야 하며, 이것을 분류·정리하여 그 집단의 어떤 사실의 법칙성을 알아내는 것이다. 이런 면에서 우리는 여러 가지 방법으로 통계와 접하며 살고 있다. 통계 지도를 위해 학생들의 생활 속에서 여러 가지 통계 자료를 실제로 조사하여 정리할 필요가 있음을 느끼게 하고, 실생활과 관계된 소재를 사용하여 구체적인 자료의 크기를 조사하여 표로 나타내게 한다. 자료의 크기를 나타내고 비교하는 데 표를 이용하는 것이 편리함을 알게 한다. 조사된 통계 자료를 ○나 간단한 그림으로 나타내거나 직사각형 마디에 색칠을 하여 그래프로 나타내고 자료의 크기를 비교하게 한다. 자료를 그래프로 나타내는 것이 알아보기 쉽고, 비교하는 데 편리함을 알게 한다.

교과서 속의 수학: 그래프로 나타내기

준기네 반 학생들이 좋아하는 간식을 그래프로 나타내어 봅시다.

• ○를 이용하여 그래프로 나타내어 보세요.

준기네 반 학생들이 좋아하는 간식별 학생 수

5					
4					
3					
2					
1	○				
학생 수(명) / 간식					

※그래프 지도: 실생활에서 학생들에게 친근감 있는 소재를 선정하여 실제 자료를 수집, 분류, 정리하여 표를 만들고, 이를 자료의 종류에 따라 여러 가지 형태의 간단한 그림그래프,

막대그래프로 나타내고 읽을 수 있게 한다. 연속적인 변량에 대한 통계 자료를 조사하여 표로 만들고, 이를 바탕으로 꺾은선그래프를 그리고, 변화와 관련된 여러 가지 사실을 찾아낼 수 있게 한다. 그리고 정리한 표, 그림그래프, 막대그래프, 꺾은선그래프 등에서 자료의 여러 가지 특성을 찾고, 이를 설명하게 한다. 표와 그래프의 장단점을 알게 하고, 자료의 특성을 찾는 데 이들을 적절히 활용하게 한다.

실생활과 관련하여 신문, 인터넷 등에 있는 표나 그래프를 소재로 활용하여 비율그래프를 다룰 수 있다. 조사 자료에서 전체에 대한 각 부분의 비율에 관심을 가지게 하여 비율그래프의 필요성을 알게 한다. 띠그래프와 원그래프의 특성을 이해하고, 알맞은 그래프로 나타내어 활용할 수 있는 능력을 기르게 한다. 조사된 자료를 항목별로 백분율을 구하여 정리하고, 정리된 자료를 알맞은 비율그래프로 나타내어 자료를 알기 쉽게 나타낸다. 원그래프를 지도할 때에는 초등학교에서 원과 관련하여 부채꼴과 중심각을 다루지 않기 때문에 눈금이 표시된 원을 사용한다. 조사한 자료를 나타낸 비율그래프를 살펴보고, 전체에 대한 각 부분의 비율에서 드러나는 자료의 특성을 찾아 이를 해석하여 결론을 이끌어 내게 한다.

※**평균:** 평균의 지도에서는 실생활에서 일상적인 평균의 의미, 예를 들면 가장 많은, 대략, 보통, 중간 등의 의미로 사용하는 상황을 생각해 보거나 자료의 높이를 맞추는 것과 같이 평균의 시각적인 의미를 파악하는 것 등을 통해 평균의 직관적인 의미를 파악하고, 주어진 자료의 평균을 구할 수 있는 방법을 생각해 보게 함으로써 평균을 계산하는 방법을 알게 한다. 실생활에서 평균이 이용되는 경우를 알아보고, 이와 관련된 문제를 해결할 수 있게 한다. 학생들이 스스로 결정한 주제를 가지고 실제로 조사하고 정리하여 평균값을 구하고 활용할 수 있게 한다.

교과서 속의 수학: 평균 개념의 지도

소현이네 모둠과 병현이네 모둠이 고리 던지기를 하였습니다. 한 사람이 고리 4개를 던져서 기둥에 건 고리의 수를 나타낸 표입니다. 물음에 답하시오.

소현이네 모둠

이름	소현	성진	정원	건욱	은진
고리의 수	2	3	2	4	3

병현이네 모둠

이름	병현	근지	미란	영우
고리의 수	2	4	4	2

- 두 모둠은 각각 몇 명입니까?
- 소현이네 모둠은 고리를 모두 몇 개 걸었습니까?
- 병현이네 모둠은 고리를 모두 몇 개 걸었습니까?
- 어느 모둠이 더 잘했는지 알아보기 위해 어떻게 비교하면 좋겠습니까?
- 각 모둠의 성적을 대표하는 값을 어떻게 정하면 공정한 경기가 되겠습니까?

※**확률:** 확률은 우연 현상을 수량화하려는 수학자들의 노력에 의해 개념화 되었다. 실제로 15–16세기에 이탈리아, 프랑스 등에서는 도박이 성행하였는데, 도박에서 이기기 위한 과학적, 이론적 추구가 확률 발달의 근간이 되었다고 할 수 있다. 현행 교육과정에서는 확률 대신 '가능성'을 다루고 있다. 가능성은 실생활 속에서 일어날 수 있는 일의 가능한 정도를 수로 나타내어 보는 과정을 통해 확률에 대한 초보적인 경험을 제공하고 있다. 가능성은 실생활의 예를 통해 가능성과 관련된 다양한 상황을 알아보고, 사건이 일어날 가능성은 0, $\frac{1}{2}$, 1 정도로 표현할 수 있게 한다(교육부, 2015).

교과서 속의 수학: 가능성 개념의 지도

사건이 일어날 가능성에 대한 자신의 생각에 ○표 하시오.

사건	그렇지 않다	조금 그렇다	그렇다
 내일 학교에 올 것입니다.			
 일주일 안에 비가 올 것입니다.			
 주사위를 던졌을 때 7의 눈이 나올 것입니다.			

탐구문제 1

1. 다음 진술문 중에서 옳은 것을 골라라(2009년 임용고시 문제)

> 정희: 우리 반 수학 시험에서 남학생 19명의 평균은 84점이고, 여학생 15명의 평균은 86점이니까 반 전체의 평균은 85점이야.
>
> 인수: 주사위 2개를 던져서 나온 두 눈의 수를 곱했을 때 짝수인 경우의 수와 홀수인 경우의 수는 같지 않아.
>
> 민지: 7일 동안 학교 식당 이용자 수의 평균은 146명이었어. 그러면 평균보다 많이 이용한 요일의 식당 이용자 수의 합과 평균보다 적게 이용한 요일의 식당 이용자 수의 합은 같아.
>
> 영수: 주사위를 던져 3의 눈이 나올 확률은 $\frac{1}{6}$이야. 그러므로 어떤 실험에서 3의 눈이 5번 나왔다면 최소한 30번은 주사위를 던진 것이 확실해.

1. 확률은 도박 게임에서 시작되었다.

확률의 역사는 르네상스 시대에 도박에서 승률에 대한 궁금증의 탐구로부터 시작되었다. 그 당시 지중해 연안의 도시에는 일확천금을 꿈꾸는 상인들이 많이 모여들었는데, 이들은 날씨가 나빠 출항하지 못할 때 심심함을 달래기 위하여 도박을 하곤 했다. 이때 사람들이 그 승률을 알기 위해 수학자와 함께 연구하기 시작하면서 확률의 아이디어는 싹이 텄다.

역사적으로 도박을 통해 확률 이론을 체계화하기 시작한 것은 17세기부터이다. 프랑스의 유명한 도박사 드 메레는 주사위 도박에 대하여 수학적으로 생각해서 상당히 좋은 성적을 올렸다. 그런데 그는 다음과 같은 문제에 궁금증을 가지기 시작하였다. 한 개의 주사위를 n번 던져서 적어도 6의 눈이 한 번 나오면 이기는 것으로 한다는 승부에서는 $n=4$로 하면 던지는 사람이 유리하다는 것이 알려져 있었다.

탐구문제 2

1. 한 개의 주사위를 n번 던져서 적어도 6의 눈이 한 번 나오면 이기기로 하는 경기에서 던지는 사람이 유리하기 위해 4번 이상이면 된다. 그 이유를 써라.

그렇다면 주사위 2개를 동시에 던지는 문제로 확장해서 한 개를 던지는 경우에는 4번 던지면 적어도 한 번은 6의 눈이 나올 확률이 $\frac{1}{2}$보다 크기 때문에 2개의 주사위를 던질 때 두 개 모두 6의 눈이 나타나는 방법은 1개 때의 6배이므로 $n=4\times6=24$가 되면 던지는 사람이 유리할 것이다. 그런데 실제로 해 보았더니 24번으로는 손해를 본다는 것을 알았다. 그래서 드 메레는 당시의 수학자 파스칼에게 이 문제를 해결해 달라고 의뢰하게 되었다. 이것은 곧 '드 메레의 수수께끼'라고 일컬어지는 유명한 문제이다.

이 문제의 해는 다음과 같다. 2개의 주사위를 n회 던져서 적어도 한 번은 두 개 다 6의 눈이 나올 확률은 $1-\left(\frac{35}{36}\right)^n$이다. 여기서 $\left(\frac{35}{36}\right)^n$은 한 번도 동시에 6의 눈이 나오지 않을 확률을 나타낸다. 따라서 $1-\left(\frac{35}{36}\right)^n > \frac{1}{2}$이면 던지는 사람이 유리하다. 이 부등식을 풀기 위해 양변에 로그를 잡으면 $n(\log 35-\log 36) < -\log 2$이다. 그러므로

$$n > \frac{\log 2}{\log 36-\log 35} \fallingdotseq 24.6$$

이므로, $n \geq 25$가 되지 않으면 안 된다. 따라서 $n = 24$로는 손해를 볼 수 밖에 없다.

다음으로 두 번째 문제는 다음과 같다. 갑과 을 두 사람이 32 피스톨(화폐 단위)씩을 걸고 내기를 하는데, 한 번 이기면 1점을 얻는 것으로 하고, 먼저 3점을 얻는 사람이 64피스톨을 모두 가지기로 하였다. 이 내기에서 갑이 먼저 2점을, 을이 1점을 땄는데, 그만 한 사람이 몸이 아파 시합을 더 이상 할 수 없게 되었다. 어떻게 상금을 분배하는 것이 적절한가? 파스칼은 이 문제를 다음과 같이 해결했다.

만약 시합을 중단하지 않고 계속할 경우 갑이 이긴다면 갑은 3번을 이기는 것이므로 갑은 64피스톨을 다 가져야 한다. 만약 을이 이긴다면 갑이 2번, 을이 2번 이긴 것이 되므로 둘이 32 피스톨씩 나누면 된다. 결과적으로 갑은 이기든 지든 32피스톨을 가져야 한다. 그 다음 시합에서는 이길 확률이 반반이므로 남은 32피스톨을 16피스톨씩 나누면 된다. 따라서 갑은 32+16=48 피스톨, 을은 16피스톨을 가지면 된다. 이 과정은 다음과 같이 도형을 이용해서도 해결이 된다.

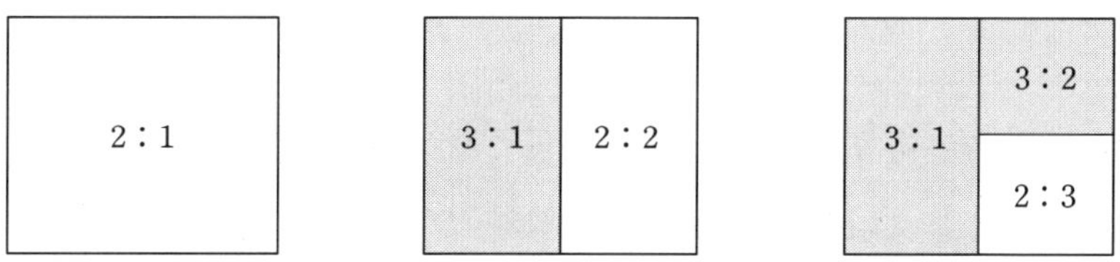

이를 확률적 사고로 고쳐 표현해 보면 다음과 같다. 먼저 A가 이 게임에서 이길 확률을 구해 보자. A가 다음 번 게임에서 이길 확률도 질 확률도 0.5인데, 만약 다음 번 게임에서 A가 이기면 A는 B보다 먼저 3점을 따는 것이 되어 이 게임은 A의 승리가 된다. 만약, 다음 번 게임에서 A가 지면 그 시점에서는 A도 2점, B도 2점을 얻은 것이 되어 게임은 끝나지 않는다. 이 경우 A가 이 게임에서 이기려면 그 다음 게임에서 A가 이겨야 하는데 일어날 확률은 $0.5\times0.5=0.25$이다. 결국 A가 이 게임에서 이길 확률은 $0.5+0.25=0.75$이고, B가 이길 확률은 0.25이다. 따라서 내기 돈 64피스톨은 A: $64\times0.75=48$, B: $64\times0.25=16$으로 분배하는 것이 가장 합리적이다. 파스칼과 드 메레의 편지 내용은 확률의 개념을 탄생시킨 계기가 되었다.

한편, 파스칼의 삼각형을 이용하여 이 문제를 다음과 같이 해결할 수도 있다. 문제에서 갑은 1번 더 이겨야 하고, 을은 2번 더 이겨야 한다. 이 때 1+2를 생각하고 파스칼 삼각형을 살펴보면, 3째 줄에 있는 1, 2, 1에서 첫 번째 1은 갑이 두 번 이기는 방법의 수, 2는 갑이 1번 이기는 방법의 수, 마지막 1은 을이 2번 이기는 방법의 수임을 알 수 있다. 따라서 갑이 이기는 방법의 수는 $1+2=3$가지이고, 을이 이기는 방법의 수는 1가지이므로 상금은 3:1로 나누면 된다.

탐구문제 3

1. 세 번 이기면 상금을 차지하는 게임에서 갑이 1번 이기고 난 후 게임이 중단되었다. 상금을 어떻게 나누는 것이 적절한가?
2. 갑과 을이 더 이겨야 하는 횟수를 각각 m, n이라 할 때, 상금을 어떻게 나누는 것이 적절한가?

2. 확률로 천생연분을 찾아라.

우리 반에 생일이 같은 사람이 있을까? 한 반에 30명의 학생이 있을 때 생일이 같을 사람이 2명인 경우, 3명인 경우, …를 생각해 볼 수 있다. 이런 경우엔 경우의 수가 너무 많아지기 때문에 학생의 수가 적은 경우부터 시작하여 반대로 생일이 모두 다를 경우를 생각해 보는 것이 좋다.

먼저, 2명이 있을 경우에 한 사람의 생일이 7월 2일이라고 하면 다른 한 명이 이 날이 아닐 확률은 365일 중 이 날을 제외한 364일이므로 2명의 생일이 다를 확률은 $\frac{364}{365}$이다. 따라서 2명이 있을 경우에 생일이 같을 확률은 $1-\frac{364}{365}=\frac{1}{365}$이 된다.

만약 3명이 있을 경우에 다른 세 번째 사람은 앞의 두 사람과 생일이 달라야 한다. 그러면 세 번째 사람의 생일은 이틀을 제외한 363일이어야 하므로 3명의 생일이 다를 확률은 $\frac{364}{365} \times \frac{363}{365}$ 이 된다. 따라서 3명이 있을 경우에 적어도 2명이 생일이 같을 확률은 $1-\frac{364}{365} \times \frac{363}{365} = \frac{1093}{133,225}$ 이 된다.

이런 방식으로 계속 계산을 해 가면 한 반의 학생이 30명인 경우에 생일이 같은 학생이 있을 확률은 $1-\frac{364}{365}\times\frac{363}{365}\times\frac{362}{365}\times\frac{361}{365}\times\frac{360}{365}\times\cdots\times\frac{336}{365} \fallingdotseq 0.7$이 된다. 이 정도의 확률이면 아마도 10개 반 중 7반에는 생일이 같은 학생이 있을 가능성이 있는 것이다. 우리 반에 생일이 같은 학생이 있는지 조사해 보자.

탐구문제 4

1. 흰 공 4개와 검은 공 5개가 들어 있는 주머니에서 임의로 공 3개를 동시에 꺼낼 때, 적어도 한 개가 노란 공일 확률을 구하여라.

3. 몬티 홀 딜레마(Monty Hall Dilemma)

몬티 홀은 1960년대 말부터 인기를 끌었던 미국의 TV 쇼 프로그램인 'Let's make a deal'의 사회자이다. 이 프로그램의 진행 방식은 특이한데, 확률이 내재된 재미있는 문제를 이용한다. 쇼에 등장하는 문제는 다음과 같다.

무대에 세 개의 문이 있다. 이 중에 한 개의 문 뒤에는 상품이 놓여있고, 나머지 두 개의 문 뒤에는 쓰레기가 놓여 있다. 먼저, 출연자가 하나의 문을 선택한다. 그러면 사회자는 상품과 쓰레기가 놓여 있는 상황을 알기 때문에 출연자가 선택하지 않은 두 개의 문에서 쓰레기가 놓여 있는 문을 열어 보여주고, 출연자에게 다시 선택할 수 있는 기회를 제공한다. '이 문에는 쓰레기가 놓여 있네요. 그럼 지금 선택한 문을 고집하시겠습니까? 아니면 선택을 바꾸어 다른 문을 선택하시겠습니까?' 이 과정에서 출연자는 고민에 빠지게 된다. 자신의 처음 선택을 그대로 가자니 남은 문이 궁금해지고, 선택을 바꾸자니 처음 선택한 것이 맞을 것 같다는 생각이 드는 것이다.

출연자가 상품을 갖기 위해서는 사회자의 유혹대로 새로운 문으로 옮기는 게 유리할까? 아니면 처음에 선택했던 그 문을 고집하는 게 유리할까? 이것을 몬티 홀 딜레마, 또는 몬티 홀 문제라고 부른다.

이 문제는 쉽게 생각하면 처음 문을 고집하든, 옮기든 결과가 같다고 생각할 수 있다. 왜냐하면 쓰레기가 놓여 있는 하나의 문이 공개되었기 때문에 남은 두 개의 문에서 하나를 선택하는 것은 똑같은 확률을 가지기 때문이다. 여기에 함정이 있다. 1번 문 뒤에 상품이 있다고 가정하고, 경우의 수를 이용하여 어느 문을 선택하는 것이 유리한가를 생각해 보자.

1) 출연자가 1번 문을 선택했다고 하면 사회자는 2번(또는 3번) 문을 열어서 쓰레기가 있음을 보여 줄 것이다. 이때 출연자가 1번 문을 고집한다면 당첨될 것이고, 3번 문으로 옮긴다면 낙첨될 것이다.
2) 출연자가 2번 문을 선택했다고 하면 사회자는 1번 문에는 상품이 있기 때문에 3번 문을 열어서 쓰레기를 보여 줄 것입니다. 이때 출연자가 2번 문을 고집한다면 낙첨될 것이고, 1번 문으로 옮긴다면 당첨될 것이다.
3) 출연자가 3번 문을 선택한 경우는 2)와 마찬가지이다.

이 상황을 표로 정리하면 다음과 같다.

	원래 문을 고집할 경우	다른 문으로 옮길 경우
1번 문을 선택한 경우	당첨	낙첨
2번 문을 선택한 경우	낙첨	당첨
3번 문을 선택한 경우	낙첨	당첨

따라서 원래 문을 고집할 경우에는 상품을 선택할 확률이 $\frac{1}{3}$이고, 다른 문으로 옮길 경우 상품을 선택할 확률은 $\frac{2}{3}$이므로, 옮기는 것이 유리한 것이다. 이를 통해 몬티 홀 문제에서는 처음의 선택을 바꾸어 다른 문을 선택하는 것이 유리하다는 것을 알 수 있다.

탐구문제 5

1. 몬티홀 문제를 하나의 상황에서 모든 확률 값의 합은 1이라는 성질을 이용하여 밝혀보아라.

4. 우리 반을 대표하는 값은 얼마일까?

우리 주변에는 학생들의 신장, 몸무게, 점수, 가족 수, 좋아하는 색깔 등과 같이 많은 자료가 있다. 이 자료를 그래프와 같은 시각적 이미지를 이용해 표현하기도 하고, 수로 나타내고 정량화하는 대푯값으로 나타내기도 한다. 대푯값에는 평균, 중앙값, 최빈값이 주로 쓰인다.

평균(mean)은 자료에 있는 모든 수를 더하고 그 합을 더한 자료의 수로 나누어 계산한 것이다. 즉 n개의 변량 x_1, x_2, x_3, $\cdots x_n$ 의 평균 M은

$$M = \frac{x_1+x_2+x_3+\cdots x_n}{n}$$

이다. 평균에는 다음과 같은 7가지 성질이 있는데, 이 성질을 잘 파악하지 못하면 평균에 대해 오개념을 가질 수도 있다.

① 평균은 극단적인 값 사이에 존재한다. 예를 들면 어떤 반 학생들의 평균 나이는 가장 나이 많은 학생의 나이와 가장 어린 학생의 나이 사이에 있다.

② 평균으로부터의 편차의 합은 0이다.

③ 평균은 평균 이외의 다른 값에 의해서 영향을 받는다. 예를 들면 0, 5, 10의 평균 5는 자료 10이 더해질 경우 평균이 6.25로 바뀐다.

④ 평균은 자료 중의 어느 하나와 반드시 일치하는 것은 아니다. 예를 들어 1과 3의 평균은 2이다.

⑤ 평균은 추상적인 대푯값이지 반드시 실제적인 뜻을 가진 것은 아니다. 예를 들어 가족당 평균 자녀수가 2.5명이다. 이와 같이 평균은 그에 대응하는 대상이 실제적으로 존재하지 않는 소수가 될 수도 있다.

⑥ 평균을 계산할 때, 0이 있다면 반드시 고려해야 한다. 예를 들어 학생이 일주일에 숙제를 하는 평균시간을 계산하려고 할 때, 학생이 숙제를 하지 않는 요일도 반드시 포함시켜야 한다.

⑦ 평균은 그 변량전체를 대표하는 값이다. 이 성질을 공간적인 용어로 표현한다면, 평균은 변량 전체의 집합의 원소 각각으로부터 가장 가까이 있는 값이다.

중앙값(median)은 자료의 가운데 값을 나타내며, 중앙값보다 큰 값과 작은 값의 개수는 같다. 중앙값은 이해하기가 쉽고 구하기가 쉽다는 장점이 있는데, 가장 큰 값과 가장 작은 값을

순차적으로 제거해 나가면 남는 값이 중앙값이 된다. 만약 남은 값이 2개이면 두 값의 산술평균이 중앙값이 된다. 이를 다음과 같이 나타낼 수 있다.

① 자료의 개수 n이 홀수이면 $\frac{n+1}{2}$ 번째 자료의 값이 중앙값이다.
② 자료의 개수 n이 짝수이면 $\frac{n}{2}$ 번째와 $\frac{n+1}{2}$ 번째 자료의 값의 평균이 중앙값이다.

최빈값(mode)은 자료 전체에서 가장 자주 발생하는 값으로, 막대그래프에서 가장 높은 막대의 자료가 최빈값이다. 최빈값은 항상 존재하는 것은 아니고, 두 개 이상일 수도 있으며, 자료의 대푯값을 나타내기에도 빈약하고 자료의 작은 변화에도 쉽게 변하는 특징이 있다. 예를 들어 자료가 2, 3, 4, 5, 6이면 최빈값은 없고, 자료가 2, 3, 3, 4, 5, 5이면 최빈값은 3과 5이다. 이를 정리하면 다음과 같다.

① 자료의 값 중에서 도수가 가장 큰 값이 한 개 이상 있으면 그 값이 모두 최빈값이다.
② 각 자료의 값의 도수가 모두 같으면 최빈값은 없다.

다음 자료를 이용하여 각 대푯값을 구해보면 다음과 같다.

[자료] 2, 4, 4, 5, 5, 5, 7, 8, 9, 9

- 평균: $\frac{2+4+4+5+5+5+7+8+9+9}{10}=\frac{58}{10}=5.8$
- 중앙값: 5
- 최빈값: 5

탐구문제 11

1. 다음 도수분포표에서 평균을 구하여라.

계급(분)	도수
0 이상~30 미만	7
30~60	16
60~90	14
90~120	10
120~150	3
합계	50

2. 어느 두 학급 A, B의 수학 시험을 치른 결과가 아래 표와 같았다. 이 두 반을 합한 50명 전체의 평균을 구하여라.

반	인원	평균
1	20	75
2	30	60

탐구문제 정답

∴ 탐구문제 1

1. 인수

∴ 탐구문제 2

1. 6의 눈이 나오지 않을 확률은 $\frac{5}{6}$이므로 n번 던질 때 6의 눈이 나오지 않을 확률은 $(\frac{5}{6})^n$이다. 따라서 6의 눈이 나와서 이기려면 $1-(\frac{5}{6})^n > \frac{1}{2}$이면 된다. 이를 구하면 $n > 0.3805\cdots$이다. 따라서 4번 이상이면 유리하다.

∴ 탐구문제 3

1. 11:5
2. 파스칼삼각형의 $m+n$번째 줄에서 첫 번째 숫자부터 n개의 숫자의 합을 A, $n+1$번째 숫자부터 m개의 숫자의 합을 B라고 하면 A:B로 나누면 된다.

∴ 탐구문제 4

1. 적어도 한 개가 노란 공일 확률은 모두 흰 공이 나오는 경우를 제외하면 되므로

$$1-\frac{{}_4C_3}{{}_9C_3} = 1-\frac{1}{21} = \frac{20}{21}$$

∴ 탐구문제 5

1. 처음 선택한 문에서 상품이 나올 확률은 다른 문에 쓰레기가 있다는 것을 보든 보지 않든 $\frac{1}{3}$이다. 따라서 처음 선택한 문을 그대로 고수한다면 상품을 갖게될 확률은 $\frac{1}{3}$이다. 그러나 주어진 상황에서 모든 확률의 값의 합은 1이므로 다른 문을 선택할 때 상품이 있을 확률은 $\frac{2}{3}$가 된다. 그러므로 선택을 바꾸면 더 유리한 것이다.

∴ 탐구문제 6

1.

계급(분)	계급값	도수	(계급값)×(도수)
0 이상~30 미만	15	7	105
30~60	45	16	720
60~90	75	14	1050
90~120	105	10	1050
120~150	135	3	405
합계		50	3330

따라서 구하는 평균은 3350÷50=66.6(분)이다.

2. 50명의 총점을 생각하면 20×75+30×60=3300
   평균=3300÷50=66

제7장

규칙성,
퍼즐 영역의
이해와 탐구

수학은 인간의 이성과 추상화 과정을 통해 세계 속에 존재하는 질서와 법칙을 설명하는 것이다.

– 데블린(Devlin)

내가 푼 문제마다 이후에 다른 문제를 푸는데 도움을 주는 규칙이 되었다.

– 데카르트(Descartes)

□ 초등학교에서 규칙성, 퍼즐 영역 탐구 지도 내용과 과정

※규칙의 지도: 패턴(규칙성)은 건물의 조형물이나 벽지, 타일 등과 같이 일상생활에 스며들어 있으며, 수학의 영역까지 깊게 관련되어 있다. 학교 수학에서 패턴은 학습 내용으로 뿐만이 아니라, 문제해결을 위한 전략으로 다루어지고 있다.

규칙성의 지도에서는 다양한 형태의 규칙을 정하고, 그 규칙에 따라 물체나 무늬, 수 등을 배열할 수 있게 한다. 그리고 가로 10칸, 세로 10칸인 100까지의 수 배열표에서 수의 규칙을 찾아 말해 보도록 한다. 다양한 형태의 수의 배열이나 수 배열표에서 규칙을 찾고, 그 규칙에 따라 수를 배열할 수 있게 하며, 수 배열표에서 가로, 세로, 대각선 방향 등 여러 가지 방향으로 만들어진 규칙을 찾아내게 하고, 그 규칙에 따라 수를 배열할 수 있게 한다.

교과서 속의 수학: 규칙성의 지도

미술관 주변에서 규칙을 찾아봅시다.

• 어떤 규칙들을 찾았는지 말해 보세요.

※대응 관계: 대응 관계의 지도에서는 두 양의 대응관계를 나타낸 표를 보고, 한 양이 다른 양과 어떤 관계로 변하고 있는지 그 규칙을 찾아내게 하도록 하고, 찾아낸 규칙을 이용하여 두 양의 대응 관계를 식으로 나타낼 수 있게 한다. 이 때 두 양의 관계는 복잡하지 않고, 한 양이 변할 때 다른 양이 그에 종속하여 변하는 관계를 통하여 지도하도록 한다.

교과서 속의 수학: 대응 규칙을 찾아 식으로 나타내기

- 영화 상영 시간과 필요한 그림의 수 사이의 대응 관계를 알아보고 다음 표를 완성하시오.

시간(초)	1	2	3	4	5	6	7
그림의 수	20	40	60	80			

- 영화 상영 시간을 □, 필요한 그림의 수를 △라 할 때 □와 △ 사이의 대응 관계를 식으로 나타내어 보시오.

식 ....

※**비율:** 두 양의 상대적인 크기를 비교할 때는 부분과 전체, 부분과 부분 등 다양한 경우를 비교할 수 있게 한다. 두 양을 비교할 때 한쪽의 양을 기준으로 다른 쪽의 양이 몇 배가 되는지를 나타내는 방법으로 비를 도입하고, 비에서 기준량과 비교하는 양을 이해하게 한다. 두 양을 비교하여 비로 나타낸 것을 보고, 이를 비율로 나타내는 방법을 알고 그 의미를 이해하게 한다. 특히 생활에서 비율을 나타내는 방법으로 백분율을 알게 하고, 이를 활용하여 생활 문제를 해결하게 한다.

교과서 속의 수학: 비례식의 성질

같은 빠르기로 7 km를 이동하는 데 걸리는 시간을 알아보시오.

- 자전거로 이동한 거리의 걸린 시간에 대한 비율을 구하시오.
- 구한 비율을 이용하여 표를 완성하시오.

이동한 거리(km)	1	2	3				
걸린 시간(분)	5		15				

- 1 : 5의 전항과 후항에 각각 3을 곱하면 3 : 15입니다. 1 : 5=3 : 15라고 할 수 있습니까?
- 같은 빠르기로 7 km를 이동하는 데 걸리는 시간은 몇 분입니까?
- 1 : 5의 전항과 후항에 각각 7을 곱해도 비율이 변하지 않습니까?
- 1 : 5의 전항과 후항에 각각 0을 곱하면 어떻게 됩니까?

비의 전항과 후항에 0이 아닌 같은 수를 곱하여도 비율은 같습니다.

※비례식과 비례배분: 비례식의 지도에서는 비례식의 뜻을 이해하고 실생활에서 비례 관계가 있는 문제를 비례식을 활용하여 해결할 수 있게 한다. 이 때 활용되는 비례식은 비의 전항과 후항 사이의 관계에서 미지항을 쉽게 알 수 있는 간단한 경우만 다루도록 한다. 실생활의 예로 비례배분 상황을 이해하게 하고, 상황에 맞게 비례배분하는 방법을 이해하게 한 후, 주어진 양을 비례배분할 수 있게 한다.

탐구문제 1

다음은 규칙성 영역에서 문제해결 능력을 신장시키기 위한 수업의 일부이다. 물음에 답하여라(2017학년도 임용고사 문제).

교사: 다음은 어떤 규칙에 따라 ○를 넣어 1부터 119까지의 수를 차례로 나타낸 것입니다.

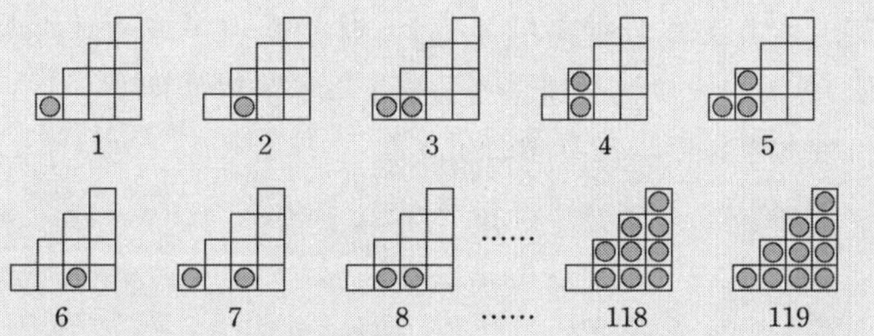

교사: 어떤 규칙인지 모둠끼리 찾아보세요.

지윤: 1, 2, 3을 보면 첫째 세로줄의 ●는 1이고, 둘째 세로줄의 ●는 2이고, 3은 1+2로 나타낸 것을 알 수 있어.

준서: 4는 2를 나타내는 ●가 둘째 세로줄의 아래 칸과 위 칸에 다 있으니까 2+2로 생각한 거야.

민수: 5는 3+2로 생각하면 같은 칸에 ●를 2개를 넣어야 하니까 안 되고, 4+1로 생각해야 해.

준서: 6은 첫째 세로줄과 둘째 세로줄이 5에서 다 차니까 셋째 세로줄의 맨 아래 칸에 ●를 넣은 거야.

지윤: 그러면 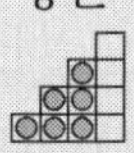 의 다음은 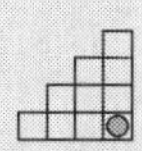 이야.

민수: 그리고 4처럼 생각하면 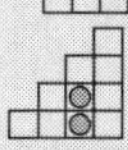 은 12야.

준서: 선생님, 질문 있어요. 12를 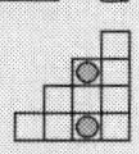 이라고 해도 돼요?

교사: 안 됩니다. 세로줄은 ●를 맨 아래 칸부터 차례로 넣습니다.

준서: 알겠습니다. 그러면 저희가 규칙을 다 찾은 것 같아요.

교사: 서로 협력하며 규칙을 잘 찾았네요. 규칙에 따르면 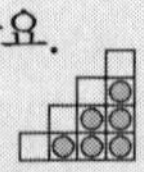 이 나타내는 수는 무엇일까요?

지윤: (㉠)입니다.

교사: 맞았어요. 여러분 모두 참 잘했어요. 이번 시간에 알게된 것을 수학 일기에 써 보세요.

1. ㉠에 들어갈 알맞은 수를 써라.

2. 다음은 민수의 일기이다. ⓐ~ⓔ중에서 틀린 것을 2가지 찾고 그 기호와 이유를 각각 써라.

오늘 수학 시간에 규칙 찾기를 했다. 처음에는 어려웠지만 친구들과 함께 차자 보니 재미있었다. 오늘 찾은 규칙에 따라 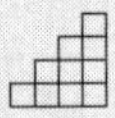 에 ●를 넣어 수를 나타내면서 몇 가지를 더 발견할 수 있었다. 맞는지 내일 친구들과 확인해 봐야겠다.

ⓐ ●가 1개만 있는 수는 모두 10개이다.
ⓑ ●가 2개만 있는 수 중에서 가장 큰 수는 48이다.
ⓒ ●가 3개만 있는 수 중에는 18이 있다.
ⓓ ●가 4개만 있는 수 중에서 가장 작은 수는 16이다.
ⓔ ●가 첫째 세로줄에 있는 수는 모두 60개이다.

1. 수학은 규칙을 탐구하는 학문이다.

벽지, 보도블록, 건물, 예술 작품, 음악, 삼한사온 현상 등과 같이, 우리는 자연이나 사회 현상에서 규칙적으로 나타나는 여러 가지 무늬나 현상을 발견할 수 있다. 이와 같이 수학은 우리의 주변에서 발견할 수 있는 여러 규칙을 탐구하고 체계화시켜가는 학문이라고 할 수 있다. 예를 들어 13세기에 수학자 피보나치(Leonardo Fibonacci)가 쓴 '산반서(Liber Abaci)'에는 일정한 규칙으로 수들이 배열된 재미있는 수열이 소개되어 있는데, 다음은 그 문제이다.

■**문제:** 사육장에 한 쌍의 토끼가 있다. 이 토끼는 두 달이 지나면 한 쌍의 토끼를 낳을 수

있으며, 계속 한 달마다 한 쌍의 토끼를 낳는다. 한편, 새로 태어난 한 쌍의 토끼도 두 달 째부터는 매달 한 쌍의 토끼를 낳을 수 있다. 이와 같은 과정을 계속할 때 1년 뒤 그 사육장에는 몇 쌍의 토끼들이 있게 되는가?(단, 토끼는 죽지 않는다고 생각하자)

먼저, 토끼의 쌍의 수를 생각해 보면, 첫 달과 두 번째 달에는 1쌍이 된다. 세 번째 달에는 첫 달의 토끼가 한 쌍의 토끼를 낳아 모두 2쌍이 된다. 마찬가지로 네 번째 달에는 두 번째 달의 한 쌍이 새끼를 낳아 3쌍이 된다. 이러한 방법을 계속하면 다음과 같은 수열을 얻을 수 있다.

1, 1, 2, 3, 5, 8, 13, 21, 34, 55, 89, …

위에서 얻은 수열을 피보나치 수열이라고 한다. 피보나치가 쓴 산반서의 초판은 전해지지 않으나, 1228년에 출판된 2판에서 우리는 위의 문제를 찾을 수 있다.

피보나치 수열은 자연 속에서도 발견되며, 적용의 범위가 넓다. 예를 들어, 해바라기 씨를 자세히 살펴보면 해바라기 씨가 두 방향으로 나선을 이루며 배열되어 있는데, 해바라기의 크기에 따라 다르지만 시계 방향과 시계 반대 방향으로 피보나치 수를 이루며, 씨들이 배열되어 있는 것을 발견할 수 있다. 해바라기 씨가 이처럼 나선형 배열을 이루는 것은 좁은 공간에 많은 씨를 촘촘하게 배열하여 비바람에도 잘 견디기 위한 생존의 전략인 것이다. 또한 앵무조개의 껍질에서도 아래 [그림]과 같이 피보나치 수를 발견할 수 있다.

이와 같이 수학은 자연에 내재된 규칙성, 사회 현상에서 나타나는 규칙성, 인간의 창조에

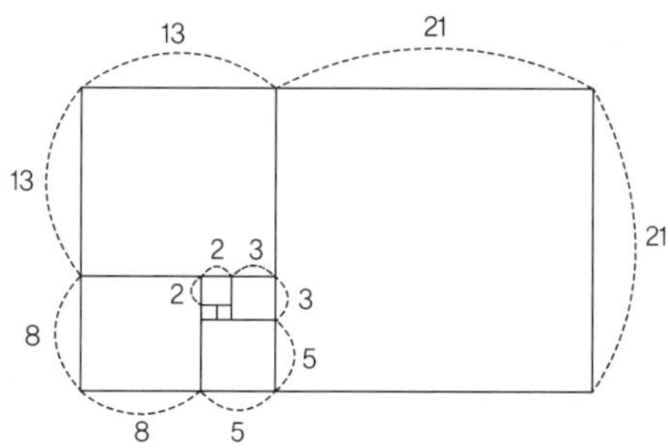

[그림] 피보나치 수

의해 만들어지는 규칙성 등을 이해하고자 하는 탐구의 학문이다. 이러한 규칙성을 인식하고 해석하고 창조해내는 것은 우리의 세계를 이해하는 중요한 수단이 된다.

탐구문제 2

1. 조련사는 원숭이가 10개의 계단을 오르도록 훈련시키고 있다. 그런데 이 원숭이는 한번에 1개나 2개의 계단만을 오를 수 있다고 한다. 이 원숭이가 10개의 계단까지 오를 수 있는 모든 방법의 수를 구하여라.

2. 1cm, 2cm짜리 수 막대만을 이용해서 12cm의 수 막대를 만들 수 있는 모든 방법의 수를 구하여라.

3. 피보나치 수열을 나타낼 때 수열의 첫 번째 항부터 차례로 F_1, F_2, F_3, F_4, F_5, …로 나타낼 때, 다음을 구하여라.
   ① $F_1+F_2+F_3+F_4+\cdots+F_n$
   ② $F_1^2+F_2^2+F_3^2+F_4^2+\cdots+F_{2n-1}^2$
   ③ $F_1+F_3+F_5+F_7+\cdots+F_{2n-1}$
   ④ $F_2+F_4+F_6+F_8+\cdots+F_{2n}$

2. 생각을 바꾸면 문제가 쉬워진다.

수학 문제를 해결할 때 공식을 적용하여 기계적으로 해결하려고 하기보다는 유연하게 관점을 바꾸어 시도하는 것이 유용할 수 있다. 예를 들어 '토끼와 닭이 모두 10마리가 있다. 다리를 모두 합하면 32개가 된다. 토끼와 닭은 각각 몇 마리인가?' 이 문제를 해결하는 방법에서 초등학교 수학의 풀이 방법과 중학교 수학의 풀이 방법은 전혀 다르다. 중학생들은 연립방정식을 세워 풀려고 할 것이다. 그렇지만 생각을 바꾸어 '만약 모두 토끼만 있다면?'이라고 생각하면, 다리는 모두 40개가 되어야 하는데 실제 다리는 32개이므로 모두 토끼라는 가정이 잘못된 것이다. 따라서 다리 8개가 부족하므로 닭이 4마리라는 것을 알 수 있다. 이러한 풀이 방법은 바로 '픽션'을 이용한다는 것이다. 즉, 발상의 전환인 것이다. 그러면 발상의 전환으로 문제를 쉽게 해결하는 예를 들어보도록 하자.

대수적인 문제해결을 위해 제시하는 전형적인 다음 문제를 보자.

■**문제:** 동생이 집을 출발한지 9분 후에 형이 동생을 따라 나섰다. 동생은 매분 80m의 속도로 걷고, 형은 자전거를 타고 매분 200m의 속도로 따라간다. 형이 동생과 만나는 것은 집에서 얼마 떨어진 지점인가(박지현 역, 2008)?

문제를 해결하는 전형적인 방법은 식을 세우는 것이다. 즉, 형과 동생이 만나는 시간을 구하려면 다음의 방정식을 풀면 된다.

$720+80x = 200x$ ———————— ①

$720 = (200-80)x$ ———————— ②

$720 = 120x$ ———————— ③

$x = 720 \div 120 = 6$ ———————— ④

따라서 형과 동생은 6분 후에 만난다.

그런데 관점을 바꾸어 형이 멈추어 있다고 가정하고, 동생의 이동을 관찰하면(물론 형은 자전거를 타고 동생을 따라가고 있다.) 동생이 형에게 다가오는 것처럼 보인다. 이렇게 자신의 기점에서 본 상대의 속도를 '상대속도'라고 한다. 상대속도를 이용한 해법은 다음과 같다.

형이 출발할 때 동생은 이미 80×9=720m를 간 상황이다. 그런데 동생이 1분에 80m를 가는 동안 형은 200m를 가기 때문에 두 사람의 거리는 1분에 120m씩 좁혀진다. 따라서 형이 출발할 때 떨어져 있던 720m를 따라 잡으려면 720÷120=6분이 걸리고, 형이 동생과 만나는 것은 집에서 200×6=1200m지점임을 알 수 있다.

이 풀이 방법은 자신도 움직이지만, 멈추어 있다고 가정하고 그 차이만을 생각한 픽션을 이용한 것이다. 그런데 방정식을 이용한 풀이를 살펴보면, 풀이 ②와 ③는 형과 동생이 각각 움직이지만, 형이 봤을 때 동생이 가까워지는 상대속도를 쓰고 있는 것이다. 또한 ④도 처음 두 사람이 벌어져 있는 간격을 상대속도로 나눈 것임을 알 수 있다. 상대속도를 이용하여 문제를 쉽게 해결할 수 있는 또 다른 문제를 알아보자.

■**문제:** 오른쪽 직사각형 ABCD에서 AB=3, BC=4이고, 점 P와 Q는 동시에 각각 A지점과 B지점을 출발해 P는 AB에서 B를 향해, Q는 BC에서 C를 향해 일정한 속도로 달려 1분후에 각각 B와 C에 도착하였다. P와 Q가 가장 가까워졌을 때 PQ의 거리를 구하여라.

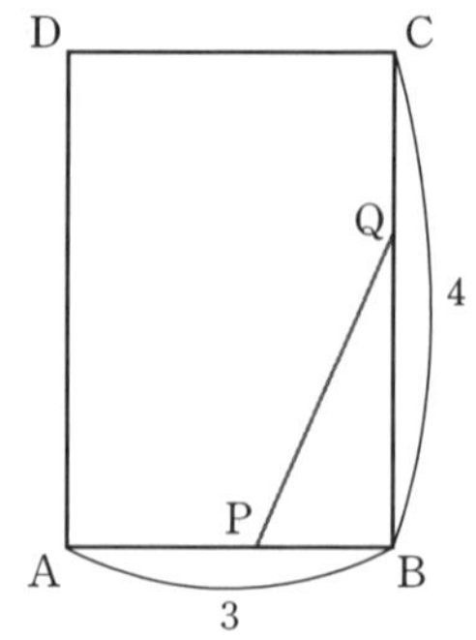

이와 같은 문제를 대수적으로 해결하는 한 가지 방법은 해석기하학적으로 좌표축 위에 직사각형을 위치시키고, 식을 세워 구하는 것이다. 즉 A지점을 원점으로 하면 P의 좌표는 $(3t,\ 0)$, Q의 좌표는 $(3,\ 4t)$가 된다. 따라서 PQ의 거리 $=\sqrt{(3-3t)^2+(4t)^2}$이고, 이 식의 최솟값을 구하면 $\frac{12}{5}$가 됨을 알 수 있다.

이제 이 문제를 상대속도를 이용하여 해결해 보자. A에서 B로 향하는 방향을 동쪽, B에서 C로 향하는 방향을 북쪽이라고 하자. 현재 P는 동쪽으로 분속 3, Q는 북쪽으로 분속 4로 이동하고 있다. 이제 P가 되어 자신은 움직이지 않는다고 가정하면 Q는 북쪽으로 분속 4로 이동하고 있으면서 P를 향해(서쪽으로) 분속 3으로 다가오는 것과 같다. 따라서 P에게는 아래 그림과 같이 북서 방향으로 분속 5로 이동하는 것과 같다(피타고라스의 정리를 이용함). 따라서 P에게 Q의 움직임은 가로 3, 세로 4인 직사각형에서 대각선 E에서 F로 이동하는 것과 같다. 그러므로 P와 Q가 가장 가까워졌을 때 PQ의 거리는 P에서 EF에 내린 수선의 길이인 PH가 된다. 따라서 PH×EF=PE×PF에서 PH $=\frac{12}{5}$이다(박지현 역, 2008).

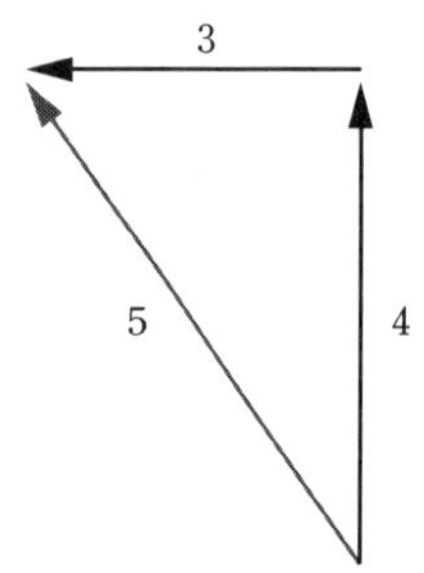

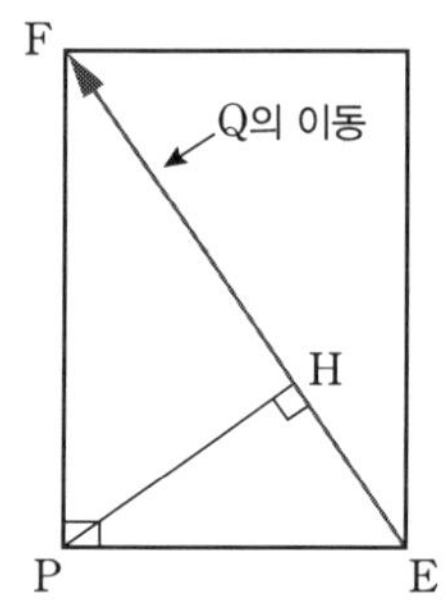

위와 같은 문제해결 방법은 자신을 중심에 두고 상대의 이동 속도를 상대속도로 보는 관점이다. 이러한 방법은 물리학 분야에서도 중요한 사고의 발상으로 활용되는데, 예를 들면 이동하는 음원에서 나오는 소리가 다르게 들리는 현상인 '도플러 효과'도 상대속도의 개념이 내재되어 있다. 왜냐하면 소리의 속도는 대략 분속 20km인데, 정지한 응급차에서 내는 사이렌 소리는 똑같이 들리겠지만, 응급차가 이동하여 오는 과정에서 1분간 1km를 움직였다면 1분 전에 나온 소리가 다 지나기 전에 새로운 소리가 중첩되기 때문이다.

탐구문제 3

1. 소리는 공기 중에서 초속 343m로 전달되는데, 이것을 분속으로 계산하면 20km정도이다. 한 사람이 정지해 있고 사이렌 음정이 440헤르쯔(1분동안 60초×440번 진동한다)라고 하자. 이 때 공기 중에서 1분 동안 60×440번 진동한 음이 분속 20km로 들릴 것이다. 구급차가 분속 1km(시속 60km)로 다가오며 440헤르츠의 소리를 낸다면 정지해 있는 사람에게 1분 동안 전달되는 진동수를 구하여라(박지현 역, 2008).

3. 수 피라미드

아래에 제시된 수의 구조를 잘 살펴보자. 어떤 규칙을 찾을 수 있을까? 더해지는 수의 개수가 한 개씩 늘어나며 수는 연달아 나타나고, 각 줄의 첫 수는 완전제곱수임을 알 수 있다.

$$
\begin{aligned}
(1)+2 &= 3 \\
(4)+5+6 &= 7+8 \\
(9)+10+11+12 &= 13+14+15 \\
(16)+17+18+19+20 &= 21+22+23+24 \\
(25)+26+27+28+29+30 &= 31+32+33+34+35 \\
\text{- - - - - - - -} &= \text{- - - - - - - -}
\end{aligned}
$$

위와 같이 여러 가지 방법으로 수를 계산하고 나열함으로써, 수들 사이에 존재하는 조화와 아름다움을 발견할 수 있을 것이다. 또한, 수를 잘 살펴보면 수 자체가 가지고 있는 아름다운 조화를 발견할 수 있다. 예를 들어 1년 365일을 여러 가지 수의 합으로 표현해 보자. 아래와 같이 365를 연속된 수들의 제곱의 합으로 표현할 수 있음을 알 수 있다.

$$365 = 100+265 = 100+121+144 = 10^2+11^2+12^2 = 169+196 = 13^2+14^2$$

수의 배열을 이용하여 수의 신비로움과 아름다움을 찾아보도록 해 보자. 계산기를 이용하여 여러 가지 계산을 하던 중 123456789×9를 계산하려다가 8을 빠트리고 12345679×9를 계산하였더니, 결과가 111,111,111이 나왔다. 전혀 예상하지 못한 이러한 결과가 나오게 된 이유를 생각해 보자. 수의 구조를 관찰하여 합의 형태로 바꾸고 이를 변형하면 그 이유를 쉽게 알 수 있다.

$$
\begin{aligned}
111{,}111{,}111 &= 100{,}000{,}000+10{,}000{,}000+1{,}000{,}000+100{,}000+10{,}000+1{,}000+100+10+1 \\
&= (99{,}999{,}999+1)+(9{,}999{,}999+1)+(999{,}999+1)+(99{,}999+1)+(9{,}999+1)+ \\
&\quad (999+1)+(99+1)+(9+1)+1 \\
&= (99{,}999{,}999+9{,}999{,}999+999{,}999+99{,}999+9{,}999+999+99+9)+9 \\
&= (11{,}111{,}111+1{,}111{,}111+111{,}111+11{,}111+1{,}111+111+11+1)\times 9+9 \\
&= 12345678\times 9+9=(12345678+1)\times 9=12345679\times 9
\end{aligned}
$$

여기에 제시된 수의 구조를 이용하여 다음과 같은 수 피라미드를 만들 수 있다.

$$
\begin{aligned}
(0\times 9)+1 &= 1 \\
(1\times 9)+2 &= 11 \\
(12\times 9)+3 &= 111 \\
(123\times 9)+4 &= 1{,}111 \\
(1234\times 9)+5 &= 11{,}111 \\
(12345\times 9)+6 &= 111{,}111 \\
(123456\times 9)+7 &= 1{,}111{,}111 \\
(1234567\times 9)+8 &= 11{,}111{,}111 \\
\mathbf{(12345678\times 9)+9} &= \mathbf{111{,}111{,}111} \\
(12345678\times 9)+10 &= 1{,}111{,}111{,}111 \\
\text{-------------} &= \text{-------------}
\end{aligned}
$$

다른 수 피라미드로 1로만 이루어진 수들의 곱셈을 이용하여 수의 피라미드를 만들 수 있다. 다음의 수 피라미드에서 4번째 계산까지는 계산기를 이용하고, 나머지는 계산기를 사용하지 않고 계산에서 얻은 결과만으로 표를 완성해 보아라.

1×1	=	1
11×11	=	121
111×111	=	
1111×1111	=	
11111×11111	=	
111111×111111	=	
1111111×1111111	=	
11111111×11111111	=	
$111111111\times 111111111$	=	

계산기를 이용하지 않고 나머지 수를 찾을 수 있는 이유는 무엇인가? 수의 배열에 있는 규칙을 찾았기 때문이다. 규칙은 수학이 발달해 온 역사를 말해 주기도 하고, 우리가 수학을 할 때 해결의 실마리를 제공해 주는 도구이기도 하다. 그래서 어떤 사람들은 수학을 패턴(규칙)의

과학이라고도 한다.

탐구문제 4

1. 12345679×9의 계산 결과와 제시된 표를 이용하여 12345679×99,999,999을 구하여라.

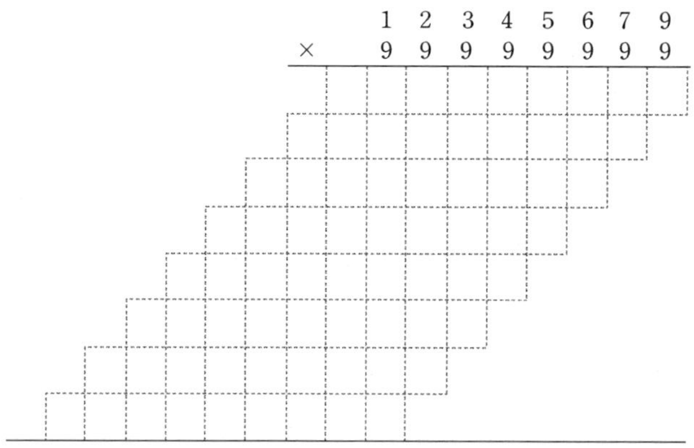

2. 숫자 3, 6, 9를 이용하여 만든 식 3×9+6의 값을 구하면 33이 된다. 계속하여 3, 6, 9를 하나씩 증가시키면서 수의 변화를 관찰하고, 수 피라미드를 만들어 보아라.

4. 남학생과 여학생의 자리를 바꾸어라.

'자리 바꾸기' 문제는 바둑돌이나 조작물을 이용하여 서로 자리를 바꾸는 문제로, 움직이는 패턴을 찾아 이동 횟수를 찾는 상황에서 특정 번째의 횟수나 n번째에 해당되는 일반화를 추구하는 문제까지 다양하게 응용이 될 수 있다. 일반적으로 활용될 수 있는 자리 바꾸기 문제는 다음과 같다.

■**문제:** 아래 그림과 같이 가운데 빈자리를 하나 두고 남학생과 여학생이 앉아 있다. 다음 규칙에 따라 남학생과 여학생이 각각 n명일 때, 서로 자리를 바꾸는 방법의 수를 구하여라.

[규칙] 1. 남학생은 오른쪽으로만, 여학생은 왼쪽으로만 움직인다.

2. 남학생과 여학생은 상대가 한 명이 있는 상황에서 이를 점프하여 움직일 수 있다.

3. 움직일 때는 한 번에 한 칸만 움직인다.

남		여

남	남		여	여

남	남	남		여	여	여

• 직접 해보기: 이 문제를 해결하는 가장 쉬운 방법은 남학생과 여학생을 바둑돌이나 도구를 이용하여 나타내고, 종이 위에서 직접 시행해 보는 것이다. 남학생과 여학생이 각각 1, 2, 3, 4, …인 경우에 방법의 수를 구해보면 3, 8, 15, 24, …임을 알 수 있다. 이 방법의 수인 3, 8, 15, 24, …에서 규칙을 찾아보면 남학생과 여학생이 각각 n명일 때, 서로 자리를 바꾸는 방법의 수는 $n(n+2)$임을 알 수 있다.

• 단계별 규칙 찾기: 다음 방법으로, 남학생과 여학생이 3명일 때로 예로 하여 남학생과 여학생이 서로 자리를 바꾸는 규칙을 보면, 아래 그림과 같은 과정으로 시행하면 된다. 먼저, 처음에는 1단계 형태로 만들어준다. 다음에는 2번째 형태로 만들고, 마지막으로 남학생을 오른쪽으로 한 개씩 옮겨간 뒤, 여학생을 왼쪽으로 옮겨가면 끝이 난다는 것을 알 수 있다.

1단계		남	여	남	여	남	여
2단계	여	남	여	남	여	남	
3단계	여	여	여		남	남	남

1번째 단계에서 남학생과 여학생이 각각 1, 2, 3, 4일 경우의 이동 횟수는 1, 3, 6, 10이 된다. 남학생과 여학생이 각각 2명일 경우는 각각 1명일 경우에 남학생과 여학생이 1명씩 추가된 형태이다. 마찬가지로 남학생과 여학생이 각각 3명일 경우는 각각 2명일 경우에 남학생과 여학생이 1명씩 추가된 형태이다. 따라서 이 단계의 일반적인 공식을 찾는다면 $\frac{n(n+1)}{2}$이 된다.

1단계 과정 후에 문제의 요구대로 남학생과 여학생이 반대로 앉기 위해서는 빈 의자가 '여, 남, 여, 남, 여, 남'의 배열로 만들어야 한다. 이것은 여학생을 차례로 옮기는 것으로 생각하면 된다. 따라서 여학생의 수인 n이 된다.

마지막 단계는 1단계와 완전히 반대의 경우이므로 이동 횟수는 동일하게 $\frac{n(n+1)}{2}$ 이다. 따라서 이를 정리하면 1단계의 방법의 수는 $\frac{n(n+1)}{2}$ 이고, 2단계는 n이고, 3단계의 방법의 수는 $\frac{n(n+1)}{2}$ 이다. 따라서 남학생과 여학생이 각각 n명일 때, 서로 자리를 바꾸는 방법의 수는 1단계+2단계+3단계이므로 $\frac{n(n+1)}{2}+n+\frac{n(n+1)}{2}=n(n+2)$번이 된다.

- 움직임을 기호로 나타내기: 마지막 방법으로 움직임을 살펴서 남학생과 여학생이 각각 n명일 때, 서로 자리를 바꾸는 방법의 수를 구하면 다음과 같다. 옮기는 과정에서 나타나는 행위를 slide(s)와 jump(j)로 나타내어 남학생과 여학생이 1, 2, 3, 4인 경우를 살펴보면 다음과 같다.

  남학생과 여학생이 각각 1명인 경우: sjs

  남학생과 여학생이 각각 2명인 경우: sjsjjsjs

  남학생과 여학생이 각각 3명인 경우: sjsjjsjjjsjjsjs

  남학생과 여학생이 각각 4명인 경우: sjsjjsjjjsjjjjsjjjsjjsjs

이다.

이를 살펴보면
$$\begin{aligned} s+j &= (2n)+(1+2+3+4+\cdots+(n-1)+n+(n-1)+\cdots+3+2+1 \\ &= (2n)+\frac{n(n+1)}{2}+\frac{n(n-1)}{2} \\ &= 2n+n^2 \end{aligned}$$
이 된다. 이와 같이 수학 문제를 해결하는 방법에는 단계적인 과정을 통하여 문제의 해에 이르는 방법과 문제에 내재된 원리를 쫓아 문제를 해결하는 방법이 있다.

탐구문제 5

1. 흰 돌과 검은 돌이 각각 4개인 경우에 다음 규칙에 맞게 서로 바꿀 수 있는 방법의 수를 바둑돌을 이용하여 직접 시행함으로써 구하여라.

〈규칙 1〉 흰 돌은 오른쪽으로만, 검은 돌은 왼쪽으로만 움직인다.
〈규칙 2〉 흰 돌과 검은 돌은 서로 한 개가 있는 상황에서 이를 점프하여 움직일 수 있다.
〈규칙 3〉 움직일 때는 한 번에 한 칸만 움직인다.

○	○	○	○		●	●	●	●

5. 여러 가지 방법으로 문제를 해결하기

문제는 한 가지 방법으로만 해결되는 것이 아니라, 다양한 방법으로 해결될 수 있다. 그리고 그 방법들은 낮은 수준에서 높은 수준까지 다양한 수학적 모델을 이용할 수 있다. 문제를 다양한 방법으로 풀 수 있는 것은 창의적인 수학적 능력을 기르는 좋은 방법이기도 하다. 다음의 문제를 어떤 방법들로 해결할 수 있을까? 문제를 해결하기 위한 생각의 시간이 곧 나의 사고력의 폭을 넓히고 깊이를 깊게 하는 시간이다.

■**문제:** 경이와 민이는 같은 시간에 집에서 출발하여 학교까지 걸어서 가기로 하였다. 그런데 경이는 학교까지 가는데 걸린 시간의 반을 v_1의 속력으로 걸어가고, 나머지 반을 v_2의 속력으로 걸어갔다. 그리고 민이는 집에서 학교까지 거리의 반을 v_1의 속력으로 걸어가고, 나머지 반을 v_2의 속력으로 걸어갔다. $v_1 > v_2$라고 할 때 누가 먼저 학교에 도착했을지 구하여라.

이 문제에 대하여 다음과 같은 해결 방법이 가능하다. 그 외에도 여러분이 생각할 수 있는 방법이 있는가?

[풀이 1] 경이는 학교까지 가는데 걸린 시간의 반을 v_1의 속력으로 걸어가고, 나머지 반을 v_2의 속력으로 걸어갔으며, $v_1 > v_2$이므로 처음 걸린 시간의 반을 가는 동안에 민이보다 더 멀리 간다. 따라서 경이가 먼저 도착한다.

[풀이 2] 풀이 1의 상황을 그림으로 그려 보면, 경이가 먼저 도착한다는 것을 쉽게 알 수 있다.

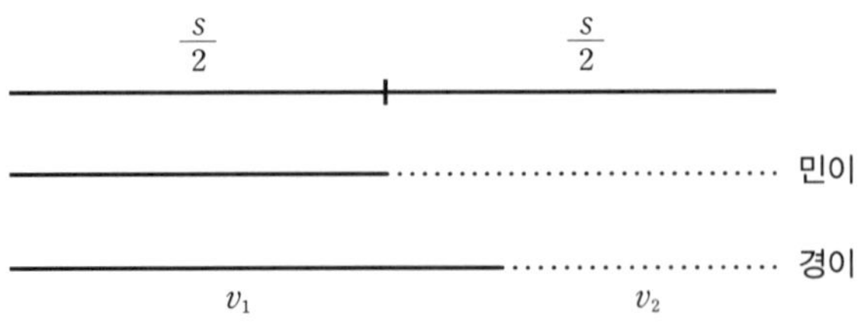

[풀이 3] 그래프를 이용하여 해결할 수 있다. 이를 위해서는 '속력=거리/시간'이므로 가로축을 시간으로 하고, 세로축을 거리로 하여 속력을 기울기로 표현해 보도록 한다.

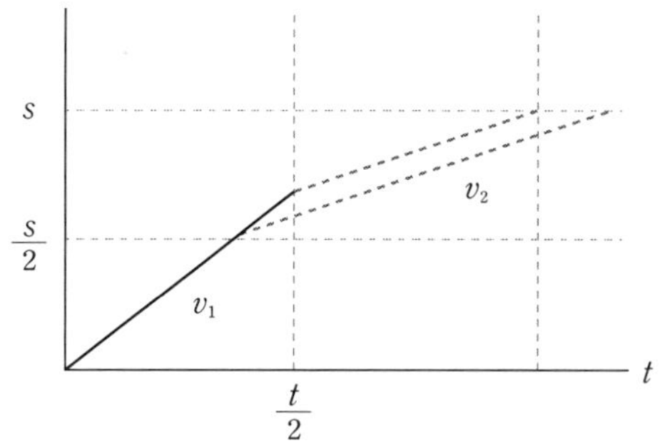

[풀이 4] 직사각형의 넓이를 이용하여 구할 수도 있다. 다음 그림을 이용하여 구할 수 있는 방법을 탐구해 보아라.

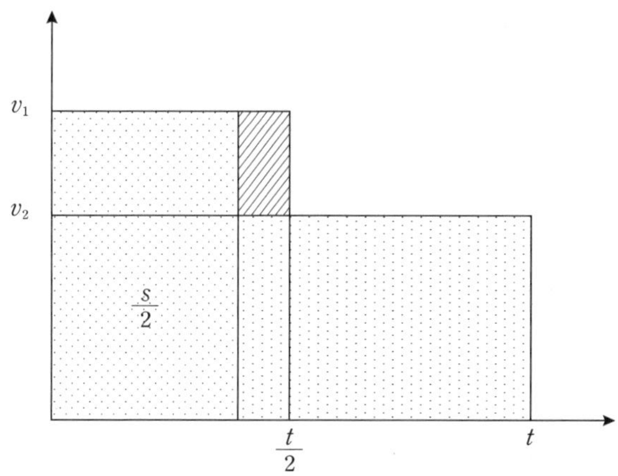

[풀이 5] 전형적인 풀이 방법으로 대수적인 식을 이용하는 방법이 있다. 문자를 이용한 경험이 있는 학생들은 이 방법을 이용하려 할 것이다. 학교까지의 거리를 s, 경이가 학교까지 가는데 걸린 시간을 k, 민이가 학교까지 가는데 걸린 시간을 m이라 하면 다음과 같은 식을 얻을 수 있다.

- 경이가 학교에 도착하는데 걸린 시간에 대한 식: $s = v_1 \cdot \frac{k}{2} + v_2 \cdot \frac{k}{2}$
- 경이가 학교에 도착하는데 걸린 시간: $k = \frac{2s}{v_1+v_2}$
- 민이가 학교에 도착하는데 걸린 시간: $m = \frac{s}{2v_1} + \frac{s}{2v_2} = \frac{s \cdot (v_1+v_2)}{2v_1 \cdot v_2}$
- 두 식의 대소를 비교해 보면 $\frac{2s}{v_1+v_2} \leq \frac{s \cdot (v_1+v_2)}{2v_1 \cdot v_2}$이므로 경이가 먼저 학교에 도착한다는 것을 알 수 있다.

탐구문제 6

1. 경이와 민이는 같은 시간에 집에서 출발하여 학교까지 걸어서 가기로 하였다. 그런데 경이는 학교까지 가는데 걸린 시간의 $\frac{1}{3}$을 v_1의 속력으로 걸어간 후, 걸린 시간의 $\frac{1}{3}$을 v_2의 속력으로 걸어가고, 나머지 $\frac{1}{3}$을 v_3의 속력으로 걸어갔다. 그리고 민이는 집에서 학교까지 거리의 $\frac{1}{3}$을 v_1의 속력으로 걸어간 후, 다음 $\frac{1}{3}$을 v_2의 속력으로 걸어가고, 나머지 $\frac{1}{3}$을 v_3의 속력으로 걸어갔다. $v_1>v_2>v_3$라고 할 때 누가 먼저 학교에 도착했을지 구하여라.

2. 경이와 민이는 같은 시간에 집에서 출발하여 학교까지 걸어서 가기로 하였다. 그런데 경이는 학교까지 가는데 걸린 시간의 x%를 v_1의 속력으로 걸어가고, 나머지 $(100-x)$%를 v_2의 속력으로 걸어갔다. 그리고 민이는 집에서 학교까지 거리의 x%를 v_1의 속력으로 걸어가고, 나머지 $(100-x)$%를 v_2의 속력으로 걸어갔다. $v_1>v_2$라고 할 때 누가 먼저 학교에 도착했을지 구하여라.

6. 어떤 주장이 옳다는 것을 보여라.

수학은 옳다는 것을 보이는 방법으로 연역적 논증과 귀납적 논증이 있다. 연역적 논증은 일반적 원리에서 구체적이고 특수한 사실을 이끌어 내는 논증 방식이다. 이 방법에서 전제가 참이면 결론도 반드시 참이 된다. 다음 문장의 예를 살펴보자.

우리학교는 초등학교이다.
영수는 우리학교 학생이다. ⇒ 영수는 초등학생이다.

위 문장에서 두 가지 전제가 옳으면, 결론은 반드시 참이라고 판단할 수 있는 것이다.

다음으로 귀납적 논증은 개별적이고 구체적인 사실로부터 일반적 원리를 이끌어 내는 논증 방식이다. 이 방법에서는 전제가 참이라도 결론이 반드시 참이 되는 것은 아니다. 다음 문장의 예를 살펴보자.

나는 영재다.
우리 반 철수도 영재다.
우리 반 민수도 영재다. ⇒ 우리 반 모든 학생은 영재이다.

위 문장에서 세 가지 전제가 옳다할지라도 결론은 반드시 참이라고 판단할 수 없다.

연역 논증은 결론의 내용이 근거에 포함되어 있기 때문에 근거로 제시된 일반적인 원리가 참이면 결론은 언제나 참이다. 그러나 이 논증 방식으로는 새로운 원리나 사실을 발견해 내기 어렵다. '근거로 제시해야 할 일반적인 원리'가 바로 알아내려는 새로운 원리이기 때문이다. 따라서 연역 논증은 개별 사실에 관한 진술이 참인지 거짓인지를 검증하는 데 주로 사용한다.

귀납 논증은 자연과학 법칙을 세울 때 유용하며, 새로운 지식을 확장해 나갈 수 있다는 장점이 있다. 관찰 가능한 개별적인 경우를 탐구하여 가설을 세우고 이를 증명해 나가는 방식이다. 그렇지만 기껏 가설을 세워 놓았더라도 하나의 예외만 발견되어도 결론이 부정되어 논리가 무너지게 된다는 단점도 있다. 따라서 귀납 논증에 의해 얻어진 결론이 옳다고 인정받기 위해서는 오랜 기간의 관찰과 경험이 필요하다.

한편, 유비추론(유추)은 두 대상의 몇 가지 속성이 동일하다는 것을 전제로 하여 나머지 속성도 유사할 것이라고 추론하는 논증 방식이다. 예를 들어, 직사각형의 넓이를 구하는 방법을 이용하여 직육면체의 부피 구하기 공식을 발견하는 아이디어를 얻는 것은 두 체계가 가지고 있는 유사한 특징을 바탕으로 판단해 가는 것이다.

탐구문제 7

1. 면을 하나의 직선으로 나누면 최대 2개로 나누어진다. 면을 3개의 직선으로 나누면 최대 4개로 나누어진다. 면을 3개의 직선으로 나누면 최대 몇 개로 나누어지는가? 면을 4개의 직선으로 나누면 최대 몇 개로 나누어지는가? 면을 5개의 직선으로 나누면 최대 몇 개로 나누어지는가? 각각의 답에는 어떤 규칙이 있는가? 그 규칙을 설명해 보아라.

7. 재미있는 퍼즐의 세계

퍼즐에는 중요한 수학적 원리가 숨어 있다. 따라서 퍼즐 탐구를 통하여 퍼즐과 연관된 수학적 의미나 개념을 파악하는 것이 중요하고, 이를 위해 창의적으로 퍼즐을 해결하고 자기 주도적으로 해결하는 기회를 가지는 것이 중요하다. 퍼즐 해결을 위해서는 수학적 통찰이 요구되는데, 일반적으로 수학을 하는 연역적 사고나 귀납적 사고와는 다르다.

수학의 역사에서 퍼즐을 통하여 통찰이 생기고, 일련의 추측이 생기며, 이것이 정리로 발전하고 결국 증명으로 이어진 것을 쉽게 찾을 수 있다. 예를 들면 오일러에 의한 '쾨니히스베르크의

다리' 문제에서 출발한 수학의 역사는 도형의 구조적인 모양을 유지할 수 있는 이론을 연구하는 학문으로 발전하여 그래프 이론과 위상 수학의 확립에 기여하였다.

엘퀸의 퍼즐로 알려진 다음 문제는 19세기에 정립된 순열 조합 이론(배열의 수학적 구조)의 기본적 개념에 기반을 두고 있다.

■**문제:** 한 나그네가 늑대와 염소, 그리고 아주 커다란 양배추와 함께 강둑에 도착하였다. 그는 강을 건너기 위한 배가 하나밖에 없다는 걸 알아차렸다. 그 배는 둘까지만–나그네와 두 동물 중 하나 아니면 양배추–태울 수 있다. 만약 셋 중 둘을 내버려 두고 떠나는 상황이라면, 염소는 양배추를 먹을 것이고, 늑대는 염소를 잡아먹을 것이다. 늑대는 양배추를 먹지 않는다. 어떻게 하면 나그네가 동물들과 양배추를, 가장 적은 횟수로 이리저리 움직여서, 강 건너편으로 안전하게 옮길 수 있을지 구하여라.

탐구문제 8

1. '엘퀸'의 퍼즐을 해결하여라.

다음에는 문제를 해결할 수 있는 가로 열쇠와 세로 열쇠가 주어져 있고, 그 열쇠에 따라서 숫자를 넣는 크로스 넘버 퍼즐을 생각해 보자. 여기서 가로나 세로에 배열된 숫자는 십진법의 수라고 생각한다. 아래 그림의 흰 칸 속에 한 숫자씩을 넣고 가로와 세로로 배열된 모든 수가 모두 서로 다른 양의 거듭제곱수(제곱, 3제곱, 4제곱, 5제곱, …)가 되도록 숫자를 넣어 보아라.

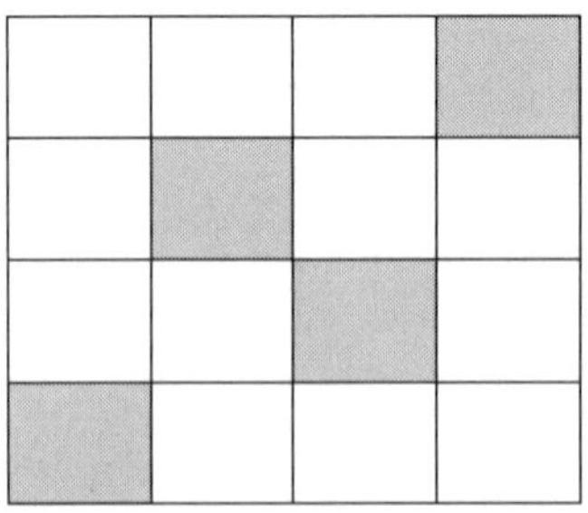

이 문제를 해결하기 위하여 두 자리 수와 세 자리 수의 거듭제곱수를 모두 적으면 16, 25, 27, 32, 36, 49, 64, 81, 100, 121, 125, 128, 144, 169, 196, 216, 225, 243, 256, 289, 324,

343, 361, 400, 441, 484, 512, 529, 576, 625, 676, 729, 784, 841, 900, 961이다. 이 수를 3-2-2-3의 자리가 되도록 이어서 찾고, 처음과 끝 숫자가 같은 두 쌍을 찾으면 그림과 같다.

3	4	3	
6		2	7
1	6		8
	4	8	4

다음의 예는 2% 퍼즐로 알려진 논리 퍼즐이다. 다음에 주어진 전제와 조건에 맞도록 할 때, 금붕어는 누가 키우는지 알아보아 보는 문제이다. 이 문제는 단 2% 정도의 사람만이 해결할 수 있다는 어려운 문제이다. 문제가 복잡해 보이지만, 조건에 맞도록 한 개씩 판단해 보면 문제를 해결할 수 있다.

[전제]

1. 색깔이 다른 5채의 집이 일렬로 있다.
2. 각 집에는 서로 다른 국적을 가진 사람이 살고 있다.
3. 다섯 사람은 어떤 종류의 음료를 마시고, 게임을 하며, 동물을 기르고 있다.
4. 어떤 두 사람도 음료나 게임, 또는 키우는 동물이 일치하지 않는다.

[조건]

1. 영국인은 빨간 집에 산다.
2. 스웨덴인은 개를 기른다.
3. 덴마크인은 차를 마신다.
4. 초록 집은 하얀 집의 왼쪽 집이다.
5. 초록 집에 사는 사람은 커피를 마신다.
6. 스타크래프트를 하는 사람은 새를 기른다.
7. 노란 집에 사는 사람은 리니지를 한다.
8. 한 가운데 집에 사는 사람은 우유를 마신다.
9. 노르웨이인은 첫 번째 집에 산다.

10. 포트리스를 하는 사람은 리니지를 하는 사람의 옆집에 산다.
11. 말을 기르는 사람은 리니지를 하는 사람의 옆집에 산다.
12. 워크래프트를 하는 사람은 맥주를 마신다.
13. 독일인은 아스가르드를 한다.
14. 노르웨이인은 파란 집 옆에 산다.
15. 포트리스를 하는 사람은 생수를 마시는 사람과 이웃이다.

탐구문제 9

1. 위의 '2% 퍼즐로 알려진 논리 퍼즐'을 풀어라.

8. 마방진의 세계

한글을 창제한 세종대왕이 한글을 창제하는 과정을 다룬 TV 속 드라마의 한 장면에는 번뇌와 고민에 싸인 세종대왕이 자기만의 공간에서 방진에 몰입하는 장면이 나온 적이 있다. 이 드라마 속에서 세종대왕은 3차 방진에서 시작하여 33차 방진을 해결하고자 노력한 후에 결국 해답을 얻으며, 자신이 꿈꾸는 조선에 대한 답도 함께 얻게 된다. 방진에서 방(方)은 정사각형, 진(陣)은 나열한다는 뜻으로 중국에서는 3,000년 전부터 알려져 있었다. 마방진은 정사각형의 한 변에 나열된 수의 개수에 따라 3방진, 4방진, 5방진…이라 한다. 마방진의 한 변에 나열된 수의 합은 3방진에서 15, 4방진에서는 34, 5방진에서는 65가 되며, n방진에서는 $\frac{n(n^2+1)}{2}$ 이 된다. 왜냐하면 n차 마방진은 1부터 n^2까지의 수를 배열한 것이므로 수의 전체 합은 $\frac{n^2(n^2+1)}{2}$ 이다. 마방진에서는 각 행과 열과 대각선에 있는 수의 합이 같아야 하므로, 마방진 상수는 그 총합을 n으로 나눈 $\frac{n(n^2+1)}{2}$ 된다. 마방진을 만드는 방법은 홀수형과 짝수형에 따라 달라지는데 그 방법은 여러 가지가 있으며, 일반적으로 다음과 같이 구성할 수 있다.

【홀수방진을 만드는 법】

① 맨 윗줄 중앙에 1을 쓴다.

② 맨 위의 행에 도달했을 경우에는 다음 열의 맨 밑의 행으로 이어지며, 그 곳에서부터 우사선 상방으로 진행한다.

③ 맨 오른쪽 열에 도착했을 때는 그 위의 행의 맨 왼쪽 끝으로 이어지며, 그 곳으로부터 순서대로 우사선 상방으로 진행한다.

④ 이미 숫자가 기록된 곳에 도착했을 경우나 오른쪽 위의 귀퉁이에 도착했을 때는 지금 기록된 숫자의 바로 밑으로 진행하며 그 곳에서부터 다시 우사선 상방으로 진행한다.

【짝수방진을 만드는 법】

짝수방진을 만드는 일반적인 규칙은 없다. 4방진을 만드는 방법을 예로 소개하면 다음과 같다.

① 먼저 1~16까지를 차례로 써넣는다.

② 대각선을 그어 대각선 위에 있는 수를 제외하고 가운데 점을 중심으로 서로 점대칭의 위치에 있는 것끼리 바꾸어 놓는다.

2	7	6
9	5	1
4	3	8

[3차 마방진]

1	15	14	4
12	6	7	9
8	10	11	5
13	3	2	16

[4차 마방진]

탐구문제 10

1. 5차 마방진을 만들어 보아라.

9. 수학을 글로 표현하라.

수학에서 글쓰기는 계산을 하는 과정에서 기호를 이용하여 수식으로 나타내고 문제를 해결하는 것으로 인식하고 있다. 그렇지만 수학 글쓰기는 그 이상의 활용 범위가 있으며, 수학적 활동의 일부가 되어야 한다. 학생들은 쓰기 활동을 통하여 자신의 수학적인 생각을 표현하고 조직하고 명료화하기 위하여 낱말과 언어를 선택하고 수학적 기호와 용어를 사용하게 된다. 따라서 수학 쓰기 활동은 수학적인 아이디어와 느낌 등을 표현하는 학습 기회를 제공한다.

학생들은 수학 쓰기 활동을 통하여 자신이 무엇을 알고 있고, 무엇을 모르고 있는지를 알게 된다. 학생들이 쓰기 활동을 쉽게 하기는 어렵기 때문에 수학적 사고를 자극하고 쓰기 활동을 격려하는 조언을 주는 것은 중요하다. 다음과 같은 조언을 학생들에게 제공하고 학생들이 자신의 생각을 솔직하고 자유롭게 표현할 수 있는 기회를 제공해보자.

- 나에게 수학이란 무엇인가?
- 학교 밖에서 경험한 수학은 무엇인가?
- 수학은 ~이다. 왜냐하면, ~이기 때문이다.
- 내가 오늘 결석한 친구에게 수학시간에 배운 내용으로 편지를 써라.
- 나는 이 문제의 답이 ~이라고 생각한다. 왜냐하면, ~이기 때문이다.
- 오늘(이번 주) 수업에서 좋은 것 한 가지, 싫었던 것 한 가지를 써라.
- 이번 주에 배운 사각형에 대하여 알게 된 점을 써라.
- 7×3과 3×7은 같다고 생각한다. 왜냐하면, ~이기 때문이다.

다음은 짝수와 홀수에 대하여 학습하고 난 후에 학생들이 쓴 수학 일지 쓰기의 예이다.

수학 일지

00학년 00반 이름: 이경민

오늘 수학시간에 짝수와 홀수에 대하여 배웠다. 짝수는 2로 나누어떨어지는 수이고, 홀수는 2로 나눌 때 1이 남는 수를 말한다.

- 짝수: 2, 4, 6, 8, …
- 홀수: 1, 3, 5, 7,…

짝수와 홀수를 배울 때 우리 몸과 관련시킬 수 있다는 생각을 하였다.

- 짝수: 눈은 2개, 귀 2개, 팔 2개, 다리 2개 등
- 홀수: 코 1개, 입 1개, 배꼽 1개 등

짝수는 10명을 두 팀으로 나누는 것과 같이 공평하게 나눌 때 유익한 수인 것 같다. 홀수는 5명이 다수결로 무언가를 결정해야 할 때 유익한 것 같다.

한편, 수학에 대한 나의 생각을 표현해 보는 방법으로 의미분별법(semantic differential method)가 있다. 이 방법은 미국의 심리학자 오스굿(Osgood)이 제안한 심리평가 척도법으로, 두 개의 양극단에 있는 형용사 사이에 자신의 감정을 표시하도록 고안되어 있다. 다음 의미분별 척도지에 수학에 대한 자신의 생각이나 느낌을 표시해 보고, 스스로 수학에 대한 관점을 되돌아보도록 하자(고상숙 외, 2012).

수학에 대한 나의 생각을 가장 가까운 곳에 표시해 보시오.

나에게 수학은?

쉬운 ___ : ___ : ___ : ___ : ___ 어려운

재미있는 ___ : ___ : ___ : ___ : ___ 지루한

사고하는 ___ : ___ : ___ : ___ : ___ 규칙을 암기하는

창의적인 ___ : ___ : ___ : ___ : ___ 창의적이지 않은

중요한 ___ : ___ : ___ : ___ : ___ 중요하지 않은

의미 있는 ___ : ___ : ___ : ___ : ___ 의미 없는

모든 사람을 위한 ___ : ___ : ___ : ___ : ___ 우수한 자를 위한

즐길만한 ___ : ___ : ___ : ___ : ___ 즐길만하지 않은

간단한 ___ : ___ : ___ : ___ : ___ 복잡한

학교 밖에서 유용한 ___ : ___ : ___ : ___ : ___ 학교 밖에서 유용하지 않은

탐구문제 11

1. 지금까지 경험한 수학을 생각하면서 '나에게 수학이란 무엇인가?'라는 글을 써보아라.

탐구문제 정답

:: 탐구문제 1

1. 2+6×2+24×3=86
2. ⓐ 4개 ⓓ 11개

:: 탐구문제 2

1. 다음과 같은 표를 이용하여 규칙을 찾으면 89를 얻을 수 있다.

계단의 수	방법의 수	가능한 방법
1	1	1
2	2	1-1, 2
3	3	1-1-1, 2-1, 1-2
4	5	1-1-1-1, 2-1-1, 1-2-1, 1-1-2, 2-2
5	8	1-1-1-1-1, 2-1-1-1, 1-2-1-1, 1-1-2-1, 1-1-1-2, 2-2-1, 2-1-2, 1-2-2
6	13	
7	21	
8	34	
9	55	
10	89	

2. 233
3. ① $F_{n+2}-1$ ② $F_n \times F_{n+1}$
   ③ F_{2n} ④ $F_{2n+1}-1$

:: 탐구문제 3

1. 정지한 차에서 나는 소리는 60×440번의 진동이 전달되지만, 아래 그림과 같이 움직이는 경우에는 60×440개의 진동이 모두 분속 20 km로 전달된다.

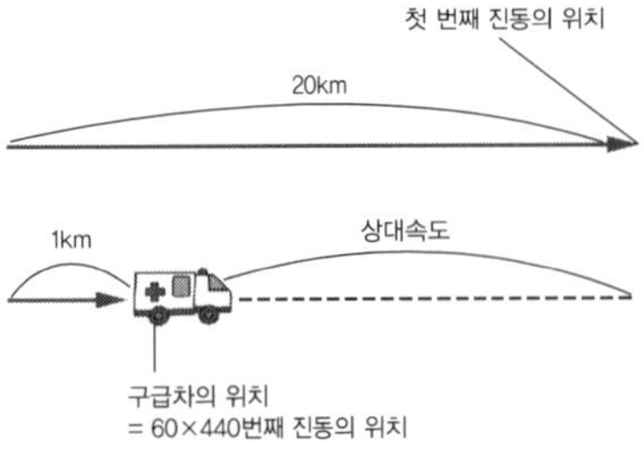

이것은 정지해 있는 사람에게는 첫 번째 사이렌 진동이 들리고 마지막 사이렌 진동이 들리는 것과 같다. 따라서 정지해 있는 사람에게 들리는 사이렌 소리는 19 km안에 20 km만큼 지나가는 것으로 들리는 것이다. 그러므로 $60\times440\times\frac{20}{19}$=약 60×463회이다.

:: 탐구문제 4

1. 1234567887654321
2.

$$3\times9+\ 6=33$$
$$33\times99+\ 66=3333$$
$$333\times999+\ 666=333333$$
$$3333\times9999+\ 6666=33333333$$
$$33333\times9999+\ 66666=3333333333$$

:: 탐구문제 5

1. 24

:: 탐구문제 6

1. 경이
2. 경이

:: 탐구문제 7

1. 직선 1개−2개
   직선 2개−4개
   직선 3개−7개
   직선 4개−10개
   직선 5개−14개

규칙: 앞의 횟수에 자연수만큼 증가된다. 일반화된 식은 $\frac{n^2+n+2}{2}$이다.

:: 탐구문제 8

1. 문제를 해결하기 위하여 W를 늑대, G를 염소, C를 양배추, L을 나그네라 하고 배열해 보면 7번이 필요

하다는 것을 알 수 있다.

:: 탐구문제 9

1. 다음과 같은 표를 이용하여 해결하면 독일인임을 알 수 있다.

구분	노르웨이인	덴마크인	영국인	독일인	스웨덴인
집	노란집	파란집	빨간집	초록집	하얀집
음료	생수	차	우유	커피	맥주
게임	리니지	포트리스	스타크래프트	아스가르드	워크래프트
동물	고양이	말	새	금붕어	개

:: 탐구문제 10

1.

17	24	1	8	15
23	5	7	14	16
4	6	13	20	22
10	12	19	21	3
11	18	25	2	9

:: 탐구문제 11

1. 생략

[참고문헌]

강옥기, 권언근, 이형주, 우희정, 윤상혁, 김태희, 김수철, 유승연, 윤혜미(2012). 중학교 수학 1. 서울: 두산동아.

고상숙, 고호경, 박만구, 한혜숙, 홍예윤(2012). 수학교육평가론. 서울: 경문사.

계영희(2008). 계영희 교수의 명화와 함께 떠나는 수학사 여행. 경기: 살림.

교육부(2001). 수학 4-가. 대한교과서 주식회사.

교육부(2014). 수학 3-2. 서울: ㈜천재교육.

교육부(2015). 수학과 교육과정. 교육부.

교육부(2017). 수학 1-1. 서울: ㈜천재교육.

김남희, 나귀수, 박경미, 이경화, 정영옥, 홍진곤(2006). 수학교육과정과 교재연구. 서울: 경문사.

박지현 역(2008). 경제와 사회의 논리에서 우주의 비밀까지 수학으로 생각한다. 서울: 동아시아.

배종수(2011). 초등수학교육교수법. 서울: JB Math.

우정호(1998). 학교수학의 교육적 기초. 서울: 서울대학교출판부.

이대현(2011). 초등수학 지도의 원리와 방법. 경기: 동명사.

이대현(2013). 초등수학 교재연구와 지도법. 경기: 동명사.

진선숙(2010). 초등학교 교사를 위한 수학의 기초. 서울: 경문사.

한명수 역(1994). 수학 퍼즐 랜드–친근한 소재로 퍼즐을 푼다. 서울: 전파과학사.

황석근, 이재돈(2005). 수학 7-나 교사용 지도서. 서울: 한서출판사.

Baroody, A. J., & Coslick, R. T. (1998). *Fostering Children's Mathematics Power: An Investigative Approach to K-8 Mathematics Instruction.* Mahwah, NJ: Lawrence Erlbaum Associates, Publishers.

Bennett, A., Burton, L., & Nelson, T. (2012). *Math for Elementary Teachers: An Activity Approach with Manipulative: Kit Mathematics for Elementary Teachers, 8th Edition.* NY: the McGraw-Hill Companies.

Courant, R., & Robbins, H. (1996). *What is Mathematics?-An Elementary Approach to Ideas and Methods*–. Oxford University press, Inc.

Ma, L. (1999). *Knowing and Teaching Elementary Mathematics: Teachers' Understanding of Fundamental Mathematics in China and the United State*. New Jersey: Lawrence Erlbaum Associates, Publishers.

Charles, R, Caldwell, J., Cavanagh, M., Copley, J., Crown, W., Fennell, F., Murphy, S., Sammons, K., Schielack, J., & Tate, W. (2012). Envision *MATH Common Core* 3. Pearson Education, lnc.

National Council of Teachers of Mathematics(NCTM.)(1989). *Curriculum and Evaluation Standards for School Mathematics*. Reston, VA: National Council of Teachers of Mathematics, Inc.

Polya, G. (1990). *Mathematics and Plausible Reasoning Vol* 1. Princeton University Press.

Small, M. (2012). *Good Questions: Great Ways to Differentiate Mathematics Education*(2nd ed.). NY: Teachers College.

Van De walle, J. A. (2004). *Elementary and Middle School Mathematics*. Pearson Education, Inc.

Wertheimer, M. (1945). *Productive Thinking*. New York: Harper&Brothers Published. 矢田部達郎 (譯) (1952). 生產的 思考. 岩波現代叢書.

찾아보기